COLLECTION
L'IMAGINAIRE

Franz Kafka

Lettres à Milena

Édition revue et augmentée
Traduit de l'allemand
par Alexandre Vialatte
Textes complémentaires traduits
par Claude David

Gallimard

Milena Jesenská a vingt-trois ans quand elle rencontre Franz Kafka, dont elle s'apprête à traduire en tchèque quelques récits. Cela se passe en 1919. Kafka a trente-six ans. Elle a déjà derrière elle une vie chargée d'épreuves. A l'âge de treize ans, elle avait perdu sa mère — et son père, stomatologiste de renom, ne se soucia guère de son éducation, donnant ainsi libre cours à son tempérament intrépide et révolté. Elle étudia la médecine pendant deux semestres, mais abandonna soudain pour ne plus se consacrer qu'à la littérature et au journalisme.

Après une première aventure qui n'eut pas de lendemain, elle fit à dix-huit ans la connaissance d'Ernst Pollak, de dix ans son aîné. Il était à Prague employé de banque — en même temps très doué pour les lettres et lié d'amitié avec des écrivains. Le Dr Jesensky, le père de Milena, prit ombrage de cette liaison avec ce « littérateur de café », juif de surcroît. Deux mois avant que Milena eût atteint sa majorité, en juin 1917, il la fit interner à l'hôpital psychiatrique de Weleslawin, près de Prague. Elle n'en sortit que neuf mois plus tard et aussitôt épousa Pollak. Tous deux allèrent s'installer à Vienne, où Pollak travaillait dans une filiale de sa banque. Mais il se mit à fréquenter les cafés et à tromper Milena sans vergogne. Au moment où Kafka et Milena se rencontrèrent — dans un café de Prague, en présence de Pollak — le ménage était en train peu à peu de se dissoudre.

La correspondance dira suffisamment ce que fut la relation entre Kafka et Milena. Elle fera comprendre aussi pourquoi elle prit fin au

3

bout de peu de mois, sans que ni l'un ni l'autre eussent jamais rien renié de leur amour. Milena n'était pas encore prête à se séparer d'Ernst Pollak — et manifestement aussi, elle hésita devant les sacrifices qu'eût représentés une vie au côté de Kafka.

Après la mort de Kafka, Milena se décida à se séparer de Pollak et continua à mener une vie tumultueuse. Elle vécut avec un aristocrate autrichien qui professait des convictions communistes. En 1927, elle épousa un architecte qui bientôt cessa de lui être fidèle et partit vivre en Russie soviétique. Milena, à la suite d'une grossesse difficile, devint obèse et difforme. Elle milita dans les rangs communistes, mais se fit exclure du parti en 1936 au moment des grandes purges. Quand l'Allemagne hitlérienne envahit la Tchécoslovaquie, elle participa activement à la résistance et tenta d'aider les Juifs à émigrer. On l'arrêta, elle fut envoyée au camp de concentration de Ravensbrück, où sa charité et son courage la signalèrent bientôt parmi les détenues. C'est là qu'elle mourut en 1944, à la suite d'une opération, probablement pratiquée trop tard.

NOTE SUR CETTE ÉDITION

Les lettres de Kafka à Milena avaient été publiées une première fois en 1952. L'édition était préparée par Willy Haas, un publiciste de renom, qui avait été l'ami d'Ernst Pollak et qui avait épousé ensuite Jarmila Ambrožová, l'amie intime de Milena, dont il est fréquemment question au cours de la correspondance. C'est Milena elle-même qui avait confié les lettres de Kafka à Willy Haas en 1939, lors de l'invasion de la Tchécoslovaquie par les troupes allemandes.

Willy Haas avait dû exclure de son édition plusieurs lettres de Kafka pour ménager des personnes encore vivantes. Il avait même renoncé à publier une lettre de Kafka dans laquelle il croyait déceler une condamnation du judaïsme, qui eût pu selon lui heurter, dans ces années de l'immédiate après-guerre, la sensibilité d'une partie du public. De nombreux noms de personnes ne figuraient que par leur initiale. En outre, une lecture attentive montrait que la chronologie n'était pas cohérente et que le classement des lettres était défectueux.

Une nouvelle édition était nécessaire. Elle fut préparée par Michael Müller et Jürgen Born et parut en 1983. C'est sur ce texte remanié que repose la présente édition. Le texte de la correspondance est désormais complet : seuls quatre brefs passages ont dû rester exclus. Les noms figurent désormais en clair. L'ordre des lettres a été établi avec précision.

Les lettres à Milena ne sont pas datées ; Kafka ne note d'ordinaire que le jour de la semaine. On a fait figurer les dates établies par les éditeurs allemands, en les plaçant entre crochets.

*

Les lettres à Milena avaient été traduites par Alexandre Vialatte. C'est ce texte qui est reproduit ici, conformément au jugement du tribunal de Paris en date du 25 septembre 1974. Les notes correctives de M. Claude David sont appelées par des chiffres arabes. Les notes appelées par de petites italiques concernent le plus souvent la traduction des passages en tchèque. Quelques notes explicatives figurent en outre à la fin du volume.

Les textes de Kafka que ne contenait pas la première édition ont été traduits par M. Claude David. Les textes traduits par Alexandre Vialatte sont introduits par le signe •, les textes traduits par M. Claude David par le signe ••.

Lettres à Milena

Merano-Untermais, Pension Ottoburg.
[avril 1920]

● Chère Madame Milena,

La pluie qui n'arrêtait plus depuis deux jours et une nuit vient de cesser, pour peu de temps sans doute, mais enfin c'est un événement digne d'être fêté, et je le fais en vous écrivant. D'ailleurs, la pluie elle-même ne me gênait pas tellement ; ici c'est l'étranger, en tout petit bien sûr, mais cela fait plaisir quand même. Vous aussi, si j'ai senti juste (il faut croire que je ne parviens pas à épuiser le souvenir d'un unique tête-à-tête bien bref et bien muet), vous avez été très contente de trouver l'étranger à Vienne ; il vous est devenu pénible par la suite à cause de la situation générale ; mais ne l'aimez-vous pas vous aussi en tant que tel ? (Ce n'est d'ailleurs pas bon signe ; il ne faut pas).

Ici [1], je vis fort bien ; je crois qu'un corps mortel ne saurait supporter plus de soins ; mon balcon plonge dans un jardin ; il est tout entouré et recouvert d'arbustes en fleurs (il y a ici une végétation extraordinaire ; quand les flaques gèlent presque à Prague, ici les fleurs s'épanouissent à loisir devant mon balcon) ; ajoutez-y que je donne en plein soleil (à moins

9

que ce ne soit en plein ciel de nuages, comme depuis une semaine). Des lézards, des oiseaux, couples fort disparates, viennent me rendre des visites : ah! que je vous conseillerais volontiers Merano! Vous me parliez dans une de vos dernières lettres de l'impossibilité de respirer, le propre et le figuré se touchent dans ces mots, et peut-être les deux sont-ils un peu plus faciles ici.

Très cordialement.

Votre F. Kafka.

*

Merano-Untermais, Pension Ottoburg.
[avril 1920]

●   Chère Madame Milena,

Je vous ai envoyé un mot de Prague et un autre de Merano. Je n'ai pas eu de réponse. A vrai dire, ils n'en exigeaient pas d'urgente, et si votre silence ne traduit qu'un de ces états de bien-être qui s'expriment souvent par le dégoût de l'écriture, je n'en suis pas mécontent. Mais il peut se faire aussi — c'est pourquoi je vous écris — que ces lettres vous aient blessée d'une façon ou d'une autre (qu'il a fallu que, bien contre mon gré, j'aie eu la main lourde en ce cas!), ou, ce qui serait encore pire, que l'instant de répit dont vous me parliez soit terminé et que vous reviviez de mauvais moments. Dans le premier cas, je ne sais que dire, tant mon intention était pure, et appliquée à tout le contraire ; dans le second, je ne devine pas — comment pourrais-je deviner? —, je vous [1] demande seulement : pourquoi ne pas sortir un peu de Vienne? Vous n'êtes pas, comme d'autres, apatride. Un séjour en Bohême ne vous remettrait-il pas? Ou, si pour des raisons que j'ignore, vous ne voulez pas de la Bohême, un autre endroit ? Merano même ferait peut-être l'affaire ? Le connaissez-vous ?

De deux choses l'une : ou vous continuez à vous taire, et cela signifie : « Tout va bien » ; ou alors vous m'envoyez un mot.

Très amicalement,

Kafka.

Je m'aperçois tout à coup que je ne me rappelle au fond aucun détail particulier de votre visage. Seulement votre silhouette, votre costume, au moment où vous êtes partie, entre les tables du café ; de cela, oui, je me souviens.

*

[Merano, avril 1920]

● Chère Madame Milena,

Vous peinez sur ma traduction au milieu de cette morne Vienne. C'est bien touchant, et humiliant pour moi. De Wolff vous devriez déjà avoir une lettre, du moins d'après ce qu'il m'a écrit il y a déjà pas mal de temps. Ce n'est pas de moi qu'est la nouvelle intitulée *le Meurtrier* que mentionnerait un catalogue ; vous faites erreur ; mais puisque cette nouvelle, dites-vous, est la meilleure, peut-être est-elle quand même de moi.

D'après votre dernière lettre et votre avant-dernière, vous semblez délivrée enfin de tout souci et de toute inquiétude et, je pense, votre mari aussi. Je me rappelle [1] un dimanche, il y a bien des années, l'après-midi, je rasais le mur du quai de l'Empereur-François, quand je rencontrai votre mari qui venait vers moi, guère plus grandiose : deux spécialistes des maux de tête, chacun à sa propre façon, à sa très différente

11

façon. Je ne sais plus si nous avons continué de conserve ou si nous nous sommes séparés, la différence n'est pas bien grande[1]. Mais c'est une chose passée, qui doit rester profondément passée. Êtes-vous bien logée ?

Cordialement vôtre,

Kafka.

*

● Il s'agirait donc du poumon. J'ai passé toute la journée à retourner cette affaire dans ma tête, je ne pouvais penser à autre chose. Non que ce soit une maladie qui m'effraie particulièrement ; elle n'apparaît, il me semble, chez vous, que d'une façon assez légère, espérons-le, — et vos indications le laissent à penser —, d'ailleurs, même une vraie maladie du poumon, comme celle que j'ai depuis trois ans (la moitié de l'Europe occidentale a le poumon plus ou moins défectueux) m'a apporté plus de bien que de mal. Il y a quelque trois ans pour moi que la chose a commencé, au milieu de la nuit, par une hémoptysie. Je me suis levé, excité comme on l'est toujours par ce qui est nouveau (au lieu de rester couché comme on me l'a prescrit par la suite), et un peu effrayé aussi, naturellement, je suis allé à la fenêtre, je me suis penché dehors, je suis allé à la table de toilette, j'ai fait les cent pas, je me suis assis sur le lit..., toujours du sang. Pourtant, je ne me sentais pas du tout malheureux, car je savais, j'apprenais petit à petit que pour une certaine raison, au bout de trois à quatre ans de nuits à peu près blanches, à condition que l'hémorragie s'arrête, je dormirais pour[2] la première fois. L'hémorragie s'arrêta d'ailleurs (et depuis elle n'est jamais revenue), et je dormis le reste de la nuit. Le matin, il est vrai, vint la bonne (j'avais alors un appartement

12

au palais Schönborn), une brave fille, extrêmement dévouée, mais extrêmement objective, qui vit [1] le sang et me dit : *Pane doktore, s Vámi to dlouho nepotrvá*[a]. Mais je me sentais mieux que d'habitude, j'allai au bureau et ne vis le médecin que l'après-midi. Le reste de l'histoire importe peu ici. Je voulais simplement vous dire que ce n'est pas votre maladie qui m'a fait peur (d'autant plus que je ne cesse de me faire intervenir, de travailler mes souvenirs, de retrouver cette vigueur quasi rustique qui se cache sous votre délicatesse et de constater : mais non, elle n'est pas malade, il s'agit d'un avertissement, non d'une maladie du poumon) ; ce n'est donc pas cela qui m'a fait peur, mais l'idée de ce qui a dû précéder l'accident. Je commence d'abord par mettre à part ce qu'il y a d'autre dans votre lettre : « pas le sou » — « thé et pomme » — « chaque jour de deux à huit » ; ce sont des choses que je ne saurais comprendre, on ne peut sans doute les expliquer qu'oralement. Je les écarte donc ici (dans ma lettre naturellement, car on ne saurait les oublier) et ne songe qu'à l'explication que je me suis forgée autrefois de mon cas, et qui doit convenir à bien d'autres. Les choses en étaient au point que mon cerveau ne pouvait plus supporter les soucis et les tourments qui lui étaient infligés. Il disait : « Je renonce ; mais s'il est quelqu'un d'autre qui tienne ici à ma conservation, qu'il me soulage d'une petite part de mon fardeau, et nous ferons encore quelque temps. » C'est à ce moment que le poumon [2] s'est présenté, il n'avait pas grand-chose à perdre apparemment. Ces débats de cerveau à poumon, qui se déroulaient à mon insu, ont dû être une chose affreuse.

Et qu'allez-vous faire à présent ? C'est un rien, vraisemblablement, si l'on vous surveille tant soit peu. Mais ce tant soit peu est nécessaire, il n'est personne qui vous aime qui ne soit forcé de s'en rendre compte ; tout le reste doit passer après. Le salut serait donc ici ? Je pense que oui ; je ne cherche pas à plaisanter, je ne suis d'ailleurs pas gai [3] du tout et ne le deviendrai pas avant que vous ne m'ayez écrit que vous vous êtes organisé une nouvelle vie plus hygiénique. Je ne vous demande plus, après votre dernière lettre, pourquoi vous ne sortez pas un peu de Vienne, je le comprends maintenant ; mais, même tout près de Vienne, il y a déjà de beaux endroits où séjourner ; on y trouverait maintes possibilités de s'occuper de vous. Je ne vous parle pas d'autre chose aujourd'hui, je n'ai rien de plus important à dire. Le reste sera pour demain, même mes remerciements pour le cahier, qui m'émeut et me fait honte, me rend triste et heureux. Non, un dernier mot cependant : si vous prenez sur votre sommeil la moindre minute pour me traduire, ce sera comme si vous me maudissiez. Car si l'affaire arrive devant un tribunal, il n'ira pas chercher midi à quatorze heures ; il constatera simplement que je vous ai privée de votre sommeil. Voilà qui me condamnera, et me condamnera justement. C'est donc pour moi que je combats en vous priant de ne plus veiller ainsi.

Votre FranzK.

*

[Merano,
derniers jours d'avril 1920]

• Chère Madame Milena,

Aujourd'hui je voudrais aborder un autre sujet, mais je n'y arrive pas. Non que je prenne au sérieux cette histoire de maladie ; si je le faisais, j'écrirais autrement, mais il faudrait que par moments il y eût dans un jardin, un peu à l'ombre, une chaise longue préparée pour vous et une dizaine de verres de lait à portée de votre main. Rien n'empêcherait que ce fût à Vienne, surtout maintenant avec l'été, mais Vienne sans faim, sans inquiétude. N'est-ce pas une chose possible ? N'est-il personne pour la rendre telle ? Que dit le médecin ?
Quand j'ai tiré le cahier de la grande enveloppe, je me suis

14

trouvé presque déçu. C'était vous que je voulais entendre, non cette voix trop connue qui sort du vieux tombeau ; pourquoi s'est-elle interposée entre nous deux ? Et puis je me suis rendu compte qu'elle nous avait aussi servi de truchement. Je trouve d'ailleurs incompréhensible que vous ayez assumé une si lourde tâche, et bien profondément touchant que ç'ait été, tout le long de mes petites phrases, avec tant de fidélité, du haut en bas, du bas en haut, une fidélité dont je ne soupçonnais pas la possibilité en tchèque ni l'autorité naturelle avec laquelle vous l'exercez. L'allemand[1] et le tchèque sont-ils si proches l'un de l'autre ? Hélas ! de toute façon c'est une mauvaise histoire, extraordinairement mauvaise ; rien ne me serait plus facile, chère Madame Milena, que de vous le prouver ligne par ligne, si je n'en ressentais un dégoût encore plus certain que de la chose. Vous aimez mon histoire ; cela la valorise, mais me brouille un peu l'image du monde[2]. Passons. *Un médecin de campagne,* vous l'aurez de Wolff, je lui ai écrit.

Assurément, je comprends le tchèque. J'ai voulu plusieurs fois déjà vous demander pourquoi vous n'écririez pas une fois dans cette langue. Non que vous ne possédiez parfaitement l'allemand. Vous le possédez en général étonnamment, et quand il vous arrive de ne pas le maîtriser il s'incline à vos devants de lui-même, c'est le plus beau ; car un Allemand n'ose pas espérer tant de sa langue, il n'ose[3] pas écrire de façon si personnelle. Mais je voulais lire de vous du tchèque, parce qu'enfin vous lui appartenez, parce qu'au bout du compte Milena ne se trouve tout entière que là (la traduction en est une preuve), alors qu'en allemand, malgré tout, il n'y a que la Milena qui vient de Vienne ou s'y prépare. Donc du tchèque[4], s'il vous plaît. Et aussi les feuilletons dont vous parlez. Pitoyables ou non, vous avez bien lu, vous, cette pitoyable histoire ; jusqu'où ? je ne sais. Pourquoi n'en pourrais-je faire autant ? De toute façon, si je ne pouvais, je garderais à leur égard le préjugé le plus favorable.

Vous me questionnez sur mes fiançailles. Je me suis trouvé fiancé deux fois (trois, si l'on veut : deux fois avec la même jeune fille) et trois fois j'ai été à deux doigts de me marier, à quelques jours près. La première fois c'est du passé (il y a déjà un autre mariage, et même, dit-on, un petit garçon), la deuxième dure encore, mais sans espoir de mariage, elle ne dure donc plus, au fond, ou plutôt elle dure d'une vie autonome, aux dépens des êtres. Je me suis aperçu là, et ailleurs, au total, que les hommes souffrent peut-être plus, ou [1], si l'on veut, ont dans ce domaine moins de résistance, mais que les femmes souffrent sans faute, non en ce sens qu'elles « n'y pourraient rien », mais au sens le plus rigoureux, qui se ramène peut-être après tout au premier [2]. Il est inutile d'ailleurs de réfléchir à ces choses-là. C'est comme si l'on travaillait à ne démolir qu'une seule chaudière de l'enfer ; premièrement on n'y arriverait pas, et deuxièmement, si on y arrivait, on flamberait bien dans la masse en feu qui en sortirait, mais l'enfer resterait dans toute sa majesté. Il faut s'y prendre différemment.

Mais d'abord, de toute façon, s'étendre dans un jardin et tirer de la maladie, surtout quand ce n'en est pas une vraie, le plus de douceur qu'il se peut. Il y a beaucoup de douceur en elle.

Votre FranzK.

*

[Merano, avril-mai 1920]

●   Chère Madame Milena,

D'abord, pour que ma lettre elle-même ne risque pas de vous l'apprendre malgré moi : je souffre depuis quinze jours d'insomnies qui ne font que s'aggraver ; je ne le prends pas

16

au tragique ; c'est un principe ; ces périodes vont et viennent, elles ont toujours quelque raison de se produire (et parmi ces raisons, d'après le Baedeker, dérision, l'air de Merano !), bref plus de raisons qu'il n'en faut, même si elles passent presque inaperçues, comme il arrive quelquefois ; de toute façon, on en reste gourd comme une bûche, en même temps qu'agité comme une bête des bois.

J'ai quand même une satisfaction. Vous avez bien dormi ; c'est peut-être encore « curieux » ; vous vous êtes trouvée hier encore « hors de vos gonds », mais enfin vous avez bien dormi. Quand[1] le sommeil me fuit dans la nuit, je sais donc où il va et j'accepte la chose. Il serait d'ailleurs sot de se révolter, le sommeil est le plus innocent et l'insomnieux le plus coupable des êtres.

Et c'est cet insomnieux que remercie votre dernière lettre. Si un profane me lisait, il ne pourrait s'empêcher de penser : « Quel homme ! Il a fallu qu'il soulève des montagnes ! » Et cependant cet homme n'a rien fait, il n'a pas remué un doigt (sinon celui qui guide le porte-plume), il se nourrit de lait et de bonnes choses, sans avoir toujours sous les yeux (souvent pourtant) « des pommes et du thé », et pour le reste il laisse les choses aller leur train et les montagnes à leur place. Savez-vous l'histoire du premier succès de Dostoïevski ? Elle résume bien des choses ; je ne la cite d'ailleurs que par commodité, à cause du grand nom de son héros, car on pourrait trouver la même ailleurs et même tout près. Au demeurant[2] je ne me la rappelle pas tellement bien, surtout les noms. Dost[oïevski] écrivait donc son premier roman, *Les Pauvres Gens* ; il vivait [alors] avec un ami, Grigoriev, qui écrivait aussi. Ce Grigoriev vit bien les pages s'accumuler des mois durant sur le bureau, mais il n'eut le manuscrit que le roman fini. Il le lut, il en fut ravi, et le porta, sans en rien dire à D[ostoïevski], au célèbre critique Nekrassov. Dans la nuit qui suivit, à trois heures du matin, on sonne chez Dostoïevski. Ce sont Gr[igoriev] et N[ekrassov] ; ils entrent dans la pièce, ils étreignent D., l'embrassent, Nekrassov, qui le voyait pour la première fois, l'appelle l'espoir de la Russie, ils passent deux heures à parler avec lui, principalement du roman, et ils ne le quittent qu'à l'aube. D[ostoïevski], qui a toujours appelé cette nuit la plus belle de son existence, se penche à sa fenêtre, les suit des yeux, ne peut se contenir et se met à pleurer. Le sentiment qui le dominait alors, et qu'il a décrit je ne sais plus où, était à peu près celui-ci : « Quelles splendides natures ! Qu'ils sont bons ! Qu'ils sont nobles ! Et moi, que je suis vil ! S'ils pouvaient voir en moi ! Et si je le leur disais, ils ne me croiraient pas ! » Là-dessus, il a même voulu les rattraper en noblesse d'âme : mais ce n'est plus là qu'une fioriture, le dernier mot de l'invincible jeunesse, cela [1] ne fait plus partie de mon histoire, elle finit là. Remarquez-vous, chère Madame Milena, ce qu'elle a de mystérieux, d'insondable ? Ceci, je crois : que Gr[igoriev] et Nekr[assov], autant qu'on puisse parler de ces choses en général, n'étaient certainement pas plus nobles que Dosto[ïevski] ; mais renoncez maintenant au point de vue général, dont D. ne voulait pas non plus cette nuit-là et qui ne sert à rien dans le cas particulier, ne voyez que Dost[oïevski], et vous serez convaincue comme lui que Gr. et N. étaient vraiment splendides, D. impur, infiniment vil, qu'il s'en faudra toujours d'une distance infinie qu'il puisse jamais les égaler, à plus forte raison ne sera-t-il jamais question qu'il puisse les payer de leur bienfait immense, de leur bienfait immérité. On les voit, littéralement, du haut de la fenêtre, s'éloigner et signifier par là qu'ils sont inaccessibles. Malheureusement, le sens de l'histoire est effacé par le grand nom de Dostoïevski.

Où m'a conduit mon insomnie ? A rien, certainement, qui ne se trouve dicté par une excellente intention.

Votre FranzK.

●   Chère Madame Milena,

Deux mots seulement, je vous récrirai probablement demain matin, aujourd'hui je ne le fais que pour moi, rien que pour avoir fait quelque chose pour moi, pour écarter un peu de moi l'impression que m'a produite votre lettre ; sinon elle pèserait jour et nuit sur mon esprit. Vous êtes très étrange, Madame Milena, vous vivez là-bas dans votre Vienne, avec bien des choses à supporter, et vous trouvez encore le temps de vous étonner que d'autres, disons moi, n'aillent pas extrêmement bien, que je dorme une nuit un peu plus mal que la précédente. Mes trois petites amies d'ici (trois sœurs, la plus vieille a cinq ans) ont eu une conception plus saine ; elles ont cherché en toute occasion, que nous fussions ou non au bord de la rivière, à me jeter dans l'eau, et ce n'était d'ailleurs pas que je leur eusse rien fait de méchant ; pas le moins du monde. Quand des adultes menacent ainsi des enfants, c'est de la plaisanterie, de l'affection, une espèce de façon de dire : maintenant pour nous amuser nous allons raconter la chose la plus incroyable du monde. Mais les enfants sont sérieux et ne savent rien d'incroyable ; dix échecs[1] ne les persuadent pas que, la onzième fois, ils ne réussiront pas à vous précipiter dans l'eau ; pis, ils ne savent même pas qu'ils n'ont pas réussi les dix fois précédentes. Les enfants deviennent inquiétants si on suppose qu'ils parlent et projettent en sachant ce que savent les adultes[2]. Quand une petite fille de quatre ans, qui a l'air de n'être là que pour se faire cajoler et embrasser, et qui est forte comme un petit ours, avec encore un peu de son ventre de nourrisson, se jette sur vous, aidée de ses deux sœurs sur le flanc droit et le flanc gauche, et qu'on n'a déjà plus que le garde-fou derrière soi, tandis que leur père, amical, et leur

19

douce et belle grosse maman (près de la voiture d'un quatrième) vous sourient de loin sans vouloir vous aider, c'en est presque fini d'un homme et il est bien difficile de dire[1] comment on a pu s'en tirer. Guidés par la raison ou le pressentiment, des enfants ont voulu me jeter par-dessus bord sans particulière raison, peut-être parce qu'ils me trouvaient inutile, et ils ne connaissaient pourtant même pas vos lettres et mes réponses.

Il ne faut pas que les mots « excellente intention » de ma dernière lettre vous effraient. J'étais dans une période de totale insomnie — j'en ai connu plusieurs ici — j'avais rédigé cette histoire, cette histoire souvent pensée dans les rapports qu'elle présente avec vous, et quand j'ai eu fini, je souffrais tant des tempes que je ne discernais[2] plus bien pourquoi je l'avais racontée ; la foule des choses que j'aurais voulu vous dire dans ma chaise longue, sur le balcon, se pressait de plus dans mon champ de vision comme une espèce de masse amorphe, je ne pouvais plus que m'en rapporter à un sentiment général ; je ne puis[3] guère davantage, d'ailleurs, en ce moment.

Vous avez tout ce qui a été publié de moi, sauf mon dernier livre, *Un médecin de campagne,* un recueil de brefs récits que Wolff vous enverra, du moins lui ai-je écrit de le faire il y a huit jours. Je n'ai rien sous presse, et je ne vois pas ce qui pourrait venir. Tout ce que vous ferez sera bien fait quant aux livres et aux traductions ; j'aimerais qu'ils me fussent plus précieux ; cela vous donnerait la vraie mesure de ma confiance quand je les remets entre vos mains. En revanche, je suis heureux que les quelques observations que vous me demandez sur *Le Soutier* me permettent de vous faire un petit sacrifice ; ce sera un avant-goût de ce supplice de l'enfer qui consiste à revoir sa vie avec l'œil de la connaissance, en quoi le pire ne sera pas de percer à jour les mauvaises actions évidentes mais celles que j'ai cru bonnes à un certain moment.

Écrire, malgré tout, me fait du bien, je me sens plus calme qu'il y a deux heures quand j'étais dehors, sur ma chaise longue, avec votre lettre. Près de moi, qui étais allongé, un scarabée était retourné sur le dos, désespéré ; il ne pouvait se rétablir, j'aurais aimé l'aider, c'était tellement facile, on l'eût secouru visiblement d'un seul coup de pouce en faisant un pas, mais je l'ai oublié pour votre lettre, et d'ailleurs je ne pouvais pas me lever ; il a fallu un lézard qui passait pour rappeler mon attention sur la vie qui remuait autour de ma chaise longue ; le scarabée s'était trouvé sur le chemin du lézard, il ne bougeait déjà plus ; ce qui s'était passé, me disais-je, n'avait pas été accident, mais duel à mort, spectacle rare du trépas naturel des bêtes ; mais le lézard [1], en passant sur lui, avait retourné le scarabée ; le scarabée resta encore un bref instant inanimé, puis il se mit à grimper contre le mur comme si rien n'était plus naturel. C'est sans doute ce qui m'a donné, je ne sais comment, un peu de courage ; je me suis levé, j'ai bu du lait, je vous ai écrit.

Votre FranzK.

●● Voici donc les remarques : Colonne 1, ligne 2 : *pauvres* a ici également le sens secondaire de « digne de pitié », mais sans particulière connotation sentimentale ; il s'agit d'une pitié incompréhensive que Karl éprouve pour ses parents, peut-être *ubeži*

1, 9 « *freie Lüfte* » est un peu plus grandiose, mais là, il n'y a sans doute pas de solution

1, 17 *z dobré nálady a poněvadž byl silný chlapec* : biffer complètement ● Non, je préfère envoyer la lettre ; je vous enverrai les remarques demain, il y en aura d'ailleurs très peu, aucune parfois pendant des pages ; la vérité comme évidente de la traduction, ne cesse de m'émerveiller, quand j'arrive à oublier l'évidence ; pas une méprise, ce qui serait encore peu, mais une intelligence du texte constamment

21

ferme et résolue. Seulement, je ne sais pas si les Tchèques ne vous reprocheront pas cette fidélité, qui est ce que je préfère dans votre traduction (à cause de moi plus encore que de l'histoire) ; mon sentiment de la langue tchèque, car j'en ai un également, se trouve parfaitement satisfait, mais il est extrêmement partial. En tout cas, si jamais quelqu'un vous faisait un reproche, pansez l'offense avec ma gratitude [1].

*

[Merano, mai 1920]

●   Chère Madame Milena,

(Bien sûr, la suscription devient assommante, mais en ce monde incertain c'est une de ces poignées auxquelles peuvent se retenir les malades, et ce n'est pas parce qu'elles leur deviennent importunes qu'ils sont nécessairement guéris). Je n'ai jamais vécu chez les Allemands ; l'allemand est ma langue maternelle, il m'est donc naturel, mais j'aime bien mieux le tchèque, aussi votre lettre [2] dissipera-t-elle pour moi bien des incertitudes ; je vous vois plus nettement, les mouvements de votre corps, vos mains, si vives, si décidées, c'est presque une rencontre physique ; mais si je veux lever les yeux, après ça, sur votre visage, un feu éclate au cours de la lettre (quelle histoire !) et je ne vois plus que du feu.

On en pourrait être tenté de croire à ce que vous érigez en loi de votre vie. Qu'au nom de cette prétendue loi vous refusiez d'être plainte est chose toute naturelle, la décréter n'étant qu'orgueil et présomption *(já jsem ten který platí[a])* ; quant aux preuves que vous donnez d'elle, il n'y a rien à en dire de plus, on ne peut que se taire et vous baiser la main. En ce qui me concerne, je crois bien à votre loi, mais je ne pense pas qu'elle domine votre vie de façon si purement cruelle, sélective et définitive ; c'est l'expérience [3], sans doute,

22

qui vous l'a révélée, mais ce n'est qu'une des expériences de la route, et la route n'a point de fin.

Mais[1], indépendamment de tout cela, il est effrayant pour l'intelligence terrestrement bornée d'un être de voir dans quel four surchauffé vous vivez. Je ne parlerai que de moi. Vous aviez avec moi trois possibilités, s'il faut traiter la chose un peu comme un devoir scolaire. Vous auriez pu par exemple ne rien me dire de vous ; vous m'auriez ainsi privé du bonheur de vous connaître et, ce qui le surpasse encore, de m'éprouver à propos de ce bonheur. Vous n'aviez[2] donc pas le droit de vous taire. Vous auriez pu aussi me cacher ou m'enjoliver bien des choses, et vous le pourriez encore, mais, dans la situation présente, je le sentirais, même si je ne le disais pas, et j'en souffrirais doublement. Vous n'avez donc pas le droit non plus d'agir ainsi. Reste pour troisième et seule possibilité : chercher à vous sauver un peu vous-même. Cette possibilité se fait bien un peu jour dans vos lettres. J'y trouve assez souvent les mots de repos, de stabilité, souvent aussi, encore, d'autres bien sûr, et même pour finir : *reelni hrůza*[a].

Ce que vous dites de votre santé (la mienne est bonne, à ceci près que l'air de la montagne nuit à mon sommeil), ce que vous dites de votre santé ne me suffit pas. Je ne trouve pas le diagnostic du médecin excessivement favorable, ou plutôt il n'est ni favorable ni défavorable, votre comportement peut seul décider de l'interprétation à lui donner. Évidemment, les médecins sont bêtes ou, pour mieux dire, sans être plus bêtes que les autres hommes, ils ont des prétentions ridicules, mais du moment où l'on se remet entre leurs mains, il faut se dire qu'ils deviendront toujours plus bêtes, et ce que demande votre médecin pour le moment n'est ni très bête ni impossible. Ce qui est impossible c'est que vous deveniez vraiment malade, cette impossibilité doit demeurer. En quoi votre vie a-t-elle changé depuis que vous avez vu le médecin ? Voilà la question essentielle.

En voici de secondaires que vous pouvez me permettre : pourquoi et depuis quand êtes-vous sans argent ? Êtes-vous en relation avec les gens de votre famille ? (Je le croirais volontiers, car vous m'avez indiqué un jour une adresse d'où vous recevez régulièrement des paquets ; cela a-t-il cessé ?) • Pourquoi avez-vous fréquenté autrefois beaucoup de gens à Vienne, — c'est ce que vous m'écrivez, — et maintenant plus personne ?

Vos feuilletons, vous ne voulez pas me les envoyer ; c'est que vous pensez, faute de confiance, que je ne saurai pas les mettre à la bonne place dans l'image que je me fais de vous. Soit, je vous en veux donc sur ce point. Ce qui n'est d'ailleurs pas un malheur, car il n'est pas mauvais pour une juste balance qu'il y ait dans un coin de mon cœur un peu de fâcherie à votre endroit.

Votre FranzK.

*

[Merano, 29 mai 1920]

• Chère Madame Milena,

Que la journée est brève ! Vous suffisez à la remplir, à part quelques rares bagatelles ; la voilà déjà terminée. A peine me reste-t-il une bribe de temps pour écrire à la vraie Milena, l'encore plus vraie étant restée[1] ici toute la journée, dans la chambre, sur le balcon, dans les nuages.

D'où proviennent cette vivacité, cette insouciance, cet enjouement de votre dernière lettre ? Y a-t-il eu du changement ? Ou bien me tromperais-je, partie sous l'influence des proses ? ou alors avez-vous tant d'empire sur vous-même, et sur les choses en même temps ? Qu'est-ce ?

Vous débutez en juge ; je le dis[2] sans plaisanter. Vous avez raison de me reprocher *či ne tak docela pravdu*[a], comme vous aviez raison aussi au sujet de *dobře míněno*[a]. C'est évident. Si le souci me travaillait entièrement et constamment comme je l'écrivais, je n'y aurais pas tenu, j'aurais oublié tout obstacle ; adieu chaise longue, j'aurais été chez vous le lendemain. C'eût été la seule preuve de véridicité, le reste est discours, ceci compris, ou alors référence au sentiment profond ; mais il reste muet, les mains[1] dans son giron.

Comment se fait-il que vous ne soyez pas encore lassée des gens ridicules que vous décrivez (avec amour et par conséquent merveilleusement), et de celui qui pose cette question, et de bien d'autres encore. Vous avez pourtant à juger ; au bout du compte c'est la femme qui juge. (Dans l'histoire de Pâris, la chose n'est pas très claire, mais Pâris lui-même ne fait que décider quelle déesse a le mieux jugé.) Les ridicules ne compteraient pas tellement ? Ce ne seraient que des ridicules momentanés qui s'effaceraient dans l'ensemble ? Le total serait bon ? Est-ce là l'espoir[2] qui vous attache à ces gens ? Qui peut prétendre qu'il connaît les pensées secrètes du juge que vous êtes ? J'ai pourtant l'impression que vous pardonnez les ridicules en tant que tels, que vous les comprenez, les aimez et les ennoblissez par votre amour. Ils ne sont cependant que les zigzags des chiens, ces zigzags que le maître traverse, non au milieu, mais là où mène son chemin[3]. Il y a pourtant sûrement un sens à votre amour, je le crois fermement (bien que je ne puisse m'empêcher de m'en étonner et de poser la question), et il me vient, pour en confirmer la possibilité, l'une des possibilités un mot[4] d'un employé de mon service. Il y a quelques années, je canotais souvent en périssoire *(maňas)* sur la Moldau ; je remontais le courant, ensuite je m'étendais et me laissais redescendre, je passais sous les ponts au fil de l'eau. De là-haut, avec ma maigreur, le coup d'œil devait être assez drôle. L'employé en question qui m'avait vu ainsi du haut du pont et souligné suffisamment le comique du spectacle, résumait toutes ses impressions en disant qu'on se serait cru à l'instant du

Jugement Dernier : au moment où les cercueils sont déjà ouverts, mais où les morts ne remuent pas encore.

J'ai fait une petite sortie (pas la grande dont j'avais parlé, elle n'a pas pu avoir lieu), et de trois jours, à force de fatigue (une fatigue pas désagréable), je me suis trouvé presque incapable de tout geste, même d'écrire ; je n'ai fait que lire ; votre lettre, vos articles ; en me disant souvent que cette prose, naturellement, n'avait pas sa fin en elle-même, que c'était une plaque indicatrice sur le chemin qui menait à un être, un chemin sur lequel j'avançais de plus en plus gaiement, jusqu'à ce que je me fusse aperçu dans un moment de lucidité qu'en réalité je n'avançais pas du tout, que je continuais seulement de tourner au fond de mon propre labyrinthe, plus agité — c'était la seule différence — plus agité et plus confus que jamais. Quoi qu'il en soit[1] : cette prose n'est pas de n'importe qui. J'ai maintenant presque autant de confiance en votre style qu'en vous-même. Je ne connais en tchèque (j'en sais si peu de chose) qu'une musique de la langue : celle de Božena Němcová. La vôtre est différente, mais elle s'apparente à elle par la décision, la passion, l'amabilité et surtout une intelligence de voyante. Serait-ce[2] le fruit de ces seules dernières années ? Écriviez-vous auparavant ? Vous pouvez dire, évidemment, que je suis ridiculement prévenu en votre faveur ; c'est exact, je suis prévenu, bien sûr, mais uniquement par ce que je n'ai pas trouvé, mais retrouvé, dans ces textes (d'ailleurs inégaux et parfois fâcheusement influencés par le journal). Mais vous vous rendrez compte tout de suite du peu de valeur de mon jugement quand je vous aurai dit que deux passages me font penser que l'article de mode découpé est également de vous. J'aimerais bien garder les coupures pour les montrer au moins à ma sœur, mais, puisque vous en avez besoin immédiatement, je vous les renvoie ci-joint ; je vois aussi les calculs qui ont été faits en marge.

J'avais jugé de votre mari autrement. De tous ceux qui

fréquentaient le café il me semblait être le plus sûr, le plus calme et le plus sensé; presque exagérément paternel; impénétrable aussi, sans doute, mais sans que le reste cesse d'être vrai. J'ai toujours eu du respect pour lui; je n'ai pas eu l'occasion, ni le talent, de le connaître davantage; mais des amis, surtout Max Brod, avaient de lui une haute opinion; je m'en suis toujours souvenu quand j'ai pensé à lui. J'aimais surtout beaucoup, à une certaine époque, son habitude d'être appelé plusieurs fois le soir au téléphone dans tous les cafés. J'imaginais [1] à l'autre bout quelqu'un qui rêvait sur une chaise, la tête contre le dossier, au lieu de dormir, et sursautait de temps à autre pour appeler. Un état que je comprends si bien que c'est peut-être la seule raison pour laquelle j'en parle. • Pour le reste, je donne raison à Staša et à lui; je donne toujours raison à ceux que je ne peux pas imiter; c'est seulement quand personne ne regarde que je donne secrètement raison à Staša plus qu'à lui.

Votre FranzK.

• Puis-je recevoir encore une lettre d'ici samedi? Qu'en pensez-vous? Ce serait possible. Mais cette rage de lettres est insensée. Une seule ne suffit-elle pas? Ne suffit-il pas d'une certitude? Bien sûr! et cependant on renverse la tête, on boit les mots, on ne sait plus rien, sinon qu'on ne veut pas cesser. Expliquez-moi ça, Milena, Mme le Professeur Milena!

*

[Merano, 30 mai 1920]

• Qu'en est-il, Milena, de votre science des hommes? Je l'ai déjà plusieurs fois mise en doute; par exemple, à propos de Werfel dans une lettre où vous parliez de lui; car on y sentait bien l'amour avec le reste, peut-être même seulement l'amour, mais un amour[1] fait d'une méprise ; or, indépendamment de tout ce qu'est Werfel, si on ne retient que le reproche d'épaisseur (qui me semble d'ailleurs injustifié, tous les ans je trouve[2] Werfel plus beau et plus aimable, il est vrai que je ne le vois que très peu), ne savez-vous donc pas qu'il n'y a que les gros pour être dignes de confiance ? Il n'y a que dans ces vases aux épaisses cloisons que tout peut se cuire jusqu'au bout, il n'y a que ces capitalistes de l'espace qui soient, autant qu'il est possible aux hommes, protégés des soucis et de la folie, et qui puissent vaquer tranquillement à leur tâche ; il n'y a qu'eux sur toute la terre, a dit quelqu'un, qui soient de vrais citoyens de la terre, car au nord ils réchauffent et au sud ils donnent de l'ombre. (On peut dire la chose en inversant les termes, mais alors elle cesse d'être vraie.)

Au judaïsme maintenant. Vous me demandez si je suis Juif, peut-être n'est-ce que plaisanterie, peut-être ne me demandez-vous que si je fais partie des Juifs pusillanimes, comme[3] Pragoise, de toute façon, vous ne pouvez questionner aussi innocemment que Mathilde, la femme de Heine. (Peut-être ignorez-vous l'histoire ? Il me semble que j'aurais plus important à dire, et puis je me fais certainement tort, non par l'histoire elle-même, mais en la racontant ; mais vous désiriez certainement que pour une fois je vous raconte une jolie chose. C'est Meissner, un Tchèque-Allemand, pas un Juif, qui la rapporte dans ses mémoires. Mathilde l'irritait sans cesse par ses sorties contre les Allemands : les Allemands étaient méchants, présomptueux, ergoteurs, tatillons, importuns, bref un peuple insupportable ! « Mais vous ne les connaissez pas, finit par lui dire Meissner, Henry ne fréquente que des journalistes allemands, et à Paris ils sont tous Juifs ! — Là vous exagérez, lui répondit Mathilde ; il y en a peut-être un ou deux dans le nombre, disons Seiffert... — Non dit Meissner, c'est le seul qui ne le soit pas. —

Comment? Jeitteles, par exemple (c'était un grand gros blond), Jeitteles serait Juif? — Bien sûr, dit Meissner. — Mais Bamberger? — Aussi. — Arnstein? — De même. » Etc. Et tous les amis y passèrent. A la fin Mathilde, irritée, lui dit : « Vous ne cherchez qu'à vous moquer de moi ; au bout du compte vous viendrez me dire que Kohn est aussi un nom juif, alors que Kohn est un cousin d'Henry et qu'Henry est luthérien. » Arrivés là, Meissner demeura sans réplique.) En tout cas, vous ne semblez pas craindre le judaïsme. Et si l'on pense aux derniers Juifs, ou aux avant-derniers, de nos villes, c'est quelque chose d'héroïque ; ne plaisantons pas : quand[1] une pure jeune fille dit à ses parents : « Laissez-moi » pour aller vers eux, c'est comme la Pucelle d'Orléans disant adieu à son village.

Vous avez donc le droit de reprocher aux Juifs la pusillanimité juive, bien que ce reproche général dénote une psychologie plus théorique que pratique, car d'abord, d'après votre description, il ne s'applique pas du tout à votre mari, deuxièmement, d'après mon expérience, il ne s'applique pas à la plupart des Juifs, et troisièmement il ne s'applique qu'à très peu, mais à ceux-là, moi par exemple, fortement. Ce qu'il y a de plus curieux c'est bien qu'il ne soit pas fondé généralement. L'incertaine situation des Juifs, (elle est incertaine en elle-même et incertaine parmi les hommes), explique trop qu'ils ne puissent croire vraiment à eux que ce qu'ils tiennent entre les doigts ou entre les dents[2], que, seule une possession tangible leur procure un droit à la vie, et qu'ils ne retrouvent jamais la chose qu'ils ont perdue, qu'elle s'en aille à jamais loin d'eux, au fil de l'eau, séraphiquement. Des horizons[3] les plus invraisemblables des dangers menacent les Juifs, ou plutôt, pour être plus exact, laissons là les dangers, disons : « Des menaces menacent les Juifs. » Un exemple dans votre entourage. Peut-être ai-je promis de ne pas en parler (à une époque où je vous connaissais à peine), mais je n'ai pas de scrupule à le faire avec vous, car il ne vous apprendra rien de neuf, il ne vous montrera que l'affection de votre famille, et je tairai le nom et les détails parce que je ne les sais plus. Ma plus jeune sœur doit épouser un Tchèque, un chrétien ; il parla une fois de cette intention d'épouser une Juive à une de vos parentes ; elle lui dit : « Surtout pas ça. Jamais de mariage avec un Juif ou une Juive ! Écoutez-moi : notre Milena, etc... »

Où voulais-je en venir avec toutes ces histoires ? Je me suis un peu égaré, mais cela ne fait rien, car vous m'avez peut-être suivi et nous voilà égarés tous deux. C'est bien ce qu'il y a de beau dans votre façon de traduire : elle est fidèle (grondez-moi donc de ce mot de « fidélité » car vous savez tout faire, mais gronder peut-être mieux que tout ; je voudrais être votre élève et faire tout le temps des fautes rien que pour pouvoir être tout le temps grondé par vous ; je suis assis sur mon banc, je n'ose pas lever les yeux, vous êtes penchée sur votre élève, et votre index, qui raconte vos reproches, ne cesse de voleter dans les airs ; est-ce bien[1] ainsi ?) ; votre traduction est donc fidèle et j'éprouve l'impression de vous conduire par la main, à ma suite, à travers les couloirs souterrains de l'histoire, des couloirs laids, bas, ténébreux, presque[2] sans fin (et c'est pourquoi mes phrases non plus n'en finissent pas, ne l'avez-vous pas remarqué ?), presque sans fin (deux mois seulement, dites-vous ?), pour avoir, je l'espère, l'esprit de disparaître quand nous déboucherons au grand jour.

C'est un avertissement de cesser pour aujourd'hui, de libérer pour aujourd'hui votre main, cette main qui m'apporte le bonheur. Demain, je vous écrirai de nouveau, je vous expliquerai pourquoi je ne viendrai pas à Vienne dans la mesure où je peux être sûr de moi, et je ne serai pas tranquille avant que vous ne disiez que j'ai raison.

Votre F.

Écrivez, s'il vous plaît, mon adresse un peu plus nettement ; quand votre lettre est dans l'enveloppe elle est déjà
presque mon bien, et vous devez traiter le bien d'autrui avec
plus de soin, plus de sentiment de votre responsabilité. *Tak*[a].
J'ai d'ailleurs l'impression, sans pouvoir préciser, qu'une
lettre de moi s'est perdue. Anxiété juive ! Au lieu de craindre
que les lettres n'arrivent bien !

Maintenant je vais ajouter, sur le même sujet, une sottise ;
sottise en ce que je dirai une chose que je crois juste sans
tenir compte du tort qu'elle me fera. Et Milena parlera
encore de caractère timoré, elle me donnera un coup de
poing dans la poitrine ou me demandera en tchèque, ce qui
revient au même comme geste et comme son : *Jste žid ?...*[b] Ne
voyez-vous[1] pas comme le poing se retire dans le *Jste* pour
concentrer la force musculaire ? Et ensuite, dans le *žid,*
comme il part en avant, comme il vole, joyeux, infaillible ?
Voilà de ces effets accessoires que la langue tchèque a assez
fréquemment sur l'oreille allemande. Vous me demandiez
par exemple un jour comment il se faisait que je fisse
dépendre d'une lettre mon séjour ici, et vous vous êtes
répondu vous-même immédiatement : *nechápu*[c]. Un mot bien
insolite en tchèque, et surtout dans votre langage ; il est si
dur, si sévère, si économe ; il vous regarde d'un œil glacé ; il a
l'air de casser des noix, il fait claquer trois fois les mâchoires
l'une sur l'autre, ou plutôt : la première syllabe fait une
tentative pour attraper la noix, ça ne marche pas ; la seconde
ouvre la bouche toute grande, cette fois la noix peut s'y
loger ; la troisième syllabe la brise ; entendez-vous les dents ?
Mais c'est surtout ces lèvres, à la fin, qui se ferment
définitivement, qui interdisent toute explication au réfutateur éventuel ! Ce qui peut d'ailleurs avoir du bon, quand le
réfutateur, par exemple[2], bavarde comme moi en ce
moment. Possible que les trois syllabes indiquent aussi les
mouvements des apôtres du jacquemart de Prague : ils
arrivent, ils se montrent, ils se retirent méchamment. Sur

quoi le bavard répète, en demandant pardon : « On ne bavarde que quand il vous arrive d'être un peu gai. »

A vrai dire, aujourd'hui je n'ai pas eu de lettre de vous. Et finalement je n'ai pas encore dit non plus ce que je voulais dire. Je le ferai prochainement. Que j'aimerais, que j'aimerais apprendre demain quelque chose de vous ! Les derniers [1] mots que j'ai entendus de votre bouche avant que la porte ne se referme — toutes les portes qui se referment sont odieuses — étaient affreux.

Votre F.

*

[Merano, 31 mai 1920]
Lundi

● Voici donc l'explication promise hier :

Je ne veux pas (aidez-moi, Milena, comprenez plus que je n'en dis), je ne veux pas (ce n'est pas du bégaiement), je ne veux pas venir à Vienne, parce que c'est un effort moral que je ne supporterais pas. Je suis moralement malade ; le mal des poumons n'est qu'un débordement du mal moral. Je suis malade depuis quatre ou cinq ans, depuis mes deux premières fiançailles. (Je n'ai pas pu m'expliquer tout de suite la gaieté de votre dernier mot ; l'explication ne m'est apparue qu'ensuite : vous êtes si jeune, peut-être pas vingt-cinq ans, peut-être vingt-trois ans à peine. J'en ai trente-sept, presque trente-huit, presque une petite génération de plus que vous, mes vieilles nuits et mes maux de tête m'ont rendu les cheveux presque blancs.) Je ne veux pas vous raconter cette longue histoire dans toutes ses forêts de détails qui m'effraient encore comme un enfant, mais un enfant sans la capacité d'oubli de l'enfance. Le point commun à mes trois histoires de fiançailles, c'est que tout a été de ma faute, indubitablement de ma faute, j'ai fait le malheur de mes deux fiancées et — ne parlons que de la première ; de la seconde [a] je ne peux pas, elle est trop sensible ; tout mot, fût-ce le plus amical, la blesserait horriblement, je le comprends — j'ai donc fait le malheur de la première rien qu'en ne pouvant devenir par elle (qui se serait peut-être sacrifiée, si je l'eusse voulu) constamment gai, paisible, décidé, capable de faire un mari, bien que je lui en eusse en toute liberté renouvelé constamment l'assurance, et l'aimasse souvent de façon désespérée, et ne connusse rien en soi de plus digne d'efforts que le mariage [1]. Je me suis acharné près de cinq ans sur elle (ou sur moi si vous préférez) ; heureusement elle était incassable, une combinaison prusso-juive, un alliage robuste et triomphal. Je n'étais pas aussi résistant ; il est vrai qu'elle n'avait qu'à souffrir, au lieu que moi je frappais en plus.

En fin de compte [2], je ne peux plus rien écrire, rien expliquer, bien que je ne fasse que commencer la description de la maladie morale qui devait amener les autres raisons de ma non-venue ; un télégramme m'est arrivé : « Rendez-vous [3] à Carlsbad le 8, prière confirmer par lettre. » J'avoue que, quand je l'ai ouvert, j'ai trouvé son masque effrayant encore que ce fût celui de l'être le plus modeste, le plus paisible et le plus dévoué, et que tout dépende au fond de ma propre volonté [4]. Je ne saurais expliquer cela maintenant, ne pouvant pas me référer à une description de ma maladie. Ce qu'il y a de certain, c'est que je partirai lundi ; je regarde parfois le télégramme et je parviens à peine à le lire ; comme si une écriture secrète en effaçait les caractères, une écriture qui dirait : « Passe par Vienne », un ordre de toute évidence, mais sans le caractère effrayant qu'ont les ordres. Je ne le ferai pas ; matériellement, c'est déjà une folie de ne pas prendre au plus court, par Munich, de faire par Linz un trajet double et de l'allonger encore par Vienne. Je fais une expérience : il y a sur le balcon un moineau qui attend que je lui lance du pain de ma table sur le balcon, au lieu de quoi je jette ce pain sur le plancher, à côté de moi, au beau milieu de la pièce. Il est dehors et voit ici, dans le clair-obscur, l'aliment de sa vie; quelle folle tentation! Il se secoue, il est ici plus que là-bas, mais ici c'est l'obscurité, et à côté du pain il y a moi : moi, puissance secrète. Il saute pourtant le seuil, fait [1] encore quelques bonds, mais il n'ose pas davantage : il s'envole saisi d'effroi. Que de forces pourtant, dans cette pauvre bestiole! Quelques instants après, elle est déjà revenue, elle examine la situation; je réémiette du pain pour lui faciliter les choses, et si je ne l'avais pas chassée intentionnellement-sans-le-vouloir (c'est le trait des puissances secrètes), elle serait venue le chercher.

Mon congé [2] se termine fin juin et, pour la transition, — il commence d'ailleurs à faire très chaud ici, ce qui, après tout, en soi ne me gênerait pas beaucoup — je veux aller ailleurs à la campagne. Elle aussi voulait partir, nous allons donc nous retrouver là-bas; j'y resterai quelques jours; puis peut-être quelques jours encore avec mes parents à Konstantinsbad, ensuite j'irai à Prague; lorsque j'envisage ces voyages et que je songe à l'état de ma tête, je me sens à peu près comme Napoléon aurait dû se sentir, si en établissant ses plans pour la campagne de Russie il avait su exactement comment tout cela finirait.

Quand j'ai reçu votre première lettre, je crois que c'était peu avant la date où devait avoir lieu le mariage (dont le programme n'est dû qu'à *moi*), j'en ai été heureux et je la lui ai montrée. Plus tard... Non, c'est bien tout, et je ne redéchirerai pas cette lettre; nous nous ressemblons sur certains points, mais je n'ai pas de poêle sous la main, et je crains presque comme un présage d'avoir écrit [3] un jour à cette jeune fille sur le dos d'une lettre commencée comme celle-ci.

Mais tout cela est sans importance; j'aurais été, même sans le télégramme, incapable d'aller à Vienne; le télégramme serait même un argument pour m'y faire aller. Je ne viendrai certainement pas; si je devais cependant à mon grand étonnement — ce ne sera pas — me trouver quelque jour à Vienne, je n'aurais besoin ni de déjeuner ni de dîner, mais d'une civière pour m'étendre un moment.

Adieu; la semaine ici ne va pas être facile.

Votre F.

Si vous voulez m'envoyer un mot à Carlsbad, poste restante... Non, à Prague seulement.

Quelles gigantesques écoles que celles où vous enseignez; deux cents élèves, cinquante élèves. J'aimerais y avoir une place près de la fenêtre, au dernier rang, pendant une heure, je pourrais renoncer alors à jamais à vous rencontrer (comme ce sera, d'ailleurs, de toute façon), je renoncerais à tout voyage et... Suffit. Ce papier blanc qui n'en finit pas me brûle les yeux, et c'est pourquoi j'écris.

Ces lignes datent de cette après-midi; maintenant il sera bientôt onze heures. J'ai fait la seule chose qui fût possible sur le moment. J'ai téléphoné à Prague que je ne pouvais venir à Carlsbad; je l'expliquerai par mon délabrement, ce qui est vrai, mais d'autre part peu conséquent, puisque c'était à cause de ce délabrement que je voulais y aller avant. Voilà comment je joue avec un être vivant. Mais je n'y peux rien, car à Carlsbad je ne saurais ni parler ni me taire, ou plutôt: je parlerais, même si je me taisais, car tout mon être n'est plus qu'un seul mot. Ce qu'il y a de sûr maintenant, c'est que je ne passerai pas par Vienne, je partirai lundi par Munich, pour je ne sais où, Carlsbad, Marienbad, mais seul. Je vous écrirai peut-être, mais je ne recevrai pas de lettres de vous avant Prague, dans trois semaines seulement.

*

● Je fais le compte : écrit samedi, lettre arrivée dès le
mardi midi, (malgré le dimanche), arrachée le mardi à la
bonne ; quelle magnifique liaison postale ! et lundi je dois
partir, il faut l'abandonner !

Vous avez la gentillesse de vous inquiéter parce que vous
avez manqué de lettres ; il est vrai que la semaine dernière je
suis resté quelques jours sans écrire, mais depuis samedi je
l'ai fait chaque jour, si bien que vous allez recevoir trois
lettres ; trois lettres qui vous feront bénir le temps où vous
n'en receviez pas. Vous y verrez que toutes vos craintes sans
exception sont justifiées : je vous en veux énormément en
général et, en particulier, beaucoup de choses de vos lettres
ne m'ont pas fait plaisir du tout, les feuilletons m'ont irrité,
etc... Non, Milena, n'ayez pas peur de tout cela, redoutez
plutôt le contraire.

Comme il est merveilleux d'avoir reçu votre lettre et d'être
obligé de vous répondre avec un cerveau qui n'a pas dormi !
Je ne trouve rien à écrire, je ne sais que flâner autour des
lignes dans la lumière de vos yeux, dans l'haleine de votre
bouche, comme dans une journée radieuse, une journée qui
reste radieuse même si la tête est malade, même si le cerveau
est fatigué, même si je dois partir lundi par Munich.

Votre F.

C'est à cause de moi que vous êtes rentrée chez vous, hors
d'haleine ? Vous n'êtes donc plus malade ? je ne m'inquiète
plus pour vous ? C'est bien cela, je n'ai plus d'inquiétude ;
non, voilà que j'exagère encore comme l'autre fois, mais c'est
le même genre d'inquiétude que si je vous avais ici sous ma
tutelle, si je vous faisais partager le lait que je bois, respirer

l'air que je respire, cet air qui m'arrive du jardin, pour vous fortifier avec moi ; non, c'est trop peu, vous fortifier plus que moi.

Probablement, pour diverses raisons, je ne partirai pas lundi, mais seulement quelques jours plus tard. En revanche, je rentrerai directement à Prague ; il y a maintenant un Bolzano-Munich-Prague direct. Si vous vouliez m'écrire encore quelques lignes vous pourriez le faire ; au cas où elles ne me toucheraient pas, on me les ferait suivre à Prague.

Gardez-moi votre amitié.

F.

Je suis vraiment d'une prodigieuse bêtise. Je lis un livre sur le Tibet ; la description d'une petite colonie, dans la montagne, à la frontière tibétaine, me rend soudain le cœur lourd : ce village perdu, si loin de Vienne, cette solitude désespérée. Ce que je trouve bête, c'est l'idée que le Tibet est loin de Vienne. Est-ce si loin ?

*

[Merano, 2 juin 1920]
Mercredi

● Les deux lettres sont arrivées ensemble, à midi ; elles ne sont pas là pour être lues, mais pour être étalées, pour qu'on y plonge son visage et qu'on y perde sa raison. Mais il apparaît maintenant qu'il est bon de l'avoir presque perdue, car on garde le reste intact le plus longtemps possible. Et c'est pourquoi mes trente-huit ans juifs disent en face de vos vingt-quatre ans chrétiens :

Eh quoi ! où sont les lois du monde et toute la police du ciel ? Tu as trente-huit ans et tu es fatigué d'une façon que l'âge n'explique certainement pas. Ou plutôt[1] : tu n'es pas

37

fatigué, mais inquiet, tu as peur de faire le moindre pas sur cette terre hérissée de pièges à pieds, aussi les gardes-tu toujours levés tous deux, tu n'es pas fatigué, mais tu as peur de l'extraordinaire fatigue qui suivra cette extraordinaire inquiétude et qui doit ressembler[1] à peu près (tu es tout de même Juif et tu sais ce qu'est la peur) au regard fixe d'un idiot dans le jardin de l'asile d'aliénés, derrière la place Saint-Charles.

Bon, voilà donc ta situation. Tu as livré quelques combats, et, ce faisant, peiné amis et ennemis (tu n'avais même que des amis, de bonnes et braves gens, pas d'ennemis) ; à ce métier tu es devenu un invalide, un de ces êtres qui se mettent à trembler devant un pistolet d'enfant, et tu t'imagines tout à coup que tu es destiné au grand combat qui sauvera le monde. Ce serait tout de même étrange, n'est-ce pas ?

Songe aussi que le meilleur temps de ta vie, celui dont tu n'as jamais au fond parlé réellement à personne, a peut-être été ces huit mois que tu as passés il y a deux ans, dans un village où tu croyais avoir coupé tous les ponts, où tu te limitais en toi à ce qui était hors de doute, où tu étais libre, sans lettres, sans les cinq ans de correspondance avec Berlin, protégé par ta maladie et, en tout cela, n'ayant guère à changer, mais seulement à graver plus creux le vieux contour, le contour étroit de ta nature (de visage, sous les cheveux gris, tu as à peine changé depuis ta sixième année).

Que ce ne fût pas la fin, les derniers dix-huit mois te l'ont malheureusement appris ; tu ne pouvais guère tomber plus bas dans cette direction (j'excepte le dernier automne, où je me suis honnêtement battu pour me marier), tu ne pouvais entraîner plus profond un autre être, une jeune fille aimable et bonne qui se consumait d'abnégation ; plus profond, non, ni dans une situation qui fût aussi privée d'issue, même du côté de la profondeur.

Voilà[2]. Et maintenant, Milena t'appelle d'une voix qui

pénètre aussi fort dans ton cœur que dans ton cerveau. Évidemment, elle ne te connaît pas ; quelques histoires et quelques lettres l'ont aveuglée ; elle est comme la mer, forte comme la mer avec ses masses d'eau ; quand elle se méprend elle se rue aussi avec la force de la mer, quand l'exige la morte lune, la lointaine lune surtout. Elle ne [1] te connaît pas et c'est peut-être parce qu'elle pressent la vérité qu'elle veut que tu viennes. Ta présence effective ne l'aveuglera plus, tu peux en être bien certain. Si tu désires ne pas y aller, âme fragile, n'est-ce pas parce qu'au fond c'est cela que tu crains ?

Je concède pourtant que tu as cent autres motifs d'ordre psychologique (tu les as réellement), et un d'ordre extérieur : tu ne seras pas en état de parler au mari de Milena, ou même de le voir seulement, et pas capable davantage de parler à Milena ou de la voir sans la présence de son mari ; tout cela accordé, deux réflexions s'y opposent :

D'abord si tu dis que tu viens, Milena ne voudra peut-être plus que tu viennes, non point par versatilité, mais par une lassitude naturelle ; elle te laissera voyager à ta guise, volontiers, avec soulagement.

Ensuite, va réellement à Vienne. Milena ne pense qu'à voir s'ouvrir sa porte. Elle s'ouvrira bien sûr, mais après ? On verra s'encadrer en elle un long et maigre individu, qui sourira aimablement (il ne cessera jamais de le faire, il tient cela d'une vieille tante qui souriait toujours elle aussi, mais, comme lui, sans intention, uniquement par embarras ; ensuite, il prendra place où on le lui indiquera. Et ce sera au fond toute la cérémonie, car il ne dira pas un mot, il manque trop de vitalité pour ouvrir la bouche (mon nouveau voisin de table, ici, disait hier, à propos des repas végétariens de ce personnage muet : « Je crois que pour le travail intellectuel il faut absolument une nourriture carnée »), il ne sera même pas heureux, pour cela aussi il manque trop de vitalité.

Vous le voyez, Milena, je vous parle franchement. Mais vous êtes intelligente, vous remarquez depuis le début que je dis bien la vérité (toute la vérité, sans réserve, jusque dans le plus mince détail), mais trop franchement. Car j'aurais pu venir sans rien dire et vous dégriser d'un seul coup. Que je ne l'aie pas fait, cela prouve une fois de plus ma vérité, c'est-à-dire ma faiblesse.

Je resterai encore ici quinze jours, surtout parce que j'ai honte et crains de revenir sans autre résultat de ma cure. Chez moi, et, ce qu'il y a de pire, à mon service, on attend de mon congé quelque chose comme un rétablissement. Oh! la torture de ces questions : « Combien de kilos as-tu déjà repris ? » Et j'en perds. « Ne lésine pas ». (C'est pour combattre mon avarice.) Or, je paie bien ma pension, mais je ne peux pas manger. Et autres plaisanteries de ce genre.

Il y aurait encore tant à dire, mais la lettre ne partirait pas. Ceci, pourtant, que je voulais ajouter : si, à la fin des quinze jours, vous tenez encore à ma venue aussi fermement que vendredi, alors je viendrai.

Votre F.

*

[Merano, 3 juin 1920]
Jeudi

● Oui, Milena, ce matin je suis nu sur ma chaise longue, à moitié au soleil et à moitié à l'ombre, après une nuit à peu près blanche ; comment aurais-je pu dormir quand, trop léger pour le sommeil, je ne cessais de voler autour de vous, réellement épouvanté, exactement comme vous l'écrivez vous-même dans votre lettre de ce matin, de « ce qui était tombé sur moi », épouvanté au sens du mot lorsqu'on dit des prophètes qu'étant (encore ? ou déjà ? peu importe), étant donc de faibles enfants et entendant une voix les appeler, ils se sentaient épouvantés, ne voulaient pas, et s'accrochaient des pieds au sol, et sentaient une angoisse leur déchirer le cerveau [1], car ayant entendu des voix auparavant ils ne pouvaient comprendre d'où venait en celle-ci le son qui les terrifiait, — était-ce faiblesse de leur oreille ? était-ce force de la voix ? —, et ne savaient pas non plus, car c'étaient des enfants, que la voix avait déjà vaincu et s'était installée en eux par la vertu précisément de cette peur, de cette appréhension divinatrice qu'ils avaient d'elle, ce qui ne prouvait d'ailleurs rien quant à leur mission prophétique, car beaucoup entendent la voix, mais sont-ils vraiment dignes d'elle ? C'est bien douteux et il vaut mieux dire non tout de suite pour plus de sûreté, tel [2] était donc mon état d'esprit sur ma chaise longue quand vos deux lettres sont arrivées.

Il y a un trait de caractère, je crois, Milena, que nous partageons : nous sommes craintifs, nous nous effarouchons d'un rien ; nos lettres sont presque toutes différentes, mais elles ont presque toutes peur de celle qui les précède et encore plus de celle qui les suivra. Craintive pourtant, vous ne l'êtes pas de nature, la chose se voit aisément, moi-même non plus je ne le suis peut-être pas de cette façon, mais c'est presque devenu une seconde nature, cela ne disparaît que dans le désespoir, à la rigueur dans la colère et, ne l'oublions pas, dans la peur.

J'éprouve parfois l'impression que nous habitons une même pièce avec deux portes qui se font face ; chacun tient la poignée de la sienne ; à peine un cil bouge-t-il chez l'un, l'autre est déjà derrière sa porte ; que le premier ajoute un mot, l'autre a déjà certainement refermé sa porte, on ne le voit plus. Il rouvrira, car c'est une pièce qu'on ne peut peut-être pas abandonner. Si le premier n'était pas comme l'autre, il garderait son calme, il aimerait apparemment mieux ne pas regarder ce que fait le second, il ferait petit à petit régner l'ordre dans la pièce comme si c'était une chambre pareille à toutes les autres ; au lieu de quoi il travaille comme l'autre de sa porte, il arrive même que chacun soit derrière la sienne et que la belle pièce reste [1] vide.

Il en naît des méprises cruelles. Vous vous plaignez, maintes fois, Milena, qu'on puisse tourner et retourner une de mes lettres sans qu'il en sorte jamais rien, or c'est justement, sauf erreur, une de ces lettres dans lesquelles j'ai été si près [2] de vous, si maître de mon sang et si maître du vôtre, si enfoncé dans la forêt, si détendu dans le repos, que je n'entendais réellement rien dire d'autre que ce que je disais précisément : qu'on voyait le ciel, par exemple, à travers les arbres ; c'est tout [3] ; une heure après on répète la même chose, et il n'y a là-dedans, bien sûr, *ani jediné slovo které by nebylo velmi dobře uváženo* [a]. Mais cela ne dure pas, ce n'est qu'un instant, les trompettes de l'insomnie se remettent tout de suite à sonner.

Considérez aussi, Milena, l'état dans lequel je viens à vous, songez aux trente-huit ans de voyage que je viens de fournir (et même bien davantage, puisque je suis Juif) ; quand je vous rencontre à un tournant apparemment fortuit de la route, vous que je n'ai vraiment jamais espéré voir, surtout maintenant, surtout si tard, je ne peux pas crier, rien non plus ne crie en moi, je ne dis pas mille folies (je ne parle pas de celle que j'ai trop), et je n'apprends que je suis à genoux qu'en voyant [4] vos pieds tout près de mes yeux, en constatant que je les caresse.

Ne me demandez pas d'être sincère, Milena. Nul ne peut exiger de moi plus de sincérité que moi-même, et pourtant bien des choses m'échappent, peut-être même toutes m'échappent-elles. M'encourager à les poursuivre ne m'encourage pas, au contraire, je ne peux plus faire le moindre pas, tout devient subitement mensonge, et c'est le gibier qui étrangle le chasseur. Je suis sur un chemin bien dangereux, Milena. Vous, vous êtes solidement plantée au pied d'un arbre, jeune, belle, et l'éclat de vos yeux supprime la souffrance du monde. On joue à *škatule, škatule hejbejte se*[a], je me glisse, dans l'ombre, d'un arbre à l'autre, je suis à mi-chemin, vous m'appelez, vous me signalez les dangers, vous voulez me donner du courage, mon pas incertain vous fait peur, vous me rappelez (à moi !) la gravité du jeu, je ne peux plus, je tombe, je suis à terre. Je ne peux pas écouter en même temps votre voix et les voix terribles du monde intérieur, mais je peux écouter celles-ci et vous le confier à vous comme à personne d'autre ici-bas.

Votre F.

*

[Merano, 3 juin 1920]

● Il ne m'est pas facile maintenant, ayant lu cette lettre effrayante, mais non pas effrayante à fond (pas du tout), de vous remercier pour le plaisir que m'a causé sa réception. C'est[1] jour de fête, le courrier ordinaire ne serait plus arrivé. Aurais-je reçu, demain vendredi, quelque chose de vous ? C'était également douteux ; restait un silence accablant, mais non pas triste en ce qui vous concerne ; votre dernière lettre disait tant de force que je vous regardais comme je suivrais des alpinistes de ma chaise longue si je pouvais les reconnaî-tre encore d'ici dans la neige d'en haut. Et voilà que votre épître arrive[2], juste avant le repas de midi, je peux la prendre sur moi, la sortir de ma poche, la poser sur la table, la remettre dans ma poche ; au gré de mains qui veulent jouer avec une lettre ; on les regarde, on s'amuse de leurs jeux puérils. Je ne reconnaissais[3] pas toujours en face de moi le général et l'ingénieur, (des gens très bien, des hommes charmants), je les entendais plus rarement encore ; le repas (hier je n'ai pas mangé, je renouais avec la nourriture), le repas ne me gênait guère non plus ; quant aux tours de force de calcul, dont il fut débattu ensuite, les brefs problèmes qu'ils posaient me furent plus clairs que les longues solutions qu'on développa ; mais on pouvait pendant les solutions regarder [1] par la fenêtre ouverte les sapins, le soleil, les monts et le village, et surtout s'imaginer Vienne.

Ensuite, bien sûr, j'ai lu votre lettre attentivement ; je dis attentivement pour celle de dimanche, je réserve celle de lundi pour le moment où j'aurai la prochaine, car elle contient des choses que je ne puis supporter de lire de près ; je ne suis sans doute pas encore assez rétabli, et de plus la lettre est périmée : d'après mon compte, il y en a cinq en route dont vous devez déjà avoir eu au moins trois, même s'il s'en est encore perdu une ou si les lettres recommandées demandent un délai plus long. Il ne me reste plus maintenant qu'à vous demander *de me répondre tout de suite ici* ; un mot suffit, mais il faut qu'il ôte leur venin à tous les reproches de la lettre de lundi et la rende lisible. C'est d'ailleurs justement ce lundi que j'ai secoué énergiquement (et non sans chance de succès) ma raison.

Et maintenant [2] l'autre lettre... Mais il est tard, et, après plusieurs vagues engagements, j'ai promis ferme aujourd'hui à mon ingénieur d'aller le voir pour regarder les grandes photos de ses enfants qu'il ne peut apporter ici. Il est à peine plus âgé que moi, Bavarois, et industriel, très « scientifique », mais aussi très gai, très intelligent ; il a eu cinq enfants, il ne lui en reste que deux (il n'en aura d'ailleurs plus d'autres, à cause de sa femme), un garçon de treize ans et une petite fille de onze. Quel monde ! Et il le porte en équilibre. Non, Milena, vous ne devriez rien dire contre l'équilibre.

Votre F.

A demain. Cependant, ci c'était après-demain, pas de « haine », s'il vous plaît, comme l'autre fois, pas cela.

J'ai encore relu votre lettre de dimanche, elle est malgré tout pire que je ne pensais après la première lecture. On devrait vous prendre la tête entre les deux mains, Milena, et vous regarder bien dans les yeux pour que vous vous reconnaissiez vous-même au fond de ceux de l'autre et ne puissiez plus penser de choses comme vous en avez écrit là.

*

[Merano, 4 juin 1920]
Vendredi

● Et d'abord, Milena : qu'est-ce que l'appartement d'où vous m'avez écrit dimanche ? Vaste et vide ? Vous êtes seule ? Jour et nuit ?

Il doit être bien mélancolique évidemment de rester seule tout un après-midi de dimanche en face d'un « étranger » dont le visage n'est que « papier à lettres écrit ». Que mon[1] sort est meilleur ! Ma chambre est petite, sans doute, mais la vraie Milena s'y trouve, celle qui a dû vous échapper dimanche et, croyez-moi, c'est merveilleux d'être avec elle.

Vous vous plaignez d'être inutile. D'autres jours c'était différent, d'autres jours ce sera différent. Une phrase[2] *(à quelle occasion a-t-elle été dite ?)*, une phrase vous effraie : elle est pourtant si claire, elle a déjà été mille fois dite ou mille fois pensée dans le même sens. L'homme torturé par ses démons se venge inconsciemment sur son prochain. Vous voudriez, à ces instants-là, précisément, avoir fait œuvre de rédemption, faute de quoi[3] vous vous dites inutile. Qui peut vouloir ouvrage si impie ? Personne n'a réussi de telles choses, même pas, par exemple, Jésus. Il ne pouvait que dire : « Suivez-moi », et puis cette grande phrase (que je cite malheureusement tout à fait de travers) : agis selon ma parole, et tu verras que ce n'est pas la parole d'un homme mais celle d'un Dieu. Et il ne chassait les démons que des hommes qui le

45

suivaient. Encore n'était-ce pas toujours, car s'ils l'avaient quitté, il aurait perdu lui aussi son efficacité et son « but ». A vrai [1] dire — c'est la seule chose que je vous concède — il lui arrivait, à lui aussi, de succomber à la tentation.

*

[Merano, 4 juin 1920]

• Aujourd'hui, à l'approche du soir, j'ai fait pour la première fois une assez longue promenade tout seul; en général, je sortais avec d'autres ou, la plupart du temps, je restais couché chez moi. Quel pays que celui-ci! Ah! mon Dieu! Milena, si vous étiez ici! mon Dieu! pauvre raison incapable de penser! Et cependant [2] je mentirais si je disais que vous me manquez; car, c'est bien là la plus cruelle et la plus parfaite des magies, vous êtes là, comme moi, plus que moi; où je suis vous êtes, comme moi, plus que moi. Je ne plaisante pas, il m'arrive de penser que c'est *moi* qui vous manque ici, puisque vous y êtes, et que vous demandez : « Où est-il donc? Ne m'avait-il pas écrit qu'il était à Merano? »

F.

Vous avez bien reçu les deux lettres dans lesquelles je vous répondais?

*

[Merano, 5 juin 1920]
Samedi

• [Je n'arrête pas de me demander si vous avez compris que ma réponse, étant donné celui que je suis, ne pouvait pas

46

être différente de ce qu'elle a été, elle a même été bien trop douce, trop trompeuse, elle a beaucoup trop atténué les choses. Je n'arrête pas, jour et nuit, je me demande cela, je tremble en attendant votre réponse, je me demande cela inutilement, comme si j'avais reçu mission, une semaine durant et sans m'arrêter la nuit, d'enfoncer un clou dans une pierre ; je suis à la fois l'ouvrier et le clou. Milena !]

Selon une rumeur, que je ne parviens pas à croire, le trafic ferroviaire avec le Tyrol s'arrête ce soir à cause d'une grève.

*

[Merano, 5 juin 1920]
Samedi

● Votre lettre est arrivée, le bonheur de votre lettre. En dehors de tout le reste, elle contient un passage particulièrement important ; vous ne pourrez peut-être plus m'écrire à Prague.

Je le relève en premier lieu pour que le monde entier le voie bien, même vous, Milena. Voilà donc les menaces qu'on profère contre un homme alors qu'on connaît ses raisons, du moins en gros. Et on prétend pour comble encore qu'on veut du bien à cet homme-là.

Mais peut-être auriez-vous raison de ne plus m'écrire ; bien des passages de votre lettre indiquent cette nécessité. Je ne puis rien leur opposer. Ce sont précisément ceux qui me montrent le mieux et me font très sérieusement reconnaître que je séjourne en altitude : c'est bien ce qui fait que l'air est trop rare pour mes poumons et qu'il faut que je me repose.

Votre F.

Je vous écrirai demain.

47

*

● Ce discours qui se prolonge, Milena, sur deux pages de votre lettre, vient du fond du cœur, d'un cœur blessé (*tomnè roz bollo*[a] dites-vous, et c'est moi qui vous ai fait cela, à vous, oui, moi); il sonne aussi pur, aussi fier que si l'on avait touché de l'acier plutôt qu'un cœur et [1] il exige aussi la chose la plus naturelle du monde, et puis encore il se méprend à mon sujet (car mes « ridicules » personnages sont en réalité exactement les vôtres; où ai-je pris parti entre vous deux? Dans quelle phrase? Où aurais-je eu cette idée infâme? D'où me viendrait la prétention de juger, à moi qui, à tous les égards — mariage, travail, courage, abnégation, pureté, liberté, autonomie, véracité — vous suis si inférieur à tous deux qu'il m'est même odieux de parler de ces choses? Quand aurais-je osé vous proposer une aide active, et, si je l'avais osé, comment aurais-je pu la fournir? Assez de questions; elles dormaient très bien aux enfers; pourquoi les appeler à la lumière? Elles sont grises et tristes et elles ont de quoi rendre les gens tristes et gris. Ne dites pas que deux heures de vie valent en tout cas plus que deux pages d'écriture, l'écriture est plus pauvre mais plus claire). Vous vous êtes donc méprise sur moi, et cependant : votre discours m'atteint et je ne suis pas innocent, je ne le suis, en grande partie, paradoxalement pas, précisément parce qu'aux questions que je posais plus haut il faut répondre non et nulle part.

Ensuite est arrivé votre cher, cher télégramme, comme pour me consoler des nuits, ces vieilles ennemies (s'il ne suffit pas tout à fait, ce n'est vraiment pas votre faute, mais la leur. Ces courtes nuits terrestres parviendraient presque à faire craindre la nuit éternelle) ; et sans doute votre lettre est-elle pleine d'une merveilleuse consolation, mais elle forme un bloc qui comprend ces deux pages de déchaînement, au lieu que le télégramme est une chose à part qui ne sait rien de celles-là. Or [1], en présence du télégramme, je puis vous dire ceci, Milena : si, indépendamment de tout le reste, j'étais venu à Vienne et que vous m'eussiez tenu, les yeux dans les yeux, ce discours, qui ne glisse pas sur moi, je vous l'ai dit, mais qui me touche, et qui me touche à juste titre, pas entièrement, mais enfin fortement, (et il eût bien fallu, d'une manière ou d'une autre, qu'il fût sinon dit, du moins pensé, exprimé par un regard ou par un frémissement, ou tout au moins présupposé), je serais tombé d'un seul coup de tout mon long [2] et il n'y a pas d'infirmière qui aurait pu me remettre sur pied. Et s'il n'en eût pas été ainsi, ç'eût été encore pis. Voilà, Milena :

Votre F.

*

[Merano, 10 juin 1920]
Jeudi

• Je ne veux parler que d'une chose : (et puis je n'ai pas bien lu vos lettres, je n'ai encore que voleté autour, comme l'insecte autour de la lumière, et me suis brûlé plusieurs fois le nez ; ce sont d'ailleurs, je m'en suis rendu compte, deux épîtres très différentes, l'une délicieuse, à boire jusqu'à [3] la dernière goutte, l'autre à frémir, c'est la dernière probablement) :
Si on rencontre un ami et qu'on lui demande anxieusement combien font 2 multipliés par 2, c'est une question d'asile de fous, mais dans la première classe du Cours Préparatoire elle est tout à fait à sa place. La question que je

49

vous pose, Milena, est ainsi faite qu'elle marie les deux, le démentiel et le scolaire; elle contient heureusement un peu de scolaire aussi. Je n'ai jamais compris, en effet, quand quelqu'un s'éprenait de moi, et j'ai détruit bien des rapports humains (comme celui qui me liait à Weiss) par une disposition d'esprit logique[1] qui croit toujours plus fortement à une erreur du partenaire qu'à un miracle (en ce qui me concerne; autrement, non.) Pourquoi, pensais-je, troubler encore par de telles choses l'eau déjà trouble de la vie? Je vois devant moi un morceau du chemin qui m'est possible, je sais à quelle formidable distance, à quelle distance inaccessible du point où je me trouve en ce moment, je serai digne d'un regard accidentel (d'un regard de moi! que serait-ce des autres!) (ce n'est pas[2] modestie, mais orgueil, si vous voulez y réfléchir), digne seulement d'un regard accidentel, et voilà que je reçois... vos lettres, Milena. Comment dire la différence? Un homme gît sur son lit de mort, dans la crasse et la puanteur, et voici que l'ange de la Mort, le plus glorieux de tous, vient à lui et le regarde. Cet homme doit-il oser mourir? Il se retourne, il s'enfouit plus que jamais dans son lit, il s'y enterre, il ne lui est pas possible de mourir. Bref, Milena, je ne crois pas à ce que vous m'écrivez, et il n'existe pas de manière dont on pourrait me le prouver — Dostoï[evski] non plus n'aurait pu prouver à personne ce qu'il pensait au cours de la fameuse nuit, et ma vie ne durera qu'une nuit —, il n'y a que moi qui pourrais le prouver, je me rends compte que j'en serais capable (de même que vous avez pu vous représenter une fois l'homme étendu sur sa chaise longue), mais je ne puis m'en croire moi non plus. Aussi[3] cette question était-elle un expédient ridicule — vous l'aurez naturellement tout de suite remarqué —, comme quand il arrive au maître, par fatigue, par besoin, de vouloir se laisser tromper par la réponse juste d'un élève en se donnant à croire que l'enfant a compris, alors qu'il ne sait que par raccroc et ne peut pas comprendre à fond, parce qu'il faudrait que le maître lui apprît lui-même à comprendre à fond. Or, ce[1] n'est pas par des gémissements, des plaintes, des caresses, des prières, des rêves, (avez-vous lu mes cinq ou six dernières lettres ? Vous devriez les regarder, elles font partie de l'ensemble), mais uniquement par... Laissons cela pour le moment.

J'aperçois par hasard que vous faites également allusion à la petite. Pour ne laisser subsister aucun doute de ce côté : passé le chagrin du moment, vous lui avez rendu le plus grand service. Je ne vois pas d'autre méthode qui eût pu la débarrasser de moi. Elle soupçonnait bien, vaguement, et douloureusement, ce qui donnait sa chaleur (inquiétante, mais pas pour elle) à la petite place à côté de moi, mais elle ne le voyait pas vraiment. Je me rappelle[2] : nous étions assis côte à côte sur le canapé, dans un appartement d'une pièce, à Wrschowitz (c'était probablement en novembre ; l'appartement, une semaine plus tard, devait être le nôtre, elle était heureuse, après tant de peine, d'avoir conquis au moins ce domicile, et à côté d'elle elle avait son futur mari (c'était moi seul, je le répète, qui avais eu l'idée du mariage [c'est moi seul qui l'avais poussée au mariage] elle ne s'y était rangée d'abord que peureusement, à contrecœur ; ensuite, bien sûr, elle s'y était faite). Quand je resonge à cette scène[3] et à ses détails, plus nombreux que les battements d'un pouls fiévreux, il me semble pouvoir comprendre n'importe quel aveuglement humain (dans ce cas-là, j'avais partagé le sien pendant des mois, encore que, chez moi, il y eût encore autre chose, et il en serait sorti un mariage[4] de raison au meilleur sens du mot) ; je puis donc comprendre n'importe quel aveuglement et je crains de porter mon verre de lait à ma bouche, parce qu'il pourrait fort bien me sauter au visage, je ne dis pas par hasard, mais intentionnellement, et me cribler la figure d'éclats.

Une question : en quoi consistent les reproches qui vous sont faits ?

Oui, moi aussi j'ai déjà rendu des gens malheureux, mais, finalement, ils ne me font pas de reproches, ils se contentent de se taire et je crois que dans leur cœur non plus ils ne me reprochent rien. C'est la situation exceptionnelle dont je jouis parmi les humains.

Mais tout cela est sans importance au prix d'une idée qui m'est venue ce matin en me levant et qui m'a tellement enchanté que je me suis trouvé habillé et lavé avant d'avoir compris comment et que je me serais rasé aussi de la même façon si une visite, celle de l'avocat, qui pense qu'il est nécessaire de manger de la viande, ne m'avait éveillé.

Bref, voici : vous quittez votre mari quelque temps, ce n'est pas une nouveauté, le fait s'est déjà produit. Raisons : votre maladie, votre nervosité (vous soulagerez aussi la sienne), enfin [1] la situation à Vienne. Où vous irez, je ne sais ; le mieux serait sans doute pour vous quelque coin tranquille en Bohême. Il sera préférable aussi que je ne m'en mêle pas personnellement et que je ne me montre pas. Je vous avancerai l'argent nécessaire (nous nous mettrons d'accord pour les conditions de remboursement). (Je ne veux mentionner qu'un des avantages accessoires que je tirerais de cette combinaison : je deviendrais un employé qui travaillerait avec ravissement ; ma tâche est d'ailleurs d'une facilité aussi ridicule que désolante, vous ne pouvez vous en faire une idée, je ne sais pour quoi on me paie.) Si ce n'était pas tout à fait suffisant un mois ou l'autre, il serait certainement facile de vous procurer le peu qui manquerait.

Je n'ajoute provisoirement rien à la louange de mon idée, mais vous avez là l'occasion, en la jugeant, de me montrer si je peux me fier à vous pour juger mes autres idées (car je connais la valeur de celle-ci).

Votre Kafka.

●● Je lis après coup une remarque au sujet de la nourriture — oui, on trouverait certainement une solution avec moi, avec l'homme important que je serais alors devenu — Je lis les deux lettres comme le moineau picore les miettes dans ma chambre, en tremblant, en prêtant l'oreille, en épiant, toutes plumes hérissées.

*

[Merano, 11 juin 1920]
Vendredi

● Quand redressera-t-on enfin un peu ce monde à l'envers ? Le jour on va, on vient, on se promène, la tête rôtie — il y a partout de si belles ruines dans les montagnes, par ici, qu'on croit qu'on devrait devenir aussi beau — et la nuit, au lieu du sommeil, il vous vient des idées de génie. Aujourd'hui[1], par exemple, il m'est venu à l'esprit, à la suite de ce que je disais hier, que vous pourriez aller passer l'été chez Staša, qui est, me disiez-vous, à la campagne. Je vous ai écrit hier une sottise en vous disant que, certains mois, l'argent ne suffirait peut-être pas ; c'est une stupidité : il suffira toujours.

Votre lettre de mardi, du matin et du soir, me confirme l'excellence de ma proposition, ce qui n'a rien d'extraordinaire, car tout, je dis bien tout, ne peut que confirmer l'excellence de cette proposition. S'il s'y cachait quelque perfidie — où ne pas trouver cette incroyable bête qui peut se faire aussi minuscule que l'exige chaque nécessité ? — je la tiendrais court, votre mari[2] lui-même peut se fier à moi sur ce point. Je verse dans l'exagération. Pourtant : on peut se fier à moi. Je ne vous verrai pas, ni maintenant ni ensuite. Vous serez dans le pays que vous aimez. (Nous nous ressemblons à cet égard, pas trop de montagne, même moyenne ; la colline, avec bois et lac.)

53

Vous vous trompez sur l'effet[1] de vos lettres, Milena. Je n'ai pas encore fini de lire celles de lundi *(jen strach o Vás[a])* (j'ai essayé ce matin, ça allait un peu mieux, c'était déjà entré un peu dans le domaine de l'histoire du fait de ma proposition, mais je n'ai pas encore pu la lire jusqu'à la fin). Celle de mardi, en revanche (et aussi la curieuse carte — vous l'avez écrite au café ? — Il me reste encore à répondre à vos accusations au sujet de Werfel, je ne vous réponds jamais à rien, vous répondez beaucoup mieux que moi, c'est bien agréable), votre lettre de mardi me tranquillise assez bien aujourd'hui et me rend assez de confiance, malgré la nuit presque entièrement blanche que m'a causée celle de lundi. Bien sûr, celle de mardi aussi est armée de son petit aiguillon et il s'enfonce bien sous la peau, mais c'est toi qui le guides, et — ce n'est là[2] évidemment que la vérité d'un instant, d'un instant tout tremblant de bonheur et de souffrance — quelle chose, venant de toi, serait difficile à supporter ?

F.

Je sors encore ma lettre de l'enveloppe, il reste une place ici : dis-moi encore une fois — pas toujours, je n'en demande pas tant — mais dis-moi encore une fois tu.

Dites, s'il vous plaît, à l'occasion, si cela ne vous ennuie pas, quelque chose de gentil de ma part à Werfel. Mais vous ne répondez pas, hélas, à bien des choses, par exemple[3] à ma question au sujet de vos textes.

Dernièrement j'ai encore rêvé de vous ; c'était un grand rêve, mais je ne m'en rappelle presque rien. J'étais allé à Vienne, là plus aucun souvenir ; mais ensuite j'étais venu à Prague, et là j'avais oublié votre adresse, pas seulement la rue, mais aussi la ville, tout, il n'y avait que le nom de Schreiber qui surnageait, je ne sais comment, dans cette histoire, mais je ne savais pas ce que j'avais à en faire. Je vous avais donc entièrement perdue. Je me livrais dans mon désespoir à de très ingénieuses tentatives, mais qui, je ne sais pourquoi, avortaient à mi-chemin, et dont je me rappelle une seule. J'écrivais sur une enveloppe : M. Jesenská, et au-dessous : « Prière de faire parvenir cette lettre, sous peine d'infliger une perte formidable à l'Administration des Finances. » J'espérais[1] que cette menace allait faire mobiliser tous les moyens de l'État pour vous découvrir. Malin, n'est-ce pas ? Mais n'en tirez pas d'argument contre moi. Ce n'est qu'en rêve que je fais des choses si inquiétantes.

*

[Merano, 12 juin 1920]
Samedi

• Tu ne m'as pas compris tout à fait, Milena, je suis presque d'accord avec toi. Je ne veux pas entrer dans le détail.

Je ne peux pas te dire encore si je viendrai à Vienne, mais je crois que je ne viendrai pas. Autrefois j'avais beaucoup de raisons ; aujourd'hui je n'en aurais qu'une : que c'est au-dessus de mes forces morales, et peut-être aussi, raison accessoire, motif lointain, que cela vaut mieux pour nous. Mais j'ajoute qu'il ne serait pas moins au-dessus de mes forces, qu'il serait encore plus au-dessus d'elles que tu viennes maintenant à Prague dans les circonstances que tu m'as décrites *(nechat člověka čekat[a])*.

La nécessité d'apprendre ce que tu veux me dire des six derniers mois n'est pas d'une urgence immédiate. Je suis convaincu que c'est épouvantable, je suis convaincu que tu as vécu ou même fait des choses épouvantables, je suis sûr que je n'aurais pas supporté d'en être témoin (encore que j'aie su exactement tout supporter il y a sept ans), je suis[2] certain également que dans l'avenir je ne pourrais le supporter non plus, soit, mais qu'y a-t-il à en conclure ? Sont-

55

ce tes aventures et tes actes qui représentent pour moi l'essentiel ? ou bien toi-même ? Or toi, je te connais, même sans ce récit, beaucoup mieux que moi, ce qui ne veut pas dire que j'ignore ce que font mes mains.

Ta lettre ne s'oppose pas à ma proposition, au contraire, puisque tu dis « *nejrádějí bych utekla třetí cestou která nevede ani k tobě ani s ním, někam do samoty*[a] » ; c'est ma proposition même ; peut-être l'as-tu écrite le même jour que moi.

Évidemment, si la maladie en est à ce degré, tu ne peux pas laisser ton mari, même pour un temps, mais cette maladie, comme tu l'écrivais, ne durera pas éternellement. Tu parlais de quelques mois ; en voilà déjà un, et plus ; encore un et tu ne seras plus indispensable à tout moment. On ne sera encore qu'en août, tout au plus en septembre.

D'ailleurs, je l'avoue, ta lettre est de celles que je puis lire immédiatement ; du moins je l'ai dévorée quatre fois, car je ne peux pas dire mon opinion tout de suite. De toute façon[1], je crois que ce qui précède garde pourtant quelque valeur.

A toi.

*

[Merano, 12 juin 1920]
Samedi encore

● Ces lettres en zigzag doivent cesser, Milena[2] ; elles nous rendent fous ; on ne sait plus ce qu'on a écrit, on ne sait plus à quoi l'autre répond et, de toute façon, on tremble. Je comprends très bien ton tchèque, j'entends aussi ton rire, mais je me roule dans tes lettres entre le mot et le rire, aussi je n'entends que le mot, et d'ailleurs tout mon être est crainte.

Voudras-tu[3] encore me voir après mes lettres de mercredi-jeudi ? Je ne peux pas m'en rendre compte ; je connais le lien

56

qui me lie à toi (*tu fais partie de moi*, même si je ne devais jamais te revoir), je le connais dans la mesure où il n'appartient pas au domaine incommensurable de la peur qu'on ne saurait embrasser du regard, mais le lien qui te lie à moi je ne le connais pas du tout, il appartient tout entier à la peur. Tu ne me connais pas non plus, Milena, je le répète.

Ce qui m'arrive est quelque chose de formidable, mon monde s'écroule et mon monde s'édifie, examine (c'est à moi que je parle), examine ton attitude. De sa chute je ne me plains pas, il était en train de s'effondrer, je me plains de son édification, je me plains de mes faibles forces, c'est de naître que je me plains, c'est de la lumière du soleil.

Comment vivrons-nous par la suite ? Si tu dis[1] oui à mes lettres-réponses, tu n'as plus le droit de vivre à Vienne, c'est impossible.

●● En même temps que tes deux lettres est arrivée une lettre de Max Brod, dans laquelle il m'écrit entre autres choses : « Il est arrivé une étrange histoire, que je veux te " rapporter " au moins sommairement. Reiner, le jeune rédacteur de la *Tribuna* (un garçon distingué, dit-on, et d'une extrême jeunesse — 20 ans tout au plus) vient de s'empoisonner. Cela s'est produit, je crois, quand tu étais encore à Prague. On vient d'en connaître la raison : Willy Haas avait une liaison avec la femme de Reiner (une amie de Milena Jesenská ; elle était née Ambrožová) ; cette liaison était, dit-on, restée platonique. Personne n'a été pris en flagrant délit, il ne s'est rien passé de tel ; mais la femme semble avoir tourmenté son mari de telle manière par ses propos et par sa conduite qu'il s'est donné la mort à la rédaction. Elle est arrivée de bonne heure avec M. Haas à la rédaction pour demander pourquoi il n'était pas revenu de son service de nuit. Il était déjà à l'hôpital et il était mort avant qu'ils n'arrivent. Haas, qui était sur le point de passer son dernier examen, a interrompu ses études, s'est querellé avec son père et dirige à Berlin un journal de cinéma. On dit qu'il n'est pas en très bon état. La femme vit aussi à Berlin et on croit qu'il va l'épouser. Je ne sais pas pourquoi je te raconte cette horrible histoire. Peut-être parce que nous souffrons du même démon et cette histoire nous appartient tout comme nous lui appartenons. »

Voilà la lettre. Je répète que tu ne peux pas rester à Vienne. Quelle horrible histoire ! J'avais un jour attrapé une taupe et je l'avais emportée dans la houblonnière. Dès que je l'eus déposée par terre, elle s'enfonça comme une forcenée dans le sol, comme si elle plongeait dans l'eau et elle disparut. On voudrait se cacher de la même manière, quand on entend cette histoire.

● Ce n'est pas de cela qu'il s'agit, Milena, pour moi tu n'es pas une femme, tu es une jeune fille, je n'ai pas connu de jeune fille qui fût plus jeune fille que toi, je n'oserai pas te tendre la main, petite fille, cette main sale, tremblante, crochue, inconstante et mal assurée, cette main glaciale et brûlante.

F.

L'homme de Prague, c'est une mauvaise idée. Tu ne trouveras qu'une maison vide. Je serai assis à mon bureau, Altstaedter Ring, au 6, 3ᵉ étage, la tête plongée dans mes mains [1].

●● Et puis, il arrive que tu ne me comprennes pas, Milena, la « question juive » n'était qu'une mauvaise plaisanterie.

*

[Merano, 13 juin 1920]
Dimanche

● Aujourd'hui une chose, Milena, qui en éclaire peut-être beaucoup d'autres. (Milena, quel nom riche et dense ! si

58

riche, si plein, qu'on peut à peine le soulever! et au début pourtant il ne me plaisait pas beaucoup ; je voyais un Grec ou un Romain, égaré en Bohême, violenté par le tchèque, déformé par la prononciation ; alors que c'est, prodigieusement, par la couleur et par la forme, une femme qu'on porte dans ses bras, qu'on arrache au monde, ou au feu, je ne sais, et qui se presse dans vos bras, docile, confiante ; il n'y a que l'accent sur le « i » qui détonne, le nom va-t-il vous échapper des bras ? Ou n'est-ce que l'impression que vous cause le saut de joie que vous faites avec votre charge ?)

Tu m'écris[1] deux sortes de lettres, je n'entends pas par là celles qui sont écrites à la plume et celles qui sont au crayon, bien que l'emploi du crayon dénote en soi pas mal de choses et fasse déjà dresser l'oreille —, cette distinction n'est pas parfaitement décisive ; ta dernière[2] lettre, par exemple, avec la carte de logement, a beau être écrite au crayon, elle me rend heureux quand même ; les lettres qui me rendent heureux (comprends, Milena, mon âge, mon usure, mon angoisse surtout, et comprends ta jeunesse, ta fraîcheur, ton courage ; et mon angoisse ne cesse de croître, car elle traduit en face du monde un recul qui le rend plus oppressant, accroissement qui accroît à son tour mon angoisse, au lieu que ton courage est une marche en avant, donc une diminution de l'oppression, donc un accroissement du courage), les lettres qui me rendent heureux sont les lettres paisibles ; au pied de ces lettres je pourrais rester assis, heureux sans mesure, c'est de la pluie sur une tête brûlante. Mais les autres lettres, Milena, même si en soi elles sont de nature à apporter plus de bonheur que les premières (et il me faut des jours, à cause de ma faiblesse, pour arriver à pénétrer jusqu'à ce bonheur), ces lettres qui débutent par des exclamations (alors que je suis si loin) et qui finissent sur je ne sais quel effroi, quand je les reçois, Milena, je commence réellement à trembler comme si j'entendais le tocsin ; je ne peux les lire, et je les lis naturellement quand même comme

59

boit une bête quand elle meurt de soif; ce n'est plus qu'angoisse sur angoisse, je cherche un meuble sous lequel aller me terrer, je prie en tremblant, sans connaissance, dans un coin, que tu disparaisses par la fenêtre, en tempête, comme tu es entrée; je ne peux tout de même pas garder un ouragan dans ma chambre; il faut que dans ces lettres-là tu aies la tête grandiose de Méduse, tant les serpents de l'horreur se convulsent autour d'elle, comme autour de la mienne, d'ailleurs, plus frénétiquement encore, se convulsent les serpents de la peur.

Ta lettre de mercredi-jeudi. Voyons, mon bébé, mon bébé! (oui, c'est bien moi qui parle ainsi à Méduse). Tu prends toutes mes stupides plaisanteries au sérieux (les histoires de *žid, nechápu,* et de « haine »), je ne cherchais qu'à te faire rire un peu; nous nous trompons l'un sur l'autre par peur; ne m'oblige pas à t'écrire en tchèque, s'il te plaît, il n'y avait pas l'ombre d'un reproche, je pourrais plutôt te faire celui d'avoir bien trop bonne opinion des Juifs que tu connais (moi compris) — il y en a d'autres! Il me prend parfois des envies de les fourrer tous moi compris, disons dans le tiroir du coffre à linge en pressant bien, et puis d'attendre et puis d'ouvrir un peu le tiroir pour voir s'ils sont tous asphyxiés, et sinon de refermer le tiroir, et ainsi de suite jusqu'à consommation des choses. Ce que j'ai dit de ton « discours » était sérieux (toujours ce *ernst*[a] qui revient dans mes lettres! Je lui fais peut-être effroyablement tort — je ne saurais y réfléchir — mais[1] j'éprouve surtout, presque autant, le sentiment d'être lié désormais à lui, toujours plus étroitement, j'allais dire : à la vie, à la mort. Si je pouvais lui parler! Mais j'ai peur de lui, il m'est très supérieur. En allant à lui, Milena, tu as descendu — le sais-tu? — d'un grand pas, mais en venant à moi tu te jetterais dans le gouffre. Sais-tu cela?[2] Non, ce n'était pas de mon « altitude », mais de la tienne, qu'il s'agissait dans ma lettre). Pour en revenir à ton « discours », toi aussi tu le prenais au sérieux ; et là, non, je ne saurais me tromper.

J'entends de nouveau parler de ta maladie. Milena, s'il fallait que tu t'alites ? Et peut-être le faudrait-il ? Et peut-être es-tu au lit pendant que j'écris ces lignes. N'étais-je pas meilleur il y a un mois ? Je m'inquiétais de toi, rien que dans ma tête évidemment, mais je suivais ta maladie, maintenant plus rien, je ne pense plus qu'à la mienne, et à ma santé ; toutes deux, d'ailleurs, ma maladie et ma santé, toutes deux c'est toi [1].

F.

●● J'avais fait aujourd'hui une petite excursion pour m'arracher à cette atmosphère sans sommeil avec cet ingénieur qui est mon préféré. Je t'avais écrit là-bas une carte, mais je n'ai pas pu la signer et l'envoyer, je ne peux plus t'écrire comme à une étrangère.

● La lettre de vendredi n'est arrivée que mercredi, les lettres exprès et les lettres recommandées vont plus lentement que les lettres ordinaires.

*

[Merano, 14 juin 1920]
Lundi

● Ce matin, peu de temps avant de me réveiller, peu de temps aussi après m'être endormi, j'ai eu un rêve abominable, pour ne pas dire terrifiant (heureusement l'impression des rêves s'évanouit vite), nous dirons donc abominable seulement. D'ailleurs, je lui dois un peu de sommeil ; on ne se réveille d'un tel cauchemar qu'une fois qu'il est terminé, on ne peut s'en dépêtrer avant, il tient son homme par la langue.

C'était à Vienne, la Vienne de mes rêves éveillés, celle que

61

je me représente quand je pense que je m'y rendrai peut-être (elle se compose uniquement, dans ces visions, d'une paisible petite place, ta maison en forme un côté ; en face il y a l'hôtel où je logerai, à sa gauche la gare de l'Ouest, celle où j'arrive, à la gauche de celle-ci la gare François-Joseph, celle d'où je pars, bon, et au rez-de-chaussée de l'hôtel, fort agréablement pour moi, un restaurant végétarien où je prends mes repas, non pour manger, mais pour rapporter en quelque sorte un peu de poids en revenant à Prague. Pourquoi raconter tout cela ? Cela n'appartient pas proprement à mon rêve ; sans doute ai-je encore peur de lui). Ce n'était donc pas exactement ainsi, c'était la vraie grande ville, sur le soir ; l'humidité, la nuit ; une circulation intense et confuse : la maison où je logeais était séparée de la tienne par le long rectangle d'un jardin public.

J'étais arrivé subitement à Vienne, en avance sur mon courrier qui roulait encore à ta recherche (ce fut plus tard ce qui me tourmenta le plus). Cependant, tu étais avisée et je devais te rencontrer. Heureusement (et pourtant, cela me pesait aussi), je n'étais pas seul ; quelques personnes m'accompagnaient, dont une jeune fille [1], je crois ; mais je ne sais plus rien de précis sur ces gens ; je les considérais un peu comme mes seconds, comme mes témoins. Si seulement ils avaient pu se tenir tranquilles ! Mais ils ne cessaient de parler entre eux, vraisemblablement de mon affaire ; je n'entendais que leur murmure irritant, mais je ne comprenais rien et ne voulais rien comprendre. J'étais à droite de ma maison, sur le bord du trottoir, et je regardais la tienne : une villa basse avec une belle loggia voûtée, très simple, en pierre, au niveau du rez-de-chaussée.

C'était ensuite, soudain, le moment du petit déjeuner ; dans la loggia la table était mise ; je voyais de loin ton mari qui arrivait et s'asseyait à droite sur un fauteuil de rotin ; il avait l'air encore somnolent ; il écartait les bras à fond pour s'étirer. Ensuite, tu venais et tu t'asseyais derrière la table, de sorte qu'on pouvait te voir entièrement. Pas d'une façon précise, toutefois, tu étais trop loin, on voyait beaucoup mieux le contour de ton mari, je ne sais pourquoi, tu restais quelque chose de blanc-bleuâtre, de fluide, de spectral. Toi aussi tu écartais les bras, mais pas pour t'étirer, au contraire, c'était une attitude solennelle.

Peu après, c'était de nouveau le soir, le début du soir, tu étais dans la rue avec moi, sur le trottoir, moi un pied dans le tramway, je te tenais[1] la main, et alors commençait un dialogue follement rapide, tout en petites phrases, clic clac, clic clac, qui continuait jusqu'à la fin du rêve presque sans aucune interruption. Je ne pourrais pas le rapporter ; je ne me rappelle à proprement parler que les deux premières et les deux dernières phrases ; le milieu était un supplice, un supplice ininterrompu qui ne saurait se raconter mieux.

Au lieu[2] de saluer, je te disais à brûle-pourpoint, sous l'influence de je ne sais quoi dans ton visage : « Ce n'est pas ainsi que tu t'étais présentée » ; tu répondais[3] : « Pour être franche, je t'avais imaginé plus chic » (tu employais un mot encore plus viennois, mais je l'ai oublié).

Telles étaient les deux premières phrases. (Dans cet ordre d'idées sais-tu, j'y pense soudain, que je n'entends rien à la musique ? On ne peut trouver nulle part, que je sache, une telle perfection d'ignorance.) Tout au fond était dit par là. Mais que se passait-il encore ? Nous nous mettions à négocier les conditions d'une nouvelle entrevue, toi ne parlant que dans le plus grand vague, moi te harcelant de questions.

Mes compagnons intervenaient alors ; ils expliquaient que si j'étais venu à Vienne, c'était aussi pour suivre les cours d'un école d'agriculture des environs, et que maintenant je semblais devoir en trouver le temps ; sans doute voulait-on m'expédier par pitié. Je les devinais, mais je les suivais quand même à la gare, dans l'espoir, vraisemblablement, de t'impressionner par un départ si sérieusement envisagé. Nous allions tous à la gare[4], qui était proche, mais il

63

apparaissait alors que j'avais oublié le nom de la localité où devait se trouver l'école. Nous restions devant les grandes pancartes des horaires, suivant du doigt les noms de stations ; on me demandait si c'était celle-ci ou celle-là ; mais ce n'était aucune d'elles.

Pendant ce temps je pouvais te regarder un peu ; je dois dire d'ailleurs que ton aspect physique ne m'intéressait pas du tout, c'était ta parole, ta seule parole, qui m'importait. Tu ne te ressemblais pas beaucoup, tu étais beaucoup plus noire, avec un visage décharné ; des joues rondes n'auraient pas permis tant de cruauté. (Mais étais-tu cruelle ?) Ton costume, détail étrange, était du même tissu que le mien, très masculin aussi et je ne l'aimais pas. Mais je me rappelais ensuite un passage d'une de tes lettres (le vers : *dvoje šaty mám a přece slušn ě vypadám*[a]), et tel était sur moi l'empire de ta parole qu'à partir de ce moment-là ta toilette me plaisait beaucoup.

Mais le dernier moment était venu ; mes compagnons exploraient encore les horaires ; nous, nous discutions à l'écart. Le dernier état des pourparlers était celui-ci : le lendemain était un dimanche, et tu te demandais avec horreur comment je pouvais imaginer qu'un dimanche tu pusses avoir du temps pour moi. Mais finalement tu avais l'air de céder et tu disais que tu tâcherais de me donner quarante minutes. (Le plus affreux, naturellement, était moins dans les mots que dans l'arrière-plan, dans l'inutilité de tout cela, et c'était aussi l'argument que ne cessait d'exprimer ton silence ; il disait : « Je ne veux pas venir. Que peut donc te servir que je vienne ? ») Mais quand te libérerais-tu pour ces quarante minutes, je ne parvenais pas à le savoir. Tu l'ignorais ; tu avais beau faire semblant de réfléchir de toutes tes forces, tu ne pouvais[1] pas le préciser. Je finissais par te dire : « Faut-il donc que je t'attende toute la journée ? — Oui, disais-tu, et tu te tournais vers des gens qui étaient déjà là à attendre. Le sens de la réponse était que tu ne viendrais pas du tout et que la seule concession que tu pusses me faire était de me permettre d'attendre. « Je n'attendrai pas », disais-je à voix basse, et comme je croyais que tu n'avais pas entendu (alors que c'était mon dernier atout), je le criais désespérément derrière ton dos. Mais tu restais indifférente, la chose ne t'intéressait plus. Je rentrais en ville, sans savoir comme, en titubant.

Mais deux heures après arrivaient des lettres et des fleurs, de la bonté et de la consolation.

Ton F.

Les adresses, Milena, recommencent à être illisibles, surchargées et complétées par la poste. Celle d'après la première demande était splendide, un tableau modèle des différents genres de belle écriture illisible. Si la poste [1] avait mes yeux elle ne pourrait guère lire que tes adresses et aucune autre. Mais puisque c'est elle qui...

*

[Merano, 15 juin 1920]
Mardi

• Ce matin, de bonne heure, j'ai encore rêvé de toi. Nous étions assis côte à côte, et tu me repoussais, sans méchanceté, gentiment. J'étais très malheureux. Non à cause de ton geste, mais à cause de moi qui traitais ton silence comme celui de n'importe quelle femme au lieu de prêter attention à la voix qui parlait en lui et qui me parlait précisément à moi. Peut-être aussi l'avais-je écoutée mais je n'avais pas su lui répondre. Plus désespéré que dans le premier rêve, je m'en allais.

Je me rappelle, à ce sujet, avoir lu quelque part, un jour,

une chose de ce genre : « Ma bien-aimée est une colonne de feu qui passe sur terre. En ce moment elle me tient embrassé. Mais ce ne sont pas ceux qu'elle embrasse qu'elle conduit, mais ceux qui voient. [1] »

A toi

(Voilà maintenant que je perds jusqu'à mon nom ; il n'a cessé de devenir de plus en plus court, maintenant il est devenu : A toi.)

*

[Merano, 20 juin 1920]
Dimanche

●● Après une petite promenade que j'ai faite avec toi (Comme il est facile d'écrire ces mots : petite promenade avec toi. On devrait avoir honte et cesser d'écrire, tant c'est facile).

Ce qu'il y a d'abord pour moi de plus terrible dans cette histoire est la conviction que les Juifs sont obligés de tuer comme des bêtes fauves, avec épouvante, car ce ne sont pas des animaux, mais des gens au contraire particulièrement lucides, et qu'ils ne peuvent s'empêcher de se jeter sur vous. Tu ne peux pas ressentir cette impression dans toute sa plénitude et sa force, tout le reste de l'histoire, tu peux le comprendre mieux que moi. Je n'imagine pas comment les peuples, avant que ne se soient produits des événements comme ceux de ces derniers temps, ont pu en venir à l'idée du meurtre rituel (il s'agissait autrefois tout au plus d'une peur et d'une jalousie diffuses, mais il s'agit maintenant d'un spectacle incontestable, on voit « Hilsner » commettre son forfait pas à pas ; que la jeune fille, pendant ce temps-là, le serre dans ses bras, qu'importe ?) ; à vrai dire, je ne comprends pas non plus comment les peuples ont pu croire que le Juif assassinait sans se mettre lui-même par là au ban des autres, car c'est bien ce qu'il fait, mais, bien entendu, cela ne regarde pas les autres.

J'exagère à nouveau, ce ne sont que des exagérations. Ce sont des exagérations parce que ceux qui cherchent leur salut se précipitent toujours sur les femmes et que celles-ci peuvent être aussi bien des chrétiennes que des juives. Et quand on parle de l'innocence des jeunes filles, cela ne concerne pas l'innocence corporelle, au sens habituel du mot, mais l'innocence de leur sacrifice, qui n'est pas moins corporelle.

J'aurais beaucoup de choses à dire à propos du compte rendu, mais je préfère me taire ; d'abord je ne connais Haas qu'un tout petit peu (encore que les félicitations qu'il m'a envoyées pour mes fiançailles aient été parmi les plus cordiales que j'aie reçues), je ne connais pas du tout les autres ; et puis tu pourrais peut-être m'en vouloir si j'allais mêler dans cette affaire qui t'appartient mes propres réflexions et enfin, personne n'y peut plus rien et tout cela ne serait qu'un pur jeu d'idées.

(Je crains toujours que tu ne me condamnes injustement dans l'histoire de la jeune fille que j'aurais dû rencontrer à Carlsbad et à laquelle, peu après mon télégramme et deux billets assez peu clairs, j'ai dit tant bien que mal la vérité — c'est pour agir dans son esprit que je me contrains encore à ne rien dire à sa louange —, je le crains d'autant plus que je suis naturellement condamnable et très sévèrement, mais pas du tout dans le sens fondamental de ton récit, donc peut-être plus sévèrement encore, diras-tu ; soit, j'aime mieux supporter la condamnation la plus sévère qui correspond à la vérité que la condamnation plus légère que je ne mérite pas. C'est d'ailleurs une affaire, que je dois régler tout seul, je n'ai pas le droit de t'apercevoir, sinon dans le lointain.)

En ce qui concerne Max, je crois, moi aussi, qu'il faut d'abord le connaître personnellement pour pouvoir le juger tout entier. Mais ensuite, il faut l'aimer, l'admirer, être fier de lui et à vrai dire avoir aussi pitié de lui. Celui qui ne se comporte pas ainsi (même si on le suppose de bonne volonté) ne le connaît pas.

F.

*

[Merano, 21 juin 1920]
Lundi

● Tu as raison ; à l'instant, en lisant tes reproches (je n'ai, hélas, reçu tes lettres que ce soir, tard, et demain matin je veux aller à Bolzano avec l'ingénieur), en lisant tes reproches au sujet du « mon bébé » je me suis dit réellement : « Assez, tu ne peux pas lire ces lettres ce soir, il faut quand même dormir un peu, si tu veux faire cette sortie demain matin... », et j'ai eu besoin d'un petit moment avant de poursuivre ma lecture, de comprendre, de m'apaiser, de pouvoir enfin respirer et mettre, si tu étais là (je ne l'entends pas seulement de la présence physique), mon visage sur ton sein. C'est[1] ce qui s'appelle être malade, ne crois-tu pas ? Je te connais pourtant, je sais aussi que « mon bébé » n'est pas une façon de parler bien terrible. De plus, je comprends la plaisanterie, mais tout peut aussi être une menace pour moi. Quand tu m'écriras : « Hier j'ai compté les " et " que contenait ta lettre, il y en a tant, comment peux-tu te permettre de m'écrire " et ", surtout un tel nombre de fois ? » peut-être, si tu restes sérieuse, serai-je convaincu aussi de t'avoir offensée et m'en trouverai-je navré. Et après tout, peut-être pourrait-ce être une offense, il est difficile d'en juger.

N'oublie pas non plus que, si le sérieux et la plaisanterie sont faciles à distinguer, ils cessent de l'être avec les gens assez importants pour que notre vie dépende d'eux ; le risque

68

est trop grand; on prend un œil de microscope et, une fois qu'on l'a, on ne s'y retrouve plus. A cet égard, même à l'époque de ma vigueur je n'étais pas très fort. Par exemple, quand j'étais en première année d'école primaire. Notre cuisinière, une petite femme sèche et maigre, le nez pointu et les joues creuses, jaunâtre, mais solide, énergique, supérieure, me conduisait chaque matin à l'école. Nous habitions dans la maison qui sépare le petit Ring du grand. Nous descendions donc par le Ring, ensuite par la Teingasse, ensuite par une espèce de voûte, et la ruelle de la Boucherie, pour arriver au Marché aux Bouchers. Eh bien! chaque matin, c'était la même scène, elle a dû se répéter un an[1]. En sortant de la maison, la cuisinière disait qu'elle raconterait au maître combien j'étais affreux chez nous. Je ne devais pas être bien polisson, mais enfin entêté, vilain, maussade, méchant, et le maître en eût certainement composé quelque chose d'assez beau. Je le savais[2] et je ne prenais pas la menace à la légère. Pourtant, au début du trajet, je croyais que le chemin était extrêmement long (c'est de cette apparente insouciance de l'enfance que naissent petit à petit chez l'homme, car les chemins précisément ne sont pas extrêmement longs, cette angoisse, ce sérieux tragique comme l'œil des morts), aussi doutais-je beaucoup, tout au moins sur le Ring, que la cuisinière, grand personnage sans doute, mais dans les limites familiales, osât seulement parler au maître, grand personnage dans le cadre social. Peut-être en touchais-je quelque chose; la cuisinière me répondait alors d'une façon généralement brève, de sa bouche mince et impitoyable, que je n'étais pas obligé de l'en croire, mais qu'elle le dirait certainement. A hauteur[3] de l'entrée de la ruelle de la Boucherie — c'est une chose qui garde pour moi une petite odeur de souvenir historique (où as-tu[4] passé ton enfance?) — la peur de la menace prenait le dessus. L'école, par elle-même, était déjà pour moi un objet de terreur, et voilà que la cuisinière voulait en faire un objet d'épouvante.

69

Je commençais à supplier, elle faisait non d'un mouvement de tête[1] ; et plus je suppliais, plus me semblait précieux l'objet de ma supplication, plus grand le péril ; je m'arrêtais, je demandais pardon, elle m'entraînait ; je la menaçais de représailles de mes parents, elle en riait ; *ici,* elle était toute-puissante ; je m'accrochais aux porches des boutiques, je me cramponnais aux bornes, je ne voulais pas faire un pas de plus avant qu'elle ne m'eût pardonné, je la tirais en arrière par sa jupe (elle n'avait pas, elle non plus, la tâche facile), mais elle me traînait en me disant qu'elle ajouterait encore tout cela à son rapport ; il se faisait tard, huit heures sonnaient à l'église Saint-Jacques, on entendait les cloches de l'école, d'autres enfants se mettaient à courir, j'avais toujours la pire peur d'être en retard, il nous fallait courir aussi[2], et je ne cessais de me demander : « Le dira-t-elle ? Ne le dira-t-elle pas ? » Non, elle ne le disait pas ; jamais ; mais elle pouvait toujours le dire, et le pouvait même de plus en plus selon l'apparence (« Hier je ne l'ai pas dit, mais aujourd'hui c'est sûr ») et elle ne disait jamais qu'elle y renonçât. Parfois[3] même, figure-toi, Milena, elle trépignait ; en pleine rue ; elle trépignait de colère contre moi ; et il se trouvait toujours quelque marchande de choux pour être le témoin intéressé de la scène. Que de folies, Milena ! et comment suis-je à toi avec toutes ces cuisinières, ces menaces, et cette poussière, cette formidable poussière[4] que trente-huit ans ont soulevée et qui se dépose dans mes poumons.

Mais ce n'étaient pas ces choses que je voulais raconter, tout au moins pas ainsi ; il est tard, il faut que je m'arrête pour aller au lit et je ne pourrai pas dormir, parce que j'aurai cessé de t'écrire. Si tu veux savoir ce qu'a été ma vie, je t'enverrai la gigantesque lettre que j'ai écrite à mon père il y a quelque six mois mais que je ne lui ai pas encore remise.

A la tienne je répondrai demain ou, si je ne pouvais que trop tard, après-demain. Je resterai quelques jours de plus, parce que j'ai renoncé à aller voir mes parents à Franzensbad ; si on peut appeler renoncement le simple fait de rester couché sur un balcon.

F.

Et merci encore de ta lettre.

*

[Merano, 23 juin 1920]
Mercredi

Il est difficile de dire la vérité, car il n'y en a qu'une, mais elle est vivante et a par conséquent un visage changeant *(krásná vůbec nikdy, vážně ne, snad někdy hezká[a])*. Si je t'avais répondu dans la nuit de lundi à mardi, c'eût été une chose affreuse ; j'étais au lit comme sur un chevalet de torture, toute la nuit je te répondais, je me plaignais, je cherchais à te faire peur pour te chasser, je me maudissais[1]. (Cela venait aussi de ce que j'avais reçu ta lettre tard dans la soirée, et que j'étais trop agité, à l'approche de la nuit, trop sensible à tes graves paroles.) Ensuite, de bon matin, je suis allé à Bolzano puis, par le chemin de fer électrique à Collalbo, à douze cents mètres d'altitude ; j'ai respiré, un peu étourdi, l'air pur et presque froid, en face des premières chaînes, toutes proches, des Dolomites, et puis au retour je t'ai écrit ceci, que je recopie maintenant et que je trouve, du moins aujourd'hui, trop brutal (les jours se suivent et ne se ressemblent pas) :

Enfin me voilà seul, l'ingénieur est resté à Bolzano et je reviens. Je n'ai pas trop souffert de le voir s'interposer, et tant de pays, entre nous : moi-même je n'étais pas chez moi. Jusqu'à[2] minuit et demi, hier soir, je suis resté avec toi, à écrire et surtout à réfléchir à toi, puis je me suis mis au lit jusqu'à six heures avec à peine quelques instants de sommeil, ensuite je m'en suis extirpé comme on extirpe un étranger, et j'ai[3] bien fait, sans quoi j'aurais passé toute la journée à

Merano à écrire et à rêvasser. J'ai à peine été conscient de cette excursion, elle ne restera dans ma mémoire que comme un rêve assez confus, mais cela n'a pas grande importance. Si j'ai passé une nuit pareille ●●, c'est à cause de ta lettre (tu as un regard pénétrant, mais ce serait encore peu de chose, il y a des gens qui s'en vont de par les rues et qui retiennent ce regard ; mais tu as le courage de ce regard et surtout la force de voir au-delà de lui ; c'est ce pouvoir de regarder au-delà qui est l'essentiel et tu as ce pouvoir). Ta lettre ● a réveillé en moi tous les vieux démons qui ne dormaient que d'un œil, guettant de l'autre leur moment propice, et c'est, il est vrai, une chose effroyable, on en a des sueurs d'angoisse (à leur sujet seulement, je te le jure, au seul sujet de ces puissances insaisissables) ; mais c'est aussi une chose bonne, une chose saine : on les passe en revue et on sait qu'ils sont là. Cependant, ton explication de mon « il faut que tu partes de Vienne » n'est pas exacte tout à fait. Je n'ai pas écrit cela à la légère ●● (mais sous l'influence de cette histoire ; je n'avais jamais songé jusqu'à présent à de telles implications, j'étais alors à ce point hors de moi que ton départ imédiat de Vienne m'apparaissait la chose la plus évidente, à cause de la considération la plus égoïste, à savoir que tout ce qui effleure ton mari par ma faute, m'atteint de plein fouet, m'atteint cent et mille fois et me met en pièces. Il n'en va pas pour moi autrement que pour toi). ● Je ne craignais pas non plus la charge matérielle (je ne gagne pas beaucoup, mais cela suffirait, je crois, pour tous les deux, à moins, bien sûr, de maladie), et je suis sincère dans la mesure où la pensée et l'expression ne me trahissent pas (je l'étais aussi auparavant, mais c'est toi qui as su voir et m'aider la première). Ce que je crains, ce que je redoute — avec des yeux écarquillés, en sombrant dans l'angoisse à perdre connaissance (si je pouvais dormir comme je tombe dans l'angoisse [1], je ne vivrais plus), — ce que je crains, c'est seulement cette conjuration intérieure qui est dirigée contre moi (et que tu comprendras mieux par ma lettre à mon père, encore qu'imparfaitement parce que cette lettre n'est orientée que vers son but particulier) ; le prétexte de cette conjuration, c'est en gros que moi, qui ne suis même pas sur le grand échiquier le pion d'un pion, je veux maintenant, contre la règle et pour la confusion de tout jeu, prendre la place de la reine, — moi, pion du pion, une figure qui n'est pas, une figure qui ne saurait jouer —, et que je veux peut-être même prendre celle du roi en personne, si ce n'est pas tout l'échiquier, et que, si je le voulais vraiment, il faudrait que la chose arrive d'une autre façon, d'une façon assez inhumaine[1]. C'est pourquoi la proposition que je t'ai faite a beaucoup plus d'importance pour moi que pour toi. Elle représente pour le moment la chose certaine, la chose saine, la chose qui comble totalement.

Voilà[2] pour hier ; aujourd'hui je dirais peut-être que je viendrai sûrement à Vienne, mais comme aujourd'hui est aujourd'hui et demain demain, je réserve encore ma liberté. De toute façon, je ne te surprendrai pas, et je ne viendrai pas plus tard que jeudi. Si je viens à Vienne, je t'enverrai un pneu (je ne pourrais voir personne que toi, je le sais), mais certainement pas avant mardi. J'arriverais par la gare de Sud, je ne sais d'où je repartirais, je logerais donc près de la même gare ; dommage que je ne sache pas où tu donnes tes leçons de la gare du Sud, je pourrais t'y attendre à cinq heures. (J'ai dû lire cette phrase dans un conte, pas loin de celle qui dit : Si vous n'êtes pas encore mort, vous vivez encore aujourd'hui.) J'ai vu aujourd'hui un plan de Vienne ; et je suis resté un moment sans comprendre qu'on ait bâti une si grande ville alors que tu n'as besoin que d'une chambre.

F.

73

Peut-être ai-je aussi adressé des lettres poste restante au nom de Pollak.

*

[Merano, 24 juin 1920]
Jeudi

Quand on n'a pas dormi son saoul, on est bien plus intelligent que quand on l'a fait ; hier j'avais à peu près convenablement dormi, je me suis mis aussitôt à écrire les sottises en question au sujet de mon voyage à Vienne. Ce voyage, au bout du compte, n'est pas une petite chose, ce voyage n'est pas une plaisanterie. De toute façon, je ne te surprendrai pas, je tremble à la seule idée de la chose. Je n'entrerai même pas chez toi. Si tu n'as pas eu de pneu jeudi, c'est que je serai allé à Prague. D'ailleurs, j'arriverais, me dit-on, par la gare de l'Ouest, — je crois qu'hier j'avais écrit la gare du Sud —, mais cela n'a pas grande importance. Je ne suis pas tellement plus gauche, intransportable ou négligent que la moyenne générale (à condition d'avoir un peu dormi), sois donc sans souci sur ce point ; si je monte dans le wagon qui va à Vienne, je descendrai très probablement à Vienne ; c'est seulement pour montrer qu'il peut y avoir des difficultés. Au revoir donc (mais pas nécessairement à Vienne ; peut-être aussi par lettre).

F.

●● Ropucha*a* est beau — c'est beau, mais pas très beau —, pas très beau, il en va un peu de cette histoire comme du mille-pattes ; une fois qu'elle a été fixée par l'esprit, elle ne peut plus bouger et elle est paralysée aussi pour reculer ; toute la liberté, tout le mouvement de la première moitié sont perdus. Mais, abstraction faite de cela, cela se lit comme une lettre de Milena J. ; si c'est une lettre, je vais répondre.

74

• Quant à Milena, la chose n'a rien à voir avec la germanité ou la judéité. Ceux qui comprennent le mieux le tchèque (à part les Juifs tchèques évidemment) sont les messieurs des « *Naše řeč* »[a], ensuite les lecteurs de la revue, enfin les abonnés, et je suis un abonné. Je te dis, en cette qualité, qu'il n'y a de tchèque en Milena que le diminutif : Milenka. Que la chose te plaise ou non, ainsi le veut la philologie.

*

[Merano, 25 juin 1920]

•• Oui, nous commençons à mal nous comprendre, Milena. Tu penses que je voulais t'aider, alors que je ne voulais aider que moi. N'en parlons plus. Et je ne t'ai pas non plus demandé de somnifères, que je sache.

J'ai à peine connu Otto Gross; mais j'ai bien remarqué qu'il y avait en lui quelqu'un de très important, dont tout au moins la main émergeait de la foule des « ridicules ». Le désemparement de ses amis et de sa famille (la femme, le beau-frère et même le nourrisson mystérieusement silencieux entre les valises — pour éviter qu'il ne tombe du lit quand on le laissait seul — et qui buvait du café noir et mangeait des fruits, mangeait tout ce qu'on voulait) rappelait le désemparement des adeptes devant le Christ cloué sur la croix. Je revenais alors précisément de Budapest, où j'avais accompagné ma fiancée et je rentrais épuisé à Prague à la rencontre de l'hémoptysie. Gross, sa femme et son beau-frère voyageaient par le même train de nuit. Kuh, à la fois gêné et désinvolte comme toujours, chanta et fit du vacarme la moitié de la nuit, la femme était appuyée dans un coin dans la saleté — nous avions seulement des places dans le couloir — et dormait (protégée avec le plus grand soin, mais sans grand succès par Gross). Gross, lui, me parla presque toute la nuit (à part de brèves interruptions, pendant lesquelles il devait probablement se faire des piqûres) — j'en avais tout au moins l'impression, car je ne comprenais pas un traître mot de ce qu'il disait. Il m'exposait sa théorie en s'appuyant sur un passage de la Bible que je ne connaissais pas, mais par lâcheté et par fatigue, j'omis de le lui dire. Sans cesse il démontait ce passage, sans cesse il apportait des matériaux nouveaux, sans cesse il sollicitait mon approbation. Je hochais la tête mécaniquement, tandis que lui-même s'évanouissait presque devant mes yeux. Je crois d'ailleurs que, même si j'avais eu l'esprit mieux éveillé, je n'aurais pas mieux compris, j'ai l'intelligence froide et lente. C'est ainsi que se passa la nuit. Mais il y eut aussi d'autres interruptions. Quelquefois il se tenait debout, appuyé les bras levés à quelque chose ; il restait complètement détendu, bien que fortement secoué par le mouvement du train et dormait. A Prague, je ne l'ai plus revu que fugitivement.

Il n'est pas si évident que cela que le fait d'être fermé à la musique soit un malheur, premièrement, ce n'en est pas un pour moi, c'est un héritage de mes ancêtres (mon grand-père paternel était boucher dans un village près de Strakonitz, je ne suis pas obligé de manger autant de viande qu'il en a abattu) et cela me donne un point d'appui — oui, la parenté signifie beaucoup pour moi ; mais d'autre part c'est un malheur humain, analogue ou identique au fait de ne pas pouvoir pleurer ou de ne pas pouvoir dormir. Et comprendre les gens fermés à la musique, c'est déjà presque être fermé soi-même à la musique.

● Si je viens à Vienne, je te télégraphierai ou t'écrirai au bureau de poste. Mardi ou mercredi.

J'ai sûrement affranchi toutes mes lettres ; est-ce qu'on ne voyait pas sur l'enveloppe que les timbres étaient arrachés ?

*

[Merano, 25 juin 1920]
Vendredi soir

• J'ai écrit sottement ce matin, voilà que m'arrivent maintenant tes deux chères lettres, débordantes. J'y répondrai oralement ; je serai à Vienne mardi, à moins d'imprévu dans la situation intérieure ou les événements extérieurs. Il serait extrêmement raisonnable [1] (mardi est, je crois, jour férié, peut-être le bureau de poste où je veux t'adresser un pneu ou te télégraphier de Vienne sera-t-il fermé), de te dire dès aujourd'hui à quel endroit je t'attendrai, mais j'étoufferais d'ici là si je te le disais maintenant ; je passerais trois jours et trois nuits à voir cet endroit par trop vide ; je l'imaginerais tout le temps qui m'attend pour mardi telle heure. Existe-t-il [2] au monde, Milena, autant de patience qu'il m'en faut ? Dis-le-moi mardi.

*

Cachet de la poste, Vienne.
[29-VI-20]
Adresse : M. Jesenská
Vienne VIII
Poste restante
Bureau de poste Bennogasse-Josefstädterstrasse

Expéditeur : Dr. Kafka
Hôtel Riva

Mardi, 10 heures

• Cette lettre n'arrivera probablement, et même sûrement, pas avant midi ; il est déjà dix heures. Demain

77

seulement; et c'est peut-être mieux ainsi, car je suis bien à Vienne, assis dans un café près de la gare du Sud (quel cacao, Milena! quels gâteaux! c'est de cela que tu prétends te nourrir?), mais je n'y suis pas complètement; j'ai passé deux nuits sans dormir, que sera la troisième dans cet *Hôtel Riva* où j'ai élu mon domicile près de la gare du Sud, à côté d'un garage? Voici ce que je trouve de moins mal : je t'attendrai mercredi matin devant l'hôtel à partir de dix heures. Milena, je t'en prie, ne va pas me surprendre en arrivant de côté ou par-derrière, je ne le ferai pas non plus. Aujourd'hui, je visiterai probablement les curiosités : la Lerchenfelderstrasse, la poste, la ceinture, — de la gare du Sud à la Lerchenfelderstrasse —, la marchande de charbon et autres attractions, aussi invisiblement que possible.

A toi

*

[Prague, 4 juillet 1920]
Dimanche

• Aujourd'hui, Milena, Milena, Milena... je ne peux rien écrire d'autre. Si, mais aujourd'hui, Milena, en hâte seulement et affreusement fatigué, absent (demain aussi, d'ailleurs). Et fatigué, comment ne le serais-je pas? On promet à un homme malade trois mois de congé et on lui donne quatre jours, un bout de mardi, un morceau de dimanche, et on lui[1] rogne encore les soirs et les matins. N'ai-je pas raison de n'avoir pas tout à fait guéri? N'ai-je pas raison, Milena? (Je te dis tout cela dans l'oreille gauche pendant que tu dors profondément sur le pauvre lit, d'un sommeil d'heureuse origine[2], et que tu te retournes lentement sans le savoir, de droite à gauche, vers ma bouche.)

Le voyage ? D'abord assez simple, il n'y avait pas de journal à acheter sur le quai. Excellente raison pour sortir, tu n'y étais plus, c'était dans l'ordre. Ensuite, je suis remonté, le train partait, j'ai commencé à lire le journal, c'était encore dans l'ordre ; au bout d'un instant, j'ai cessé de lire, mais soudain tu n'étais plus là ; ou plutôt si, tu y étais, je le sentais dans tout mon être, seulement cette sorte de présence était extrêmement différente de celle des quatre derniers jours ; il a fallu que je m'y habitue. Je me suis remis à lire, mais le *Journal* de Bahr commençait par une description des bains de Kreuzen près de Grein-sur-le-Danube. Je l'ai lâché ; quand j'ai regardé par la portière, un train passait, avec l'inscription « Grein ». J'ai regardé de nouveau dans mon compartiment. En face de moi un monsieur lisait le *Národní Listy* de dimanche dernier. J'y vois un feuilleton de Růžena Jesenská, je l'emprunte, je m'y attaque en vain, je l'abandonne, et je me retrouve tout seul en face de ton visage tel qu'il était, exactement, sur le quai de la gare, quand nous nous sommes dit adieu. Il s'est passé sur ce quai de gare un phénomène que je n'avais jamais observé : la lumière du soleil qui s'assombrit d'elle-même, sans intervention des nuages.

Que te dire encore ? Mon gosier, mes mains ne m'obéissent plus.

A toi

Demain, la prodigieuse histoire de la suite du voyage.

*

[Prague, 4 juillet 1920]
Dimanche, un petit moment plus tard

● C'est un commissionnaire qui m'apporte la lettre ci-jointe (déchire-la, s'il te plaît, tout de suite, et celle de Max également); elle demande une réponse immédiate, j'écris que je serai là-bas à neuf heures. Ce que j'ai à dire est très clair, comment je le dirai, je l'ignore. Ah! Si j'étais marié, si j'arrivais chez moi, si j'y trouvais le lit au lieu d'un domestique! si je pouvais me recroqueviller dans cet asile inaccessible, sans ces galeries qui mènent à Vienne par le sous-sol! Voilà ce que je me dis afin de me prouver la facilité de la lourde tâche qui m'attend[1].

A toi

Je t'envoie cette lettre pour essayer de me persuader que tu pourras ainsi être très près de moi pendant que je ferai les cent pas là-bas devant la maison.

*

[Prague du 4 au 5 juillet 1920]
Dimanche, 11 h. 1/2

● 3. — Je numérote

au moins ces lettres-ci;
il faut qu'aucune
ne te manque, comme
il fallait que je ne
te manque pas dans
le petit parc.

Nul événement, bien que tout soit très clair et que je ne l'aie pas déclaré moins clairement[2]. Je ne veux pas entrer dans le détail, mais elle n'a rien dit de méchant, même de loin, de toi ou de moi, pas le moindre mot. Cependant, j'ai été si net que c'en était impitoyable. Je n'ai pu que dire, conformément à la vérité, qu'entre elle et moi il n'y avait rien de changé, et que... non, rien[3], c'est abominable, c'est du travail de bourreau, ce n'est pas mon métier. Un seul mot encore, Milena : si elle tombe gravement malade (elle a très mauvaise mine, elle est atrocement désespérée, un désespoir sans limite, il faut que je retourne la voir demain après-midi), si elle tombe gravement malade ou s'il lui arrive quoi que ce soit, je n'y puis plus rien, car je ne peux plus que lui répéter la vérité, et cette vérité n'est pas que la vérité, c'est beaucoup plus : c'est que je ne fais qu'un avec toi, lorsque je marche à son côté..., si donc il arrive quelque chose, Milena, il faudra que tu viennes.

F.

Absurdité, tu ne peux pas venir, et pour la même raison.

Je t'enverrai demain, chez toi, ma lettre à mon père. Garde-la bien ; il pourrait se faire que j'eusse envie de la lui donner. Ne la laisse lire à personne[1]. Et en la lisant, comprends bien tout ce qui est artifice d'avocat ; car c'est une lettre d'avocat. Et n'oublie jamais ton grand « malgré tout ».

Lundi de bonne heure

Je t'envoie aujourd'hui *Le Pauvre Ménétrier*[a], non que je le trouve aujourd'hui très important, bien que ç'ait été le cas autrefois, mais parce qu'il est si viennois, et si peu musicien, et si attendrissant, parce qu'il a fait au jardin public celui qui ne nous voyait pas (nous ! Tu allais à côté[2] de moi ; imagine cette chose, Milena ! tu t'es promenée à mon côté !), parce que tout cela est si bureaucratique et parce qu'il aimait une jeune fille qui était entendue en affaires.

*

● 4. J'ai reçu ta lettre de vendredi ce matin de bonne heure, plus tard celle du même jour que tu as écrite la nuit. Bien triste la première (ton visage de la gare), triste moins à cause de son texte que parce que ce texte a vieilli; parce que tout est déjà passé, notre commune forêt, notre commun faubourg, notre commun voyage. Il n'est pas passé cependant, ce commun voyage en ligne droite par la montée de la petite rue pavée, avec le retour[1] par l'allée qu'éclairait le soleil du soir; il est toujours présent et c'est pourtant une mauvaise plaisanterie que de le dire présent. Des papiers traînent autour de moi, quelques lettres que je viens de lire, des salutations au directeur (pas congédié), et encore ci et encore ça ici ou là, et chaque chose est une clochette[2] qui me sonne dans l'oreille : « Elle n'est plus avec toi. » Il y a bien, à vrai dire aussi, quelque part au ciel, une grosse cloche qui dit : « Elle ne te laissera pas », mais la clochette est dans l'oreille. Et puis de nouveau, il y a ta lettre de la nuit; je peux la lire; c'est incroyable que la poitrine puisse se dilater et se contracter assez pour respirer l'air que m'apporte cette lettre, incroyable que je sois[3] loin de toi.

Et pourtant, je ne me plains pas, rien de tout cela n'est une plainte, j'ai ta parole.

Maintenant l'histoire du voyage, et ose dire ensuite que tu n'es pas un ange : je savais depuis toujours que mon visa autrichien était au fond (et en surface) périmé depuis deux[4] mois, mais on m'avait dit à Merano qu'il n'était pas exigé pour le transit et, de fait, cette fois, en Autriche, à l'entrée, on ne m'a fait aucune objection. A Gmünd, en revanche, au bureau des passeports, l'employé, un jeune homme d'allure sèche, a tout de suite découvert que quelque chose n'allait pas. On a mis mon passeport à part, tout le monde est allé à la douane, moi je n'en ai pas eu le droit, ce qui était déjà fort ennuyeux. (On ne cesse de me déranger, c'est pourtant le premier jour, je ne suis pas encore tenu d'écouter les bavardages de bureau, et on ne cesse de venir et de chercher à m'arracher à toi, c'est-à-dire t'arracher à moi, mais on n'y réussira pas, n'est-ce pas, Milena ? Jamais, personne.) On en était donc là quand tu es intervenue. Un policier de la police des frontières arrive (amical, autrichien, ouvert, compatissant, cordial) et me conduit par des couloirs et des escaliers au bureau de l'inspection. Là, je trouve une Juive roumaine dont le passeport a le même défaut que le mien ; encore, étrange phénomène, une envoyée de toi, ange des Juifs, ton amicale ambassadrice. Mais les forces contraires l'emportent. Le grand[1] inspecteur et son petit adjoint, tous deux maigres, jaunes, acharnés, du moins alors, prennent le passeport pour l'inspecter ; c'est vite réglé : « Retournez à Vienne chercher le visa de la police. » Je ne puis que répéter : « C'est effrayant pour moi. » L'inspecteur, à son tour, répète à chaque fois d'un ton ironique et méchant : « Ce n'est qu'une idée que vous vous faites. — Ne peut-on obtenir le visa par télégramme ? — Non. — Même en prenant tous les frais à sa charge ? — Non. — Est-ce qu'il n'y a pas ici d'instance supérieure ? — Non. » La femme, qui est d'un calme imperturbable, voyant ma peine, demande à l'inspecteur de me permettre au moins de passer. Moyens trop faibles, Milena ! Ce n'est pas ainsi que tu me tireras de ce pas. Il me faut refaire tout le chemin jusqu'au bureau des passeports pour aller chercher mes bagages ; c'en est fini de l'espoir de repartir aujourd'hui. Nous voilà donc tous deux assis dans la salle de l'inspection ; même le policier ne trouve pas grand-chose pour nous consoler, sinon de nous dire qu'on peut faire prolonger la validité des billets etc. ; l'inspecteur, ayant dit son dernier mot, s'est retiré dans son bureau personnel, seul le petit adjoint est resté là. Je fais mes calculs : Le premier train pour Vienne part à 10 heures du soir et arrive à 2 h. 1/2 du matin. Je suis encore dévoré par la vermine du *Riva* ; à quoi ressemblera ma chambre de la gare François-Joseph ? Mais je n'en trouve même pas, je pars pour la Lerchenfelderstrasse (oui, à 2 h. 1/2) et j'y demande asile (à 5 heures du matin). De toute façon, lundi matin, il faut que j'aille chercher mon visa (l'aurai-je tout de suite ? Ne me fera-t-on pas attendre mardi ?) et puis te voir, te surprendre sur ta porte au moment où tu l'ouvriras. Ah ! mon Dieu ! Ma pensée s'arrête à cet instant, puis elle repart : dans quel état serai-je après une nuit de voyage ? devrai-je repartir le même soir, faire encore seize heures de train ? comment serai-je alors en arrivant à Prague ? et que dira le directeur, auquel il faut que j'envoie tout de suite un télégramme pour faire prolonger mon congé ? Ce n'est sûrement pas ce que tu veux, mais que veux-tu alors au juste ? Il n'y a pas d'autre moyen. Je pense pourtant soudain au seul petit adoucissement possible, qui serait de dormir à Gmünd, de n'en repartir que le matin, et me voilà, déjà bien fatigué, demandant au petit adjoint l'heure d'un train du matin pour Vienne. Il y en a un à 5 h. 30 qui arrive à 11 heures du matin. Bon, je le prendrai donc, et la Roumaine aussi. C'est à ce moment que soudain, à je ne sais quel détour de la conversation, je m'aperçois en un éclair que le petit adjoint veut nous aider. Si nous passons la nuit à Gmünd, il nous laissera partir pour Prague de grand matin, à l'heure où il est seul au bureau, par le train de voyageurs, et nous [1] arriverons dans l'après-midi à 4 heures. A l'inspecteur, nous expliquerons que nous prenons le train du matin pour Vienne. Magnifique ! Disons du moins relativement magnifique, car je devrai quand même télégraphier à Prague. Mais enfin... L'inspecteur arrive, nous jouons notre petite comédie au sujet de ce train du matin, et là-dessus l'adjoint nous renvoie : nous devons le retrouver le soir, en secret, pour discuter du reste. Aveugle que je suis, je veux y voir ta main [1], alors qu'il s'agit au contraire du suprême assaut de l'ennemi! Nous quittons donc lentement la gare, la femme et moi (l'express qui aurait dû nous emmener est toujours là : la visite de la douane est longue). A quelle distance se trouve la ville? Une heure de route. Une corvée de plus. Mais nous découvrons tout à coup qu'il y a deux hôtels près de la gare, nous profiterons de l'un des deux; il y a des rails devant, que nous devons traverser; un train de marchandises arrive, je veux me dépêcher, la femme me retient, le train s'arrête devant nous; et il nous faut attendre encore. Nous nous disons alors : « Un petit malheur de plus. » Tout au contraire! Sans cette attente, je n'aurais pu arriver à Prague le dimanche; c'est à elle que commence le tournant du destin. On dirait que tu viens de courir toutes les portes du ciel pour moi, comme tu as couru les hôtels du quartier de la gare de l'Ouest, car un policier nous arrive au pas de course, tout essoufflé, de la gare qui n'est pourtant pas loin. Il nous crie : « Revenez! Faites vite! L'inspecteur vous permet de passer! » Est-ce possible? de tels instants vous saisissent à la gorge. Nous devons nous y reprendre à dix fois pour décider le policier à accepter quelque monnaie. Et maintenant il s'agit de courir prendre les bagages au bureau de l'inspection, filer au service des passeports et ensuite passer à la douane. Mais tu as déjà tout arrangé; je ne peux plus traîner ma valise, un porteur surgit par hasard; au bureau des passeports j'arrive dans la cohue, le policier m'ouvre la voie; à la douane, sans m'en apercevoir, je perds l'étui qui contient mes boutons de manchettes en or, un employé les retrouve et me les tend. Nous sommes dans le train, il part tout de suite, je puis enfin m'éponger le front et la poitrine. Reste toujours à mon côté.

F.

*

• 5. Je crois.

Je devrais, bien sûr, aller au lit, car il est une heure du
matin, et je t'aurais écrit ce soir depuis longtemps, mais Max
est venu, qui me fait tellement plaisir et que je n'avais pas
.encore pu aller voir à cause de la petite et du souci qu'elle
m'occasionne. Jusqu'à 8 h. 1/2, je suis resté avec elle ; Max
s'était annoncé pour 9 heures, après quoi nous nous sommes
promenés jusqu'à minuit et demi. Imagine que ce que je
croyais lui avoir dit dans mes lettres avec une clarté
aveuglante, que c'était Toi, Toi, Toi, — ma plume s'arrête à
nouveau un peu — que c'était Toi dont je parlais, il ne l'avait
pas encore compris ! C'est ce soir seulement qu'il a appris ton
nom (je reconnais que je n'écrivais pas avec une netteté
grossière, parce que sa femme pouvait malgré tout lire son
courrier)... Et ici à nouveau, Milena, un de mes mensonges,
le deuxième : tu m'as demandé une fois avec terreur si
l'histoire de Reiner sans la lettre de [Mile] (j'avais voulu
écrire « Max » j'ai écrit « Milena », puis j'ai rayé le nom, ne
me condamne pas à cause de cela, j'en souffre à en pleurer)
dans la lettre de Max, je la considérais comme une mise en
garde. Non, je ne croyais pas à proprement que c'était une
mise en garde, plutôt une sorte de musique d'accompagnement, mais, en face de toi, en te voyant si épouvantée, j'ai nié
[j'ai été obligé de me lever, j'entends ronger quelque part une
de ces souris, qui me font si peur]. J'ai nié, en mentant
sciemment, qu'il y eût le moindre rapport. Il apparaît
maintenant qu'il n'y avait pas en effet le moindre rapport,
mais je n'en savais rien et j'ai donc menti.

• La petite : aujourd'hui, c'est allé un peu mieux, mais à
ce prix que je lui permette de t'écrire [1]. Je m'en repens
beaucoup. J'ai peur pour toi ; tu en verras un symptôme dans

le télégramme que je t'ai envoyé aujourd'hui. « Petite t'écrit, réponds amicalement et (j'eusse aimé[1] ajouter ici « très ») sévèrement et ne m'abandonne pas. » Dans l'ensemble, aujourd'hui, les choses se sont passées plus calmement ; je me suis dominé, j'ai réussi à parler sans fièvre de Merano ; l'atmosphère était moins tendue. Mais quand on en est revenu à parler de l'essentiel, elle est restée longtemps à trembler contre moi de tout son corps sur le *Karlsplatz,* je n'ai pu que dire qu'en face de toi, même si rien ne change en soi, tout disparaît et rien ne compte. Elle a posé[2] sa dernière question, celle qui me trouve toujours sans défense : « Je ne peux pas partir, mais quand même, si tu me chasses, je partirai ; me chasses-tu ? » (Même sans orgueil, il y a quelque chose d'abominable à raconter un pareil trait ; je le dis quand même, parce que j'ai peur pour toi. Que ne me ferait faire une telle crainte ?)

Vois quelle étrange et nouvelle peur tu m'as forgée ! J'ai répondu[3] : « Oui. » Alors, elle : « Je ne peux quand même pas m'en aller. » Et elle s'est mise à expliquer, le pauvre cher être, avec une volubilité qui dépassait ses forces, qu'elle ne comprenait rien de tout cela, que tu aimes ton mari, que tu me vois en cachette, etc. Pour tout dire, il y avait aussi, dans le flot, quelques méchancetés à ton endroit à cause desquelles j'aurais voulu et dû la battre ; mais ne devais-je pas la laisser exhaler tout ce qu'elle avait sur le cœur ? ne lui devais-je pas au moins cela ? Elle a dit qu'elle voulait t'écrire, et moi, dans mon souci de toi, dans la confiance[4] infinie que j'ai en toi, je le lui ai permis, bien que je sache qu'il m'en coûtera le sommeil de plusieurs nuits. Ce qui m'inquiète, c'est précisément que cette permission l'ait apaisée. Sois gentille et sévère avec elle, mais plus sévère que gentille ; mais que vais-je chercher ? Ne sais-je pas que tu écriras ce qui conviendra le mieux ? La crainte que j'ai que, dans sa détresse, elle puisse t'écrire quelque perfidie qui t'influencerait contre moi n'est-elle pas déshonorante pour toi ? profondément déshonorante ? Elle l'est, en effet, mais qu'y puis-je ? C'est cette peur, ce n'est pas le cœur, qui me fait battre la poitrine. Je n'aurais pas dû le lui permettre. Demain je la revois, c'est jour férié (jour de Jean Hus^a), elle m'a supplié de sortir avec elle l'après-midi ; le reste de la semaine, m'a-t-elle dit, je ne serai plus obligé de venir. Peut-être puis-je encore la détourner de l'idée de t'écrire cette lettre, si elle ne l'a pas déjà fait. Mais je me suis dit ensuite : peut-être ne cherche-t-elle réellement qu'une explication, peut-être le mot de Milena l'apaisera-t-il, précisément par sa sévérité amicale, peut-être même — c'est l'idée qui me vient en dernier lieu — tombera-t-elle à genoux devant la lettre ?

Franz.

(En marge, à droite de la première page :) Et malgré tout, je pense parfois que si on peut mourir de bonheur, c'est à moi que la chose arrivera. Et que si un homme voué à la mort peut rester en vie par bonheur, alors[1] je resterai en vie.

Autre raison, une de plus, pour laquelle je lui ai permis de t'écrire : elle voulait voir des lettres de toi, des lettres à moi. Et je ne peux pas lui en montrer[2].

*

[Prague, 6 juillet 1920],
Mardi, de grand matin

• 6. Un petit coup pour moi : un télégramme[3] de Paris : un vieil oncle, que j'aime d'ailleurs beaucoup, qui vit à Madrid^b et qui n'est plus venu depuis bien des années, arrivera ici demain soir. Je dis un coup parce qu'il me prendra du temps et que j'ai besoin pour toi de ce temps et de

88

commence à trouver que la maison manque de calme, les mille fois plus que ce temps : de tout le temps qu'il peut y avoir au monde, celui de penser à toi, de respirer en toi. Je soirs aussi ; je voudrais être ailleurs. Il y a beaucoup de choses que j'aimerais différentes, quant au bureau je l'aimerais supprimé, sur quoi [1] je me redis que je mérite des gifles à souhaiter quelque chose au-delà de ce présent, de ce présent qui t'appartient.

●● Puis-je aller chez Laurin ? Il connaît Pick, par exemple. Ne pourrait-on pas découvrir à l'occasion que j'ai été à Vienne ? Écris-moi à ce sujet.

Max est très ému de ce que tu racontes sur Přibram, au sanatorium, il se fait des reproches pour avoir étourdiment interrompu ce qu'il avait déjà commencé à faire pour lui. Il a d'ailleurs maintenant des relations telles avec l'administration qu'il pourrait peut-être faire le nécessaire sans grande difficulté. Il te prie vivement de résumer brièvement tout ce qui concerne l'injustice dont Přibram a été victime. Si tu le peux, envoie-moi ce *bref* résumé à l'occasion (le Russe s'appelait : Sprach).

● Je ne sais ce que j'ai, je ne puis plus rien t'écrire de ce qui n'est pas ce qui nous concerne seuls, nous dans la cohue de ce monde. Tout ce qui est étranger à cela m'est étranger. Et c'est injuste ! et c'est injuste ! Mais mes [2] lèvres balbutient et je cache mon visage sur tes genoux.

Une amertume m'est restée de Vienne, puis-je te le dire ? Dans la forêt, le dernier jour je crois, tu as dit quelque chose comme ceci : « Cette guerre de l'antichambre ne peut pas durer longtemps. » Et maintenant, dans ton avant-dernière lettre de Merano, tu parles de la maladie. Comment m'y retrouver ? Je ne te dis pas cela par jalousie, Milena, je ne suis pas jaloux. Ou le monde est bien petit, ou nous sommes

gigantesques, en tout cas, nous le remplissons à nous deux.
De qui serais-je jaloux?

*

● 7. Cette fois, Milena, je t'envoie la lettre moi-même et
je ne sais pas ce qu'il y a dedans. Voilà comment la chose
s'est faite : je lui avais promis de me trouver devant chez elle
aujourd'hui à trois heures et demie de l'après-midi. Nous
devions faire une sortie en bateau; mais je m'étais couché
très tard et j'avais à peine dormi, si bien que de bon matin je
lui ai envoyé un pneu pour lui dire que je devrais dormir
l'après-midi et n'arriverais qu'à six heures. Dans mon
inquiétude, que n'apaisait aucune précaution épistolaire ou
télégraphique, j'ajoutais : « N'envoie pas la lettre à Vienne
avant que nous en ayons parlé. » Malheureusement, ayant à
moitié perdu la tête, elle avait déjà écrit cette lettre de grand
matin — elle ne sait plus ce qu'elle y a dit — et l'avait mise à
la boîte aussitôt. Quand elle reçoit mon pneu, la malheureuse court à la grande poste, rattrape sa lettre je ne sais où,
donne dans sa joie tout son argent à l'employé, ne s'effraie
que plus tard de l'importance de la somme, et le soir
m'apporte la missive. Que faire maintenant? Mon espoir de
voir les choses s'arranger rapidement ne repose que sur cette
épître et sur l'effet de ta réponse; je conviens que c'est un
espoir insensé mais je n'en ai pas d'autre. Si maintenant
j'ouvre l'enveloppe et que je lise la lettre, premièrement ce
sera blessant pour elle, secondement je suis certain que je
n'aurai plus le courage de mettre la lettre à la poste. Je la
remets donc fermée dans ta main, telle quelle et tout entière,
comme je m'y suis remis moi-même.
Il fait un peu sombre à Prague[1], je n'ai pas encore eu de

90

lettre, mon cœur est un peu lourd ; et sans doute est-il impossible qu'une lettre ait pu arriver déjà ; mais va expliquer cela au cœur.

F.

Son adresse : Julie Wohryzek, Prague II, Na Sonečkách 6

*

[Prague, 6 juillet 1920]
Mardi, encore plus tard

● 8. A peine avais-je jeté la lettre dans la boîte que je me suis demandé soudain comment j'avais pu exiger de toi une telle chose. Indépendamment du fait que c'est à moi seul de faire ce qui est juste et nécessaire dans cette histoire, il t'est probablement impossible d'écrire une réponse de ce genre et de t'ouvrir ainsi à une étrangère. Pardonne-moi donc, Milena, mes lettres et mes télégrammes ; attribue les à une raison fatiguée par l'adieu que j'ai dû te faire ; peu importe que tu écrives cette réponse, les choses s'arrangeront autrement, il faudra bien. N'en sois pas en souci. Si je suis fatigué, c'est la faute de toutes ces promenades d'aujourd'hui sur la montée de Vyscherad ; voilà le fin mot. Et puis l'oncle qui vient demain ; je ne pourrai être que rarement seul[1].

Mais parlons de choses plus gaies : sais-tu quel jour tu avais à Vienne la plus belle robe, mais alors la plus follement belle ? C'était dimanche, sans discussion.

*

[Prague, 7 juillet 1920]
Mercredi soir

● 9. Quelques lignes en toute hâte afin d'inaugurer mon nouveau domicile ; à toute vitesse, parce que mes parents

91

arrivent de Franzensbad à 10 heures, mon oncle de Paris à midi, et qu'il faut tous aller les chercher à la gare ; mon nouveau domicile, parce que j'emménage dans le logement vide de ma sœur qui est à Marienbad, pour faire de la place à mon oncle. Grand appartement vide, très bien ; mais rue plus bruyante que la mienne ; au total je ne suis pas mécontent du changement. Et il faut que je t'écrive parce que mes dernières lettres, des lettres de récrimination (j'ai déchiré la pire de toutes ce matin ; songe que je n'ai encore rien de toi, mais à quoi bon récriminer contre la poste ? qu'ai-je à faire avec la poste ?), parce que, dis-je, mes dernières lettres pourraient t'amener à penser que je ne suis pas sûr de toi, que je crains de te perdre. Non, il est faux que je ne sois pas sûr de toi. Pourrais-tu être pour moi ce que tu es si je n'étais pas sûr de toi ? Ce qui éveille cette impression, c'est la brièveté de notre proximité physique, la soudaineté de notre séparation physique (pourquoi juste dimanche ? Pourquoi juste à 7 heures ? pourquoi tout ?), il y a là de quoi vous égarer un peu les sens. Pardonne-moi. Et reçois ce soir, pour bonne nuit, dans un même flot, tout ce que je suis [1] et tout ce que j'ai, tout ce qui est bienheureux de reposer en toi.

F.

*

[Prague, 8 juillet 1920]
Jeudi de bonne heure

• 10. La rue est bruyante ; de surcroît on bâtit de l'autre côté, presque en face ; en face ce n'est pas l'église russe, ce sont des maisons pleines de gens ; pourtant, être seul dans une pièce est peut être la condition de la vie ; être seul dans un appartement — *provisoirement pour être précis* — une condition du bonheur (*une* seulement : à quoi me servirait un logis si je n'y vivais, si je n'y trouvais une patrie pour mon repos, disons deux clairs yeux bleus qui brillent[1] par l'effet d'une grâce incompréhensible) ; mais, tel qu'il est en ce moment, l'appartement appartient au bonheur ; tout y est paix, la salle de bains, la cuisine, l'antichambre, les trois autres pièces ; ce n'est pas, comme ailleurs, ce bruit[2], cette indécence, ce pêle-mêle incestueux et cette incohérence des corps, des pensées, des désirs désemparés, qui ne se maîtrisent pas ; comme ailleurs ou dans tous les coins naissent des relations coupables, où chaque meuble cache des choses inconvenantes et fortuites et des enfants illégitimes, et où tout se passe toujours, non comme le dimanche dans tes faubourgs silencieux et déserts, mais comme un interminable samedi soir dans le délire des faubourgs étouffants et surpeuplés.

Ma sœur est venue, elle a fait ce long trajet pour m'apporter le petit déjeuner (ce qui n'était pas nécessaire, je serais allé à la maison) et elle a dû carillonner plusieurs minutes pour parvenir à m'arracher à ma lettre et à mon absence[3].

F.

L'appartement ne m'appartient pas : mon beau-frère y habitera souvent lui aussi au cours de l'été.

*

[Prague, 8 juillet 1920]
Jeudi matin

● 11. Enfin ta lettre. Pour le moment quelques mots seulement en hâte à propos de la chose essentielle, bien que la hâte puisse causer des erreurs que je regretterai par la suite ; il s'agit entre nous d'un cas comme je n'en ai jamais connu, étant donné les rapports de notre trio ; aussi[1] ne faut-il pas l'obscurcir par le souvenir d'autres expériences (les morts, la souffrance à trois, à deux, s'effacent de façon ou d'autre). Je ne suis pas[2] son ami, je n'ai pas trahi d'ami ; mais je ne suis pas non plus pour lui une quelconque connaissance ; je lui suis étroitement lié, en beaucoup de choses peut-être plus qu'un ami. Toi non plus tu ne l'as pas trahi, car tu l'aimes, quoi que tu puisses dire, et lorsque nous nous unissons (merci à vous, chères épaules !) c'est sur un autre plan, ce n'est pas dans son domaine. Cette affaire n'est donc pas une simple histoire entre nous, une histoire à cacher, elle n'est pas seulement tourment, anxiété, douleur, souci[3] — ta lettre m'a arraché d'un coup à une certaine quiétude qui me restait de notre rencontre et qui va peut-être se reperdre maintenant dans le même tourbillon qu'à Merano, encore qu'il y ait de rudes obstacles au retour de circonstances comme celles de Merano — non, c'est le problème d'un trio qui se pose nettement, au grand jour, même si tu te tais encore un peu. Moi[4] non plus, je ne suis pas du tout pour une étude approfondie de toutes les possibilités — je suis contre parce que je t'ai ; si j'étais seul, rien ne pourrait m'empêcher de ruminer — ce serait faire[5] de soi dès le présent le champ de bataille du futur : comment un sol aussi ravagé porterait-il ensuite la maison de l'avenir ?

Voilà ; je suis au bout de ma science ; depuis trois jours que je viens au bureau je n'ai pas encore écrit une ligne, peut-être maintenant cela va-t-il aller. D'ailleurs, pendant que je t'écrivais, j'avais Max ici en visite ; il se taira, naturellement ; pour tout le monde sauf ma sœur, mes parents, la petite et moi, je suis passé par Linz.

F.

94

Puis-je t'envoyer de l'argent ? Par exemple par Laurin à qui je dirais que tu me l'as prêté à Vienne et qui te l'enverrait avec ta pige ?

(A gauche, en marge :) Je suis un peu effrayé aussi par ce que tu m'annonces que tu écriras au sujet de la peur.

*

[Prague, 9 juillet 1920]
Vendredi

• Écrire quoi que ce soit me paraît vain, et l'est. Le mieux serait sans doute que je sois allé à Vienne et que je t'emmène ; peut-être[1] le ferai-je d'ailleurs, bien que tu ne le veuilles pas. Il n'existe vraiment que deux possibilités, chacune des deux plus belle que l'autre : ou bien tu viens à Prague, ou bien à Libešic. J'ai réussi hier à saisir Jílovský avec des ruses de vieux Juif, juste[2] avant son départ pour Libešic ; il avait ta lettre à Staša. C'est un excellent homme, joyeux, ouvert, intelligent ; il vous prend par le bras, bavarde à n'en plus finir et se montre prêt à tout ; il comprend tout et même un peu plus. Il avait l'intention d'aller voir Florian, près de Brünn, avec sa femme, et de continuer ensuite sur Vienne pour te rencontrer. Il revient à Prague aujourd'hui, cet après-midi, avec la réponse de Staša ; je le rencontrerai à trois heures. Après quoi, je te télégraphie. Excuse le fatras de mes onze lettres, laisse-les de côté pour la réalité qui vient ; elle est plus grande, elle est meilleure. Il ne faut[3] craindre en ce moment, je crois, qu'une chose, c'est ton amour pour ton mari. Quant à la tâche nouvelle dont tu parles, elle est difficile évidemment, mais ne sous-estime pas les forces que me donne ta présence. En ce moment, je ne dors pas, il est vrai, mais je suis beaucoup plus tranquille que je n'eusse pensé hier en face de tes deux lettres (Max se trouvait là, par hasard, ce qui n'était pas nécessairement bon, bien sûr ; l'affaire était trop personnelle ; hélas, ma pauvre Milena, voilà déjà la jalousie du non-jaloux). Ton télégramme d'aujourd'hui contribue aussi un peu à m'apaiser. Pour ton mari, en ce moment, en ce moment tout au moins, je ne m'inquiète pas trop, ce n'est pas un souci insupportable. Il avait assumé un devoir formidable, il s'en est acquitté à fond pour une partie, et honorablement pour peut-être tout le reste ; supporter plus, il ne m'en paraît pas capable, non que les forces lui manqueraient (que sont[1] les miennes au prix des siennes ?) mais parce qu'il est trop accablé, trop écrasé par ce qui s'est passé, trop détourné de la concentration nécessaire. Peut-être éprouvera-t-il même au demeurant un certain soulagement ? Pourquoi ne lui écrirais-je pas ?

F.

*

[Prague, 9 juillet 1920]
Vendredi

• Quelques mots seulement à propos de la lettre de Staša ; mon oncle m'attend, je l'aime bien, mais il me gêne un peu en ce moment. Voilà[2] : la lettre de Staša est très gentille, très affectueuse évidemment, mais il y manque quand même un petit je ne sais quoi ; pas grand-chose ; c'est peut-être dans la forme (ce qui ne veut pas dire que, sans cette lacune, une autre lettre prouverait plus d'affection, ce serait même peut-être le contraire) ; quoi qu'il en soit, quelque chose y manque ou y est en trop ; peut-être est-ce la capacité de réflexion, qui a d'ailleurs l'air de venir du mari, car c'est sur ce ton-là qu'il m'avait parlé hier, •• mais aujourd'hui où je voulais m'excuser de ma méfiance de la veille *(z Kafky to vytáhl[a])* et vider un peu mon cœur, il m'a presque expédié, en toute

96

cordialité avec la lettre de Staša et en me renvoyant au rendez-vous que Staša me promet pour lundi. ● Mais que vais-je dire de ces excellentes gens ? C'est de la jalousie, Milena, c'est vraiment de la jalousie ; mais je te promets de ne jamais t'en accabler ; moi seulement. Il me semble qu'il y a pourtant une méprise : tu ne [1] demandais à Staša ni de te conseiller à proprement parler, ni de parler à ton mari, tu ne cherchais sur le moment que la chose qui ne se laisse pas immédiatement remplacer : sa présence. C'était du moins, ce qu'il m'a semblé. ●● Et la question d'argent est sans importance, c'est ce que j'ai déjà dit la veille au mari. En tout cas, je parlerai lundi avec Staša (Jílovský était d'ailleurs tout à fait excusable, il est très pris par les affaires, Pittermann et Ferensz Futurista étaient assis à sa table et attendaient impatiemment le début de pourparlers au sujet d'un nouveau cabaret). Vraiment, si mon oncle ne m'attendait pas, je déchirerais cette lettre et j'en écrirais une nouvelle, surtout parce qu'il y a dans la lettre de Staša un passage qui, pour moi, sanctifie tout : *s Kafkou žít*[a].

● J'espère avoir encore de tes nouvelles aujourd'hui. D'ailleurs, je suis un capitaliste qui n'arrive pas à savoir tout ce qu'il a. Cet après-midi, au bureau, au moment où je demandais vainement des nouvelles, on m'a apporté une lettre de toi, qui était arrivée peu après mon départ pour Merano (en même temps d'ailleurs qu'une carte de Přibram) : cela faisait un étrange effet.

A toi.

*

[Prague, 10 juillet 1920]
Samedi

● 14. Tout va mal ; avant-hier tes deux lettres malheureuses, hier ton télégramme seulement (il était rassurant, il

97

est vrai, mais paraissait un peu incohérent, comme sont tous les télégrammes), aujourd'hui rien. Et tes deux lettres, à aucun égard, n'avaient rien de bien consolant pour moi ; tu y disais que tu allais écrire, tu ne l'as pas fait. Et avant-hier soir, je t'ai envoyé un télégramme pressant avec réponse urgente, la réponse devrait être ici depuis longtemps. Je te répète mon texte : « C'était la seule chose à faire, sois tranquille, ici tu es chez toi, Jílovský sera vraisemblablement à Vienne dans huit jours avec sa femme. Comment dois-je t'envoyer de l'argent ? » Aucune réponse. Je me dis : « Va à Vienne. Mais Milena ne le veut pas, elle ne le veut absolument pas. Tu apporterais une décision ; ce n'est pas toi qu'elle veut, elle est dans le doute et dans le souci, c'est pourquoi elle demande Staša. » Malgré tout je devrais partir, mais je ne vais pas bien. Je suis calme, relativement calme, je n'aurais même jamais osé espérer l'être autant ces dernières années, mais le jour j'ai une forte toux, et la nuit elle dure des quarts d'heure entiers. Il s'agit peut-être simplement de la première étape d'adaptation à Prague et des conséquences de l'affreuse époque de Merano, où je ne te connaissais pas encore, où je n'avais pas encore regardé dans tes yeux.

Que Vienne est donc devenue sombre, elle qui a été si lumineuse pendant quatre jours. Que se prépare-t-il là-bas pour moi, pendant qu'ici je lâche ma plume et que je me mets la tête dans les mains ?

F.

J'ai regardé ensuite la pluie de mon fauteuil par la fenêtre ouverte ; plusieurs possibilités me sont venues à l'esprit : que tu sois malade, fatiguée, alitée ; que Mme Kohler serve d'intermédiaire entre nous et puis — c'était, étrange chose, ce qui me semblait le plus naturel, le plus normal — que la porte s'ouvre et que tu sois là.

*

● 15. Cela a été affreux pendant deux jours au moins. Mais maintenant, je vois que tu en es innocente, et ce sera quelque malin démon qui aura retenu toutes tes lettres depuis jeudi. Vendredi, je n'ai reçu que ton télégramme, samedi rien, dimanche rien, aujourd'hui quatre lettres, de jeudi, vendredi, samedi. Je suis trop fatigué pour pouvoir vraiment t'écrire, trop fatigué pour trouver tout de suite dans ces quatre lettres, dans cette montagne de désespoir, de souffrance, d'amour donné, d'amour rendu, ce qui peut bien rester pour moi ; tel est l'égoïsme de la fatigue, quand on s'est consumé deux jours et deux nuits en imaginations affreuses. Et pourtant — et cela, maman Milena, c'est encore le fruit de ton immense faculté de dispenser la vie — je suis au fond bien moins à bas que pendant les sept dernières années, excepté celle du village.

Pourquoi je reste encore sans réponse au télégramme si pressant de jeudi soir, je ne le comprends quand même toujours pas. J'ai alors télégraphié à Mme Kohler, aucune réponse. Je n'écrirai pas à ton mari, n'aie aucune crainte ; d'ailleurs, je n'en ai pas grande envie. Je n'ai envie que d'aller à Vienne, mais je ne le ferai pas non plus ; je m'en abstiendrais, même sans tous ces obstacles : ton refus, les difficultés de passeport, le bureau, ma toux, ma fatigue et le mariage de ma sœur (jeudi). Pourtant, il vaudrait mieux partir que de passer encore un après-midi comme ceux de samedi ou de dimanche. Samedi : j'ai flâné un peu avec mon oncle, un peu avec Max, en revenant toutes les deux heures voir au bureau s'il y avait du courrier. Le soir, ça allait mieux ; je suis allé voir Laurin, il n'avait pas de mauvaises

99

nouvelles de toi, il m'a fait souvenir de celle de tes lettres qui m'avait rendu si heureux, il a téléphoné à Kisch de la *Neue Freie Presse,* qui ne savait rien non plus, mais n'a pas voulu se renseigner auprès de ton mari et a préféré téléphoner à nouveau ce soir. Je suis donc resté chez Laurin ; ton nom revenait souvent, et je lui en étais reconnaissant. Il n'est pourtant ni agréable ni aisé de s'entretenir avec lui. Il est pareil à un enfant, et un enfant peu éveillé ; il se vante, il ment, il joue la comédie, et quand on reste devant lui, sur une chaise, à l'écouter, on éprouve l'impression de faire le malin et d'être un répugnant cabot. D'autant plus qu'il n'est pas qu'enfant : pour la bonté, la sympathie, le plaisir de se mettre en quatre pour quelqu'un, c'est un adulte, et un adulte très sérieux. Ce porte-à-faux crée un malaise qui ne vous lâche pas, et si je ne m'étais dit tout le temps [1] : je veux entendre encore une fois le nom de Milena, une seule petite fois, je n'aurais pas tardé à partir. Il m'a aussi raconté son mariage (c'était mardi) sur ce ton-là.

Le dimanche a été pire. A vrai dire, je voulais aller au cimetière ; et j'aurais bien fait ; mais je suis resté au lit toute la matinée, et l'après-midi, j'ai dû rendre visite aux beaux-parents de ma sœur, chez qui je n'étais encore jamais allé. [Il était déjà 6 heures.] Ensuite, je suis passé voir au bureau si un télégramme m'attendait. Rien. Quoi ? J'ai regardé la feuille des spectacles, car Jílovský avait fait allusion, au cours de la conversation, à un opéra de Wagner où Staša voulait aller lundi. Je lis, et je m'aperçois que la pièce est à 6 heures ; c'est à 6 heures aussi que nous avons rendez-vous. Pas de chance. Quoi faire ? Je suis allé voir la maison de l'Obstgasse. Elle est silencieuse ; personne n'y entre, personne n'en sort ; j'ai attendu un peu, de son côté, puis en face, rien ; de telles maisons sont bien plus sages que ceux [2] qui les regardent. Et après ? Passage Lucerna, où se trouvait autrefois une vitrine du *dobré dílo* [a]. Elle n'y est plus. Alors pourquoi ne pas aller voir Staša ? Ce sera, me dis-je, d'autant plus facile qu'elle n'est sûrement pas chez elle. Une belle maison calme, un petit jardin derrière. A la porte de l'appartement, un cadenas, on peut donc sonner impunément. En bas, encore une petite parlote avec la concierge du lieu pour pouvoir dire « Libešic » et « Jílovský » ; pas d'occasion, hélas, de placer « Milena ». Et puis ? et puis c'est le plus bête : je me rends au café Arco, où je n'avais plus mis les pieds depuis des années, pour trouver quelqu'un qui te connaisse. Heureusement, il n'y avait personne et j'ai pu m'en aller tout de suite. Plus de dimanches pareils, Milena !

F.

(En marge, à gauche de la deuxième page de cette lettre) : Tu t'es méprise sur le mot « plan » ce n'est pas ce que j'ai voulu dire ; je reviendrai prochainement là-dessus.

*

[Prague, 13 juillet 1920]
Mardi, un peu plus tard

● 17. Que tu es fatiguée dans ta lettre de samedi soir ! J'aurais beaucoup à dire au sujet de cette lettre, mais je ne le dirai pas ce soir à une Milena fatiguée, je le suis aussi ; pour la première fois d'ailleurs depuis mon arrivée à Vienne, j'ai la tête torturée d'insomnie. Je ne te dis rien ; je me borne à t'asseoir dans le fauteuil (tu dis que tu ne t'es pas montrée assez gentille : pouvais-tu être plus gentille et plus flatteuse qu'en me faisant asseoir, en t'asseyant devant moi et en me tenant compagnie !), je t'assieds donc maintenant dans le fauteuil, et je ne sais comment étreindre le bonheur avec des mots, avec mes yeux, avec mes mains et mon pauvre cœur, comment étreindre le bonheur de t'avoir là et de savoir que malgré tout tu m'appartiens à moi aussi. Et cependant ce n'est pas toi que j'aime, c'est bien plus, c'est mon existence, qui m'est donnée à travers toi.

Je ne te raconte rien de Laurin pour aujourd'hui, ni de la petite ; tout cela finira bien par aller son chemin. Mais que c'est lointain !

F.

Tout ce que tu me dis du *Pauvre Ménétrier* est juste. Si j'ai prétendu ne pas lui attacher d'importance, ce n'était que par précaution, parce que je ne savais pas comment tu réagirais et parce que j'ai honte, aussi, de cette histoire, comme si je l'avais écrite moi-même ; elle commence faussement, elle est pleine d'inexactitudes, de ridicules, d'amateurismes ; elle est atrocement maniérée (c'est surtout en lisant à haute voix qu'on le remarque, je pourrais te montrer les passages) ; et surtout cette façon de pratiquer la musique est une invention pitoyable, une chose grotesque et bien faite pour inciter la jeune fille à jeter sur l'histoire, dans un accès de colère que partagera tout le monde, moi le premier, tout ce qu'elle a en magasin, jusqu'à ce que ladite histoire, qui ne mérite rien de mieux, périsse sous le coup de ses propres éléments[1]. D'ailleurs, il n'est plus beau destin pour une histoire que de disparaître, et de cette façon. Le conteur lui-même, cet étrange psychologue, en sera tout à fait d'accord, car c'est lui qui est au fond le pauvre musicien, c'est lui qui nous joue cette histoire de la moins musicale façon du monde, et que tes larmes récompensent beaucoup trop magnifiquement[2].

(En marge, à droite de la troisième page de la lettre :) ●● Mille fois merci pour les photographies, mais Jarmila ne te ressemble pas, il s'agit tout au plus d'une lumière, d'une lueur qui passe sur son visage comme sur le tien.

(En marge, à gauche de la dernière page :) ● Hier je n'ai pas pu écrire, je trouvais tout trop sombre à Vienne.

*

[Prague, 13 juillet 1920]
Mardi

● J'ai ici tes deux télégrammes ; ●● je comprends qu'aussi longtemps qu'il y avait des lettres de Jarmila, tu ne te sois pas inquiétée du courrier Kramer ; tout est en ordre ; tu ne dois surtout pas craindre que je fasse quoi que ce soit spontanément, sans avoir reçu auparavant ton approbation.

● Mais l'essentiel est que je sois enfin, après, il est vrai, une nuit à peu près sans sommeil, attablé devant cette lettre dont l'importance me paraît infinie. Aucune de celles que je t'ai envoyées de Prague n'aurait dû être écrite, et surtout les dernières, celle-ci seule devrait subsister ; ou plutôt les autres pourraient rester, peu importerait, à condition que celle-ci fût mise en tête. Malheureusement je n'y pourrai pas dire le millième de ce que je t'ai dit hier soir après avoir quitté Staša ou de ce que je t'ai raconté cette nuit et ce matin. En tout cas, voici l'essentiel : quoi que les autres dans leur ensemble [à commencer par Laurin et en continuant par Staša jusqu'à tous ceux que je ne connais pas] puissent dire de toi dans ton cercle, un vaste cercle, en leur sublime intelligence ou leur stupidité bestiale (mais les bêtes ne sont pas comme eux), en leur[1] diabolique bonté ou en leur amour homicide, moi, Milena, moi, je sais jusqu'au dernier mot que tu as raison quoi que tu fasses, que tu restes à Vienne ou que tu viennes ici, ou que tu restes suspendue entre Vienne et Prague, ou que tu fasses tantôt l'un et tantôt l'autre. *Qu'aurais-je à faire avec toi si je ne le savais ?* De même[2] qu'il n'est pas au fond de la mer le moindre endroit qui ne soit constamment soumis à la plus forte pression, de même en toi ; mais toute autre vie est une honte et me donne la nausée ; je croyais jusqu'ici que je ne pouvais pas supporter la vie, que je ne pouvais pas

103

supporter les gens, et j'en avais affreusement honte, mais toi, tu me confirmes aujourd'hui que ce n'était pas la vie, ce qui me paraissait insupportable.

●● Staša est épouvantable, excuse-moi. Je t'ai écrit hier une lettre sur elle, mais je n'ai pas osé l'envoyer. Elle est, comme tu m'as dit, cordiale, amicale, belle, souple, svelte, mais elle est épouvantable. Elle a été ton amie et il a dû y avoir autrefois en elle quelque chose comme une lumière céleste, mais cette lumière s'est éteinte totalement, d'une terrible manière. On reste devant elle avec l'effroi qu'on éprouverait devant un ange déchu. Je ne sais pas ce qui s'est passé avec elle; c'est probablement son mari qui l'a éteinte. Elle est fatiguée et morte et elle l'ignore. Quand je veux imaginer l'enfer, je pense à elle et à son mari et je me répète, en claquant des dents, la phrase : « allons-nous-en dans la forêt ». Excuse-moi, Milena, chère, chère Milena, mais c'est ainsi.

Je ne suis resté à vrai dire que 3/4 d'heure avec elle, dans son appartement et ensuite sur le chemin du Deutsches Theater. J'étais extrêmement aimable, extrêment loquace, entièrement confiant — c'était en effet une occasion de parler enfin uniquement de toi et tu m'as longtemps masqué son vrai visage. Quel front de pierre et comme il y est inscrit en lettres d'or : « Je suis morte et je méprise quiconque n'est pas mort lui aussi. » Mais naturellement, elle a été également aimable, nous avons parlé de toutes sortes de choses au sujet d'un voyage à Vienne, mais je ne peux me persuader que cela puisse avoir une signification bénéfique pour toi, si elle venait : pour elle peut-être.

Le soir, je suis allé ensuite chez Laurin, il n'était pas à la rédaction — j'avais pris du retard —; je suis resté un moment avec un homme que je connais d'autrefois, assis sur le canapé où Reiner est resté étendu à la fin, il y a quelques mois. Cet homme est resté avec lui toute cette dernière soirée et il m'a raconté beaucoup de détails.

Cette journée avait été trop violente pour moi et je n'ai pas pu dormir ; d'autre part, ma sœur est venue pour deux jours de Marienbad avec mari et enfant à cause de l'oncle d'Espagne ; ainsi, le bel appartement n'est plus vide. Mais vois comme on est gentil avec moi (je te dis cela seulement, comme si le fait que je te le raconte les récompensait de leur bonté) : ils me laissent la chambre à coucher, ils ont sorti un lit, ils se sont répartis entre les autres pièces où le ménage n'a pas été fait, ils me laissent la salle de bains et vont se laver à la cuisine, etc... Non, je n'ai pas à me plaindre.

A toi.

Je ne suis pas très satisfait de cette lettre. Ce ne sont que les reliquats d'une très intense conversation secrète.

(En marge, à gauche de la deuxième page :) • Je suis tout à fait favorable au projet Chicago, à condition qu'on emploie aussi des garçons de courses qui ne sachent pas courir.

*

[Prague, 14 juillet 1920]
Mercredi

• Tu m'écris : *Ano máš pravdu, mám ho ráda. Ale F., i tebe mám ráda*[a]. Je lis la phrase minutieusement, j'en pèse chaque mot, c'est surtout au « i » que je m'arrête ; tout y est vrai, tu ne serais pas Milena si tout n'y était pas vrai ; et que serais-je si tu n'étais pas ? Et il vaut mieux aussi que tu écrives cela de Vienne que si tu le disais à Prague, tout cela je le comprends fort bien, peut-être mieux que toi ; et pourtant, je ne sais quelle faiblesse m'empêche de venir à bout de cette phrase, je n'en ai jamais fini de la lire, je la copie encore ici pour que tu la voies toi aussi et que nous la lisions ensemble, ma tempe contre la tienne (tes cheveux contre ma tempe).

Cela était déjà écrit quand tes deux lettres au crayon sont arrivées. Te figures-tu que je ne savais pas qu'elles viendraient? Mais je ne le savais qu'au fond de moi; et on n'y passe pas toute sa vie; on préfère vivre sur terre, quitte à jouer le plus misérable personnage. Je ne sais pourquoi tu as toujours peur que j'agisse de mon propre chef. Ne m'en suis-je pas suffisament expliqué dans mes lettres? Et je n'ai télégraphié à Mme Kohler que, parce que j'étais resté près de trois jours, et des jours affreux, sans nouvelles, sans réponse à mon télégramme, et que j'en venais presque à penser que tu étais malade.

Hier, j'ai été chez le médecin. Il m'a trouvé à peu près dans le même état qu'avant Merano. Ces trois mois ont passé à peu près sans rien changer à mon poumon; dans le sommet gauche le mal reste aussi frais qu'au début. Le médecin trouve ce résultat décourageant, moi je le juge assez bon; comment serais-je en effet si j'avais passé ce temps à Prague? Il pense aussi que je n'ai pas augmenté de poids; cependant, d'après mes calculs, j'ai bien pris trois kilos. A l'automne, il essaiera des piqûres, mais je ne crois pas que j'accepterai.

Quand je rapproche ce résultat de la façon dont tu joues avec ta santé — par la force des choses, bien sûr, je n'ai pas besoin de l'ajouter — il me semble parfois qu'au lieu de vivre ensemble, nous n'aurons guère qu'à nous coucher commodément, et satisfaits, l'un à côté de l'autre, pour mourir[1]. Mais, quoi qu'il arrive, ce sera près de toi.

D'ailleurs, je sais que, contrairement à l'opinion du médecin, je n'ai besoin que de repos pour être tant bien que mal rétabli, d'une certaine sorte de repos, ou, à voir autrement la chose, d'une certaine sorte d'inquiétude.

106

●● Ce que tu m'écris au sujet de la lettre de Staša me fait grand plaisir, mais c'était d'ailleurs évident. Elle considère l'état où tu te trouves en ce moment comme une capitulation, elle invoque déjà ton père, une mention qui, venant de sa bouche, suffit à me le faire détester, lui qu'au fond j'aime bien — bref, elle tient sur ton cas les propos les plus bêtes qu'on puisse imaginer, même en se donnant du mal, mais chez elle ils coulent spontanément de ses jolies lèvres. Et naturellement — on n'a pas le droit de l'oublier —, tout cela par affection pour toi : elle se contente de te tendre les bras du fond de la tombe.

● C'est la fête nationale française. En bas les troupes rentrent de la revue. Cela a quelque chose de grandiose, je vis dans tes lettres et je le sens. Pas la pompe, la musique, la revue ; pas le Français des musées (allemands) de figures de cire — le Français d'autrefois, en pantalon garance, en tunique bleue, qui marche en tête de ses soldats — mais je ne sais [1] quelle manifestation de forces qui crient du fond de l'abîme : « Malgré tout, hommes qui marchez, muets, poussés, confiants jusqu'à la férocité, malgré tout, nous ne vous abandonnerons pas, même dans vos pires folies, et surtout dans vos pires folies. » Et on regarde, les yeux fermés, dans cet abîme et peu s'en faut qu'on ne s'engloutisse en toi.

On m'a enfin apporté le tas de papiers qui s'accumulaient à mon intention [2]. Rends-toi compte que depuis que je suis au bureau, j'ai juste écrit en tout six lettres officielles ; on le supporte... Je n'avais pas pu savoir encore, à ma grande satisfaction, par la paresse du service qui me le réservait jalousement, quel énorme paquet m'attendait. Maintenant tout est là. Et malgré tout c'est peu [3] de chose à condition d'avoir bien dormi. Aujourd'hui, à vrai dire, c'était loin d'être le cas.

F.

107

*

[Prague, 15 juillet 1920]
Jeudi

● En hâte, avant le bureau. J'aurais voulu me taire ; il y a
trois jours que cela m'étouffe ; j'aurais au moins voulu me
taire maintenant, pendant que tu livres cette guerre atroce,
mais ce n'est pas possible, la situation me réclame, car cette
guerre est la mienne. Peut-être [1] t'es-tu aperçue que je n'ai
pas dormi de plusieurs nuits. C'est tout simplement l'effet de
la « peur ». Et c'est vraiment une chose qui me rend sans
volonté, jongle avec moi à son caprice, je ne sais plus où sont
ni haut ni bas, ni droite ni gauche ●●. Cela a commencé cette
fois-ci avec Staša. Car il est bien écrit au-dessus de sa tête :
« Vous qui entrez ici, quittez toute espérance. » ● De plus, à
tes dernières lettres se sont mêlées deux ou trois réflexions
qui m'ont ravi, mais d'un bonheur désespéré, car si ce que tu
dis convainc immédiatement la raison, le cœur et le corps,
une conviction plus profonde s'y oppose, dont je ne connais
pas le siège, et que rien sans doute ne peut convaincre. Enfin,
ce qui a contribué beaucoup à m'affaiblir, c'est que l'effet
prodigieux de ta présence physique qui me remplit d'un
trouble apaisant, se dissipe [2] jour après jour. Que n'es-tu déjà
là ! Sans toi, je n'ai personne, personne ici, que la peur :
vautré sur elle, qui se vautre sur moi, nous dévalons les nuits
cramponnés l'un à l'autre. C'est vraiment [3] quelque chose de
très grave que cette peur (qui n'est jamais — curieuse chose
— orientée que vers l'avenir ; et puis non, ce n'est pas exact),
cette peur qui, en un certain sens, s'explique aussi du fait
qu'elle me représente constamment la nécessité de cet aveu :
Milena elle-même n'est qu'un être humain. Ce que tu en dis
est si beau et si bon qu'on ne voudrait plus entendre autre
chose une fois qu'on a entendu cela, mais qu'il n'y aille pas

108

ici des suprêmes valeurs, j'en doute beaucoup, car cette peur ne m'est pas personnelle — elle ne l'est qu'aussi, et affreusement — c'est la peur propre à toute foi, depuis toujours.

Rien que de t'avoir écrit cela, j'ai la tête moins échauffée.

A toi [1]

*

[Prague, 15 juillet 1920]
Jeudi, plus tard

● Ta lettre nocturne du *Coq Blanc* est arrivée en même temps que celle du lundi; c'est la première que tu as sans doute écrite en dernier lieu, mais je n'en suis pas tout à fait sûr. Je ne les ai encore que parcourues en hâte, une seule fois, et il faut que je te réponde tout de suite et que je te prie de ne pas me juger mal. ●● C'était une stupidité vide et abominable, ce qu'a écrit Staša. Comment peux-tu croire que je lui donne raison? que Vienne est donc éloignée de Prague, pour que tu puisses penser cela, et qu'on était près l'un de l'autre, couchés dans la forêt, et que tout cela est loin. ● Ce n'est pas de la jalousie, c'est un jeu qui y ressemble; parce que je veux te saisir sous toutes les faces, par conséquent aussi sous celle de la jalousie, mais c'est sot et ce ne sera pas; ce ne sont que les rêves malsains de la solitude. Sur Max aussi tu te fais des idées fausses : j'ai fini, hier, par lui transmettre ton souvenir, de mauvaise grâce (voir plus haut) parce que tu n'arrêtes pas de lui envoyer tes amitiés. Mais, comme il a en général une explication pour toute chose, il a dit que tu ne devais lui envoyer si fréquemment ton souvenir que parce que je ne t'avais encore jamais envoyé ses cordiales salutations, qu'il fallait que je le fasse, et qu'alors, ton souvenir cesserait probablement, pour ma tranquillité. Possible, j'essaie donc.

Autrement, Milena, ne te fais pas de souci à mon sujet; il

ne manquerait plus que cela, que tu te fasses du souci à mon sujet. Sans la « peur », qui me tient depuis quelques jours et dont je me suis plaint à toi ce matin, je serais presque bien portant. *Comment se fait-il d'ailleurs que là-bas, dans la forêt, tu m'aies dit que tu ne t'étais pas représenté les choses autrement ?* C'était là-haut dans la forêt le second jour. Je distingue très bien les jours : le premier a été celui de l'incertitude, le second celui de la trop grande certitude, le troisième celui du repentir, le quatrième a été le bon.

●● J'envoie tout de suite à Mme Kohler ce que je me trouve avoir sur moi, 100 couronnes tchèques en coupures de 50 couronnes et 100 couronnes autrichiennes. Si tu pouvais trouver prochainement un autre moyen d'envoyer de l'argent, plutôt que par lettre recommandée, cela vaudrait mieux. On peut, par exemple, envoyer de l'argent en poste restante, par mandat télégraphique, mais pas sous un nom d'emprunt, il faut que ce soit le vrai nom. Et, en ce qui concerne le mois que tu dois passer à la campagne, pourquoi l'argent de ton père ou celui de Laurin serait-il meilleur que le mien ? D'ailleurs, peu importe, seulement ne dis jamais que c'est beaucoup, ce que tu demandes. Et Jarmila ? Va-t-elle venir ?

● Mais maintenant je dois aller à la noce de ma sœur[a]. Pourquoi faut-il que je sois un être humain avec tous les tourments attachés à cette condition (la moins claire de toutes), et l'effroyable responsabilité qu'elle comporte ? Pourquoi ne suis-je pas, par exemple, l'heureuse armoire de ta chambre, qui te voit tout entière quand tu es assise dans ton fauteuil ou installée à ton secrétaire, quand tu t'étends ou quand tu dors (béni soit mille fois ton sommeil), pourquoi ne suis-je pas cette armoire ? Parce que je serais brisé de chagrin, si je t'avais vue dans la désolation de ces derniers jours ou surtout si tu devais partir de Vienne.

F.

110

L'idée que tu auras bientôt un passeport est très réconfortante.

●● L'adresse de Max est Prague V, Ufergasse 8, mais, à cause de sa femme, il ne serait peut-être pas bon d'écrire à cette adresse-là. Sinon, il a encore deux adresses, précisément à cause de sa femme, ou, si tu préfères, à cause de lui : l'adresse du Dr. Felix Weltsch, Prague, Bibliothèque de l'Université ou ma propre adresse.

*

[Prague, 15 juillet 1920]
Jeudi

● Cet après-midi, un myrte à la boutonnière et à moitié conscient malgré ma tête en capilotade (toujours cette séparation !), j'ai mené à bien jusqu'au bout le repas de noces entre les braves sœurs de mon beau-frère. Mais maintenant je suis anéanti.

●● Regarde jusqu'où peut aller la bêtise de quelqu'un qui n'a pas dormi : la lettre recommandée pour Mme Kohler aurait dû être remise ouverte, comme je l'ai appris à la poste, ce qui n'allait pas bien à cause de l'argent ; j'aurais pu alors l'envoyer par un autre moyen, au besoin comme lettre simple, et, dans ce cas, l'adresser directement à toi en poste restante. Mais j'étais là avec mon enveloppe devant la boîte aux lettres et je l'ai simplement envoyée à tout hasard à Mme Kohler. J'espère qu'elle arrivera.

● Quelle vie facile ce sera quand nous serons ensemble ! (Fou que je suis ! Oser parler d'une pareille chose !) La réponse suivra la question, le regard répondra au regard. Maintenant il faut que j'attende au moins jusqu'à lundi une réponse à ma lettre de ce matin. Comprends-moi bien, et garde-moi ton affection.

F.

*

• Je voulais me distinguer à tes yeux, montrer de la force
de caractère, attendre pour t'écrire, régler d'abord un papier
d'affaires, mais la pièce est vide, personne ne s'inquiète de
moi, c'est comme si on disait : laissez-le, ne voyez-vous pas
comme il est plein de son sujet ? il en éclate. Aussi [1] me suis-je
arrêté au bout d'une demi-page, et je suis revenu vers toi, et
je m'étends sur ma lettre comme je m'étais étendu près de toi
dans la forêt.

Aujourd'hui je n'ai rien reçu, mais je ne crains rien ; je t'en
prie, Milena, ne te méprends pas, je n'ai jamais peur pour
toi ; si j'en ai l'air, et cela m'arrive souvent, ce n'est qu'une
faiblesse, un caprice du cœur qui sait quand même parfaitement pour quoi il bat ; les géants eux-mêmes ont leurs
faiblesses ; on assure même, je crois, qu'Héraklès a eu une
défaillance. Mais, sous tes yeux que je vois jusqu'en plein
jour, je peux tout supporter en serrant les dents : l'éloigne-
ment, la crainte, le souci, l'absence de lettres.

Quel bonheur ! Que tu me rends heureux ! Une partie
plaidante est venue, figure-toi ! Je possède des parties
plaidantes ! Cet homme m'a interrompu, j'étais furieux ; il
avait une bonne figure toute ronde, aimable et correcte à la
fois — une correction d'Allemand du Reich —, il a eu
l'amabilité de prendre des plaisanteries pour des solutions
officielles [2], mais, que veux-tu, il m'avait dérangé, je ne
pouvais pas le lui pardonner. Il a fallu ensuite se lever pour le
mener dans d'autres services, mais c'en était déjà trop pour
toi, bonne Milena : juste au moment où j'allais le faire, le
garçon m'apporte ta lettre, et je l'ouvre dans l'escalier. Juste
ciel, j'y trouve une photo, autrement dit une chose inépuisa-

ble : une lettre qui raconte une année tout entière, une lettre qui relate l'éternité[1]. Et c'est une photo excellente, elle ne saurait être meilleure. Une pauvre image, mais on ne devrait avoir le droit de la regarder que le cœur battant, avec des larmes dans les yeux ; pas autrement.

Voilà encore un étranger dans mon bureau !

Je poursuis : je peux tout supporter, avec toi dans mon cœur, et si je t'ai écrit une fois que les jours passés sans lettre de toi sont effroyables, ce n'était pas vrai, ils n'étaient qu'effroyablement lourds, le bateau était lourd, il avait un effroyable tirant d'eau, mais il flottait quand même sur tes ondes. Il n'y a qu'une chose, Milena, que je ne puisse supporter sans ton aide expresse, c'est la « peur », je n'en ai pas la force, je ne peux même pas la regarder tout entière, c'est un monstre qui m'entraîne sur les eaux.

Ce que tu me dis de Jarmila est justement une de ces faiblesses du cœur ; c'est quand ton cœur cesse un instant de m'être fidèle qu'il te vient une pensée de ce genre. Sommes-nous donc encore deux en ce sens ? Ma peur serait-elle tellement autre chose que la crainte d'une masturbation ?"

Nouvelle interruption encore ; je ne pourrai plus écrire au bureau.

La grande lettre que tu m'annonces risquerait presque de me faire peur si celle-ci n'était si rassurante. Qu'y trouverai-je ?

Écris-moi tout de suite si l'argent est arrivé. S'il s'était perdu, je t'en enverrais d'autre, et si celui-ci se perdait à son tour, d'autre encore, et ainsi de suite, jusqu'à ce que nous n'ayons plus rien et qu'ainsi tout commence enfin à être normal.

F.

113

Je n'ai pas reçu la fleur, tu l'as trouvée au dernier moment trop bonne pour moi.

*

[Prague, 17 juillet 1920]
Samedi

● Je savais bien ce qu'il y aurait dans ta lettre, c'était déjà presque toujours entre les lignes dans les autres, c'était également dans tes yeux — que ne lirait-on sur leur fond transparent? —, c'était dans les rides de ton front; je le savais comme quelqu'un qui a passé la journée dans un abîme de peur, de rêve et de sommeil, derrière des volets fermés, et qui ouvre sa fenêtre le soir n'est pas étonné de voir, il le savait, que maintenant la nuit est là, une nuit profonde et merveilleuse. Je vois combien tu te tourmentes et te tournes et te retournes sans parvenir à te libérer; je vois — mettons le feu aux poudres — que tu n'y parviendras jamais; je le vois et je n'ai pas le droit de te dire : reste où tu es. Mais je ne dis pas non plus le contraire; je reste en face de toi, je regarde dans tes yeux, tes pauvres chers yeux (la photo que tu m'as envoyée est navrante, c'est un supplice de la regarder, c'est un martyre auquel je me soumets cent fois par jour, c'est, hélas, aussi, une richesse que je défendrais contre dix géants), et je reste fort, comme tu dis, je possède une certaine force, disons en gros, obscurément, pour être bref, mon absence de sens musical. Elle ne va cependant pas jusqu'à me permettre d'écrire encore, du moins maintenant. Je ne sais quel flot de souffrance et d'amour me prend, m'emporte et m'en empêche [1].

F.

*

● Toujours à propos des questions évoquées hier :
A la suite de ta lettre, j'essaie de voir la situation d'un point de vue que je m'étais presque toujours gardé d'essayer jusqu'ici. Il transforme curieusement les choses. Voici ce qu'il donne :

Je ne me bats plus avec ton mari pour te conquérir, le combat n'a lieu qu'en toi-même ; si la décision ne dépendait que d'une lutte entre ton mari et moi, tout serait réglé depuis longtemps. Ce n'est pas surestimer ton mari, je le sous-estime même probablement, mais je sais ceci : que s'il m'aime, c'est de l'amour du riche pour la pauvreté (il y a de cela aussi dans nos rapports à nous). Dans l'atmosphère de notre existence commune, je ne suis qu'une souris dans le coin d'une « grande maison », une souris à laquelle[1] on permet tout au plus une fois par an de traverser le tapis.

Voilà ce qui est, et c'est tout naturel, je ne m'en étonne pas. Ce dont je m'étonne, et qui est sans doute inexplicable, c'est que toi, toi qui vis dans ce « grand train de maison », qui lui appartiens tout entière, qui tires de lui le plus clair de tes forces, qui y es reine, tu aies quand même — je le sais parfaitement — la possibilité, ●● mais c'est précisément parce que tu peux tout, *já se prěce nezastavím ani před — ani před — ani před*[a] — ● non seulement de m'aimer mais d'être à moi, de traverser ton propre tapis.

Mais ce n'est pas encore le clou de l'inconcevable. Le clou, c'est que si tu voulais venir à moi, si tu voulais, — pour parler « musicien » — renoncer[2] au monde entier pour descendre jusqu'à moi, si bas que de ton point de vue on n'en aperçoit que peu de chose, et non seulement peu, mais rien,

115

tu serais obligée — étrange, étrange affaire! — non de descendre mais de t'élever surhumainement, bien *au-dessus* de toi, bien *au-dessus,* si fort que tu risquerais de te briser, de tomber et de disparaître (et moi avec, bien entendu!) Et tout[1] cela pour parvenir dans un endroit où rien n'attire, où je reste sans bonheur comme aussi sans malheur, sans mérite comme sans faute, uniquement parce que j'y ai été placé. Sur l'échelle de l'humanité je suis quelque chose comme un petit épicier d'avant-guerre dans tes faubourgs (même pas un ménétrier, même pas); même si j'avais conquis moi-même cette situation — mais je ne l'ai pas conquise — ce ne serait pas un mérite.

Ce que tu me dis des racines est extrêmement clair. Il en va certainement ainsi. A Turnau, il est vrai, la tâche principale était de découvrir d'abord toutes les racines accessoires et de se débarrasser d'elles. Une fois qu'on tenait la grosse, le travail[2] proprement dit se trouvait terminé; il n'y avait plus qu'à faire levier avec la bêche et à arracher le tout. J'ai encore dans l'oreille le bruit du craquement. Il faut dire qu'on avait beau jeu d'y aller franchement : on savait que l'arbre continuerait bien à pousser dans une autre terre; et d'ailleurs ce n'était même pas un arbre, ce n'était encore qu'un enfant.

●● Je n'ai pas la moindre envie de parler à Jarmila en général. C'est seulement si tu avais une commission précise, à laquelle tu tiendrais particulièrement, que j'irais naturellement aussitôt la voir.

● Hier j'ai reçu Laurin. Nous sommes d'accord à son sujet. Bien des choses plaident en sa faveur, par exemple le fait que, pour parler de toi, il se concentre toujours un peu. Oui, le fond est tout de même bon. Ce qu'il m'a dit? Je l'ai vu deux fois, et chaque fois il n'a fait en gros que raconter la même histoire avec un grand luxe de détails. Une jeune fille, la fiancée d'un autre, vient le voir chez lui pendant huit à dix heures (la première fois, c'était le matin à son domicile personnel, la deuxième fois au journal la nuit; voilà comment il distribue les éclairages), elle déclare qu'elle le veut coûte que coûte, et que, s'il refuse, elle se jettera par la fenêtre. Il refuse, mais ouvre la fenêtre. La jeune fille ne saute pas, mais il se produit alors quelque chose d'effrayant : la première fois, elle hurle tant qu'elle tombe en convulsions, l'autre fois, elle tombe... je ne sais plus dans quoi. ●● Ah bon! qui étaient ces jeunes filles ? La première (dans l'appartement), c'était Jarmila avant son mariage, l'autre (celle de la rédaction), la femme qui est devenue la sienne depuis jeudi (il a parlé d'elle naturellement avec plus de tendresse, mais pas beaucoup plus; en un certain sens, il parle toujours tendrement). ● Je ne dis pas que dans la réalité tout ne se soit pas passé exactement ainsi, ou de façon peut-être pire, mais je ne comprends pas pourquoi tout cela est si ennuyeux.

Il y avait d'ailleurs un joli passage dans les histoires de sa fiancée. Le père de cette fiancée avait souffert d'hypocondrie pendant deux ans, elle le soignait. La fenêtre, dans la chambre du malade, devait toujours rester ouverte, mais si une voiture passait, il fallait la fermer tout de suite, parce que le père ne supportait pas le bruit. C'était la fille qui s'acquittait de ce soin. Après m'avoir raconté ça, Laurin a ajouté : « Vous vous rendez compte! Une historienne d'art! » (Elle est en effet historienne d'art).

Il m'a montré son portrait. Un visage juif mélancolique, et probablement beau, le nez mince, les yeux graves, de longues mains délicates, une robe de prix.

Tu t'inquiètes de la petite, je ne sais rien de nouveau d'elle. Depuis le jour où elle m'a remis sa lettre pour toi je ne l'ai plus vue. J'avais un rendez-vous avec elle à cette époque, mais c'est juste à ce moment que sont arrivées tes premières lettres, celles qui me rapportaient tes discussions avec ton mari ; je ne me suis plus senti capable de parler à la petite et lui ai donné contre-ordre en lui disant le vrai motif, avec, toutefois, toute l'affection que j'ai pour elle. Par la suite, je lui ai encore envoyé un petit mot ; malheureusement elle a dû manifestement mal le comprendre, car j'ai reçu d'elle une lettre maternelle et didactique (où elle me demandait, entre autres choses, l'adresse de ton mari) ; je lui ai répondu en conséquence, tout de suite, par pneumatique, il y a plus d'une semaine ; depuis, je ne sais plus rien j'ignore donc ce que tu lui as écrit et l'impression qu'elle en a eue.

Tu m'écris que tu viendras peut-être à Prague le mois prochain. J'ai presque envie de te dire : ne viens pas. Laisse-moi l'espoir que si, un jour, je te demande de venir quand je serai dans la pire détresse, tu arriveras *immédiatement*, mais maintenant il vaut mieux que tu ne viennes pas.. Tu serais obligée de repartir.

En ce qui concerne la mendiante, il n'y avait sans doute dans ce que j'ai fait rien de bien ni de mal. J'étais seulement trop distrait ou trop occupé avec quelqu'un pour pouvoir régler mes actions sur autre chose que sur de vagues souvenirs. Et l'un d'entre eux dit par exemple : « Ne donne pas trop à une mendiante, tu le regretterais ensuite. » Une fois, quand j'étais tout enfant, j'avais reçu une pièce de dix kreutzers et je brûlais de la donner à une vieille mendiante qui se tenait toujours assise entre le grand et le petit Ring. Mais la somme me semblait énorme ; jamais on n'avait dû donner une telle somme à un mendiant ; je rougissais donc devant cette femme de faire un geste si monstrueux. Il me fallait pourtant donner mes dix kreutzers ; je changeai donc ma petite pièce, je donnai un kreutzer à la vieille, fis en courant le tour du bloc qui est formé par l'hôtel de ville et l'allée en berceau qui longe le petit Ring, et je ressortis sur la gauche [1] comme si j'étais un nouveau bienfaiteur ; je donnai encore un kreutzer à la femme, et reprenant mes jambes à mon cou, je répétai dix fois ce manège avec succès (peut-être un peu moins de dix fois, car je crois que la mendiante perdit patience et s'en alla). En tout cas, à la fin, j'étais si épuisé, même moralement, que je rentrai au plus vite et pleurai jusqu'à ce que ma mère m'eût remplacé mes dix kreutzers.

Tu vois que je n'ai pas de chance avec les mendiants, mais je me déclare prêt à verser lentement tout mon avoir présent et à venir en petites coupures de Vienne (les plus petites qui puissent exister) entre les mains d'une mendiante de l'Opéra, à la condition que tu sois là et que je puisse sentir ta présence.

Franz.

(A gauche, en marge :) Je connais ta réponse, mais j'aimerais la voir écrite.

*

[Prague, 19 juillet 1920]
Lundi

● Tu fais quelques erreurs, Milena :
Premièrement, je ne suis pas si malade, et lorsque j'ai un peu dormi, je me sens mieux que je n'ai peut-être jamais été à Merano. Les maladies du poumon sont les plus gentilles de toutes, surtout par un été brûlant. Comment je finirai l'automne, la question ne se posera que plus tard. Pour le moment je n'ai que quelques petits maux ; par exemple[1] : ne rien pouvoir faire au bureau. Quand je ne suis pas, par hasard, en train de t'écrire, je me trouve allongé dans le fauteuil et je regarde par la fenêtre. Il y a bien assez à y voir, car l'immeuble d'en face est une maison d'un étage. Je ne veux pas dire que je me sente particulièrement mélancolique, pas du tout, mais tout simplement que je n'en puis détacher mes regards.

Deuxièmement, je ne manque pas d'argent ; j'en ai plus qu'il n'en faut ; il en est même une partie, comme celui que je destine à ton congé, qui me contriste en restant là.

Troisièmement[1], tu as déjà fait une fois pour toutes l'essentiel pour ma santé, et tu le refais à chaque instant où tu penses à moi avec affection.

Quatrièmement, tout ce que tu dis du voyage de Prague avec un léger doute est parfaitement exact. « Exact », c'était aussi le mot que j'ai utilisé dans mon télégramme, mais il s'y appliquait à mon entretien avec ton mari et c'était d'ailleurs bien la seule chose raisonnable de l'affaire.

Ce matin par exemple, soudain, je me suis mis à *avoir peur,* à *avoir peur* dans mon amour, à *avoir peur* le cœur serré, que tu arrives tout à coup à Prague, trompée par quelque détail fortuit. Mais pourrais-tu te décider sur un détail, toi qui vis si intelligemment ta vie jusqu'au tréfonds ? Le souvenir[2] de Vienne lui-même ne doit pas t'induire en erreur. N'y avons-nous pas dû, au fond, mainte chose à l'espoir inconscient que tu avais de pouvoir le retrouver le soir même ? N'en parlons plus. Ou bien disons encore ceci : j'ai appris récemment deux nouveautés par ta lettre : d'abord le projet de Heidelberg, et deuxièmement le projet de fuite banque et Paris ; le premier me montre que je fais un peu partie des « sauveurs » et des violenteurs. Mais que je cesse aussi d'en faire partie. Le second, que là-bas aussi la question de l'avenir existe, sous forme de projets, de possibilités, de perspectives, dont l'initiative vient parfois de toi.

Cinquièmement[3], une partie des affreuses tortures que tu t'infliges — c'est la *seule* peine que tu me fasses — consiste à m'écrire chaque jour. Écris plus rarement ; je continuerai, si tu veux, à t'envoyer un billet quotidien. Tu pourras t'adonner plus tranquillement au travail qui te fait plaisir.

Merci pour la *Donadieu*[a]. (Ne puis-je, de façon ou d'autre, te faire parvenir des livres ?) Je ne pourrai lire l'ouvrage en ce moment, c'est un autre petit chagrin : je ne puis lire, mais, de nouveau, je n'en souffre guère, c'est simplement impossibilité. Un gros [1] manuscrit de Max m'attend (*Judaïsme, Christianisme et Paganisme,* un grand bouquin) ; Max m'a déjà demandé de me dépêcher et j'ai à peine commencé ; aujourd'hui un jeune poète[a] m'apporte soixante-quinze poèmes, dont certains longs de plusieurs pages, je vais encore me faire de lui un ennemi ; ce sera d'ailleurs la seconde fois ; •• j'avais lu tout de suite l'article de Claudel, mais seulement une fois et trop rapidement, mais ma hâte ne concernait ni Claudel ni Rimbaud, je ne voulais pas écrire là-dessus avant de l'avoir relu ; je ne l'ai pas encore fait, mais je me suis déjà félicité que tu aies traduit précisément cela, le texte est-il complet ? (que signifie : *pamatikálni*[b], c'est bien ce qui est écrit, si je ne me trompe), mais je n'ai gardé un souvenir tout à fait précis que de la première colonne, où il est question d'une certaine âme pieuse et de l'*Ave Maria.*

• Ci-joint la réponse de la petite — elle te permettra de reconstituer ma lettre —, afin que tu voies comment elle m'éconduit, non sans bon sens. Je ne répondrai plus.

L'après-midi d'hier n'a pas été meilleure que celle de dimanche dernier. Elle avait très bien commencé ; quand je suis sorti pour aller au cimetière, il faisait 36° à l'ombre et les tramways étaient en grève, c'était justement ce qui me faisait plaisir ; j'étais presque aussi content de faire le chemin que le samedi où je suis allé au petit jardin, près de la Bourse. Mais une fois au cimetière je n'ai pu trouver la tombe ; le bureau des renseignements était fermé ; pas un employé, pas une femme qui fussent au courant ; j'ai bien regardé dans un registre, mais ce n'était pas le bon ; je suis resté des heures à errer, j'avais la tête qui tournait à force de lire des inscriptions et je suis sorti du cimetière dans cet état.

F.

(En marge, à gauche de la première page :) Et de plus sois tranquille en ce qui me concerne : le dernier jour, j'attends comme le premier [1].

*

[Prague, 20 juillet 1920]
Mardi

● Entre deux dictées de courrier pour lesquelles j'ai rassemblé aujourd'hui mon courage :

De petites lettres joyeuses ou du moins évidentes, comme les deux d'aujourd'hui, c'est déjà presque (presque, presque, presque, presque) la forêt et le vent dans tes manches et la vue sur Vienne. Milena, comme on est bien près de toi ! Aujourd'hui, la petite m'envoie ta lettre, sans aucun mot d'accompagnement, avec seulement quelques traits au crayon. Visiblement, elle n'en a pas été satisfaite ; bien sûr, elle a ses défauts, comme n'importe quelle lettre dont on a biffé des passages et je m'aperçois en la voyant que c'était une chose absurde et impossible que j'exigeais de toi en te priant d'écrire cette lettre et je t'en demande mille fois pardon. Je devrais, à dire vrai, lui demander aussi pardon à elle, car, de quelque façon que cette lettre soit écrite, elle ne pouvait que la blesser. Quand tu écris, par exemple, par égard pour elle, « *poněvadž o Vás nikdy ani nepsal ani nehovořil* » [a], cela ne peut que la blesser, de même que le contraire l'eût blessée également. Encore une fois, pardonne-moi.

Avec une autre lettre, celle à Staša, tu m'as rendu d'ailleurs grand service.

Après-midi

J'ai réussi à ne pas m'occuper de cette lettre au bureau, mais ce n'a pas été mince travail ; j'y ai laissé presque toutes mes forces, il ne m'en est pas resté pour le service.

Pour la lettre à Staša : Jílovský est venu hier matin chez moi, il a parlé d'une lettre de toi, qui était arrivée pour lui et qu'il avait vue sur sa table avant de partir, ce matin de bonne heure, mais il ne savait pas encore ce qu'il y avait dedans ; Staša me le dirait ce soir. Son amabilité m'a causé un malaise : que ne pouvait-il y avoir de mon fait dans cette épître ! Mais [1] le soir je me suis aperçu qu'elle était au contraire très bien et qu'elle les satisferait, du moins (je ne l'ai pas lue) par son ton amical ; il s'y trouvait notamment pour le mari une phrase de remerciement qui ne pouvait être motivée que par des choses que j'avais dites ; elle a rendu Staša réellement heureuse : elle lui a fait briller les yeux encore un peu plus que d'habitude. Ce sont vraiment, ●● si on s'efforce [2] d'oublier certaines choses, si on prend ses aises et si l'estomac, l'estomac nerveux le supporte, de braves gens surtout quand ils sont ensemble ou quand il est seul (seule *Staša* est plus discutable) ●, et Staša a eu une minute merveilleuse en contemplant ta photographie, avec une insistance à vrai dire insolite ; passionnément, et en silence et gravement. Peut-être [3] te parlerai-je plus longuement de cette soirée, j'étais fatigué, vide, bon à battre, ennuyeux, indifférent, bref à gifler ; depuis le début je ne songeais qu'à mon lit. (Je dois t'envoyer le papier ci-joint, un dessin de Staša — nous avons parlé de la situation de ta chambre — avec des explications de Jílovský.) ●● Ils vivent d'ailleurs très richement, ils ont besoin de 60 000 couronnes par an et disent qu'il est impossible de vivre avec moins.

Je suis naturellement tout à fait d'accord avec ta traduction. Simplement, elle se comporte vis-à-vis de mon texte comme Frank vis-à-vis de Franz, comme ta façon de grimper vis-à-vis de la mienne. Et si l'homme a assez de force pour *nutno* et *abych* [a], il n'était pas indispensable qu'il en arrive là et il aurait pu tout aussi bien se marier, ce célibataire, cet

123

imbécile de célibataire. Mais n'y change rien, en tout cas, je te prie et procure-moi le bonheur de souffler un peu en oubliant ce que je suis.

● Hier, je t'ai conseillé de ne pas m'écrire chaque jour ; je n'ai pas changé d'avis, ce serait très bon pour nous deux, et je te le conseille encore, et j'y insiste même encore plus ; seulement, Milena, ne m'écoute pas, je t'en prie ; écris-moi quand même tous les jours, tu n'as pas besoin d'en mettre bien long, ce peut être court, beaucoup plus court que tes lettres d'aujourd'hui ; deux lignes, à peine, une seule, un mot, mais de ce mot je ne puis me passer sans une effroyable souffrance.

F.

*

[Prague, 21 juillet 1920]
Mercredi

● On a quand même des résultats si on veut employer le courage :

D'abord [1], Gross n'a peut-être pas tort, pour autant que je le comprenne ; un fait au moins plaide en sa faveur : je vis encore, et il y a beau temps que sans lui je ne le ferais plus avec mon genre de complexion.

Ensuite [2] : comment évolueront les choses, ce n'est pas de quoi il est question ; ce qu'il y a de certain seulement, c'est que *loin de toi je ne puis vivre autrement qu'en donnant entièrement raison à la peur, plus raison qu'elle ne le demande, et je le fais sans contrainte, avec ravissement, je m'épanche entièrement en elle.*

Tu as raison de me faire des reproches au nom de la peur sur mon comportement à Vienne, mais elle agit de façon singulière ; je ne connais pas ses lois internes, la seule chose que je connaisse d'elle, c'est la main qu'elle met sur ma gorge, et c'est vraiment *la plus effroyable des choses que j'aie jamais vécues ou puisse jamais vivre.*

124

Il en résulte peut-être que maintenant nous sommes tous deux mariés, toi à Vienne, moi à Prague avec la peur, et que tu n'es pas la seule à ronger le frein conjugal ; nous sommes deux à le faire, en fait, car vois-tu[1], Milena, si je t'avais *entièrement convaincue* à Vienne (que tu l'aies été jusqu'à faire la démarche à laquelle tu ne croyais pas) tu ne[2] serais plus à Vienne malgré tout, ou plutôt il n'y aurait pas de « malgré tout », tu serais tout simplement à Prague ; et tout ce que tu dis pour te consoler dans ta dernière lettre n'est précisément que consolation. Ne penses-tu pas ?

Si tu étais venue à Prague tout de suite ou si tu t'étais, tout au moins, immédiatement décidée, ce n'aurait pas été une preuve en ta faveur, je n'ai pas besoin de preuve en ta faveur, — pour moi tu es plus claire, plus sûre que tout, — c'en eût été une grande en ma faveur à moi ; cette preuve me manque. Et c'est encore, à l'occasion, une chose dont ma peur se nourrit.

Et c'est même peut-être encore pire : c'est peut-être moi, ton « sauveur » qui te retiens comme personne ne l'a fait jusqu'ici à Vienne.

Voilà l'orage qui ne cessait de nous menacer dans la forêt, mais nous nous en sommes bien tirés. Continuons à vivre sous sa menace puisqu'il n'y a pas moyen de faire autrement.

●● Laurin m'a téléphoné qu'une traduction avait paru dans la *Tribuna,* mais, comme tu ne l'avais pas mentionnée, je ne savais pas si tu voulais qu'on la lise et, par conséquent, je ne l'ai pas encore lue. Mais maintenant, je vais essayer de me la procurer.

● Je ne comprends pas ce que tu as contre la lettre de la jeune fille. Elle a atteint son but, te rendre un peu jalouse ; alors ? Je t'enverrai de temps en temps des lettres du même genre, que j'aurai inventées moi-même, plus belles encore, sans me laisser à la fin éconduire.

Quelques mots, s'il te plaît, au sujet de tes travaux. *Cesta?*
Lípa? Kmen? Politika?

Je voulais ajouter quelque chose, mais j'ai encore eu la
visite d'un jeune auteur[a] et je ne sais plus ce que c'était ; dès
que quelqu'un m'arrive, je me rappelle mes paperasses et ne
peux plus penser à autre chose de tout le temps qu'il reste là.
Je suis fatigué, je ne sais et ne désire plus rien que de poser
ma tête sur tes genoux et sentir ta main sur ma tête et rester
là toute l'éternité.

A toi

Oui, voilà ce que j'avais à te dire : ta lettre dit (entre
autres) une grande vérité : *že vlastně ty jsi člověk který nemá tušeni
o tom*[b]... C'est exact mot pour mot. Rien n'était que boue et
pitoyable horreur, rien n'était qu'enfer et décombres et je
suis vraiment devant toi, au milieu de tout cela, comme un
enfant qui a fait quelque chose de très mal, et qui se trouve
maintenant devant sa mère et pleure et pleure, et fait
serment de ne jamais recommencer. Mais c'est dans cette
situation que la peur va puiser des forces : « Précisément,
précisément ! dit-elle, *nemá tušeni* ! Rien ne s'est encore passé !
Il peut-donc-encore-être-sauvé ! »

Je sursaute, c'est le téléphone. Le directeur me demande,
c'est la première fois depuis que je suis à Prague qu'on
m'appelle pour raisons de service ! Le pot aux roses va enfin
être découvert. Voilà dix-huit jours que je ne fais rien
qu'écrire des lettres, lire des lettres, et surtout regarder par la
fenêtre, tenir des lettres dans ma main, les poser, les
reprendre, recevoir des visites et pas autre chose. Mais
quand j'arrive en bas, je le trouve amical, souriant ; il me
raconte une affaire de service à laquelle je ne comprends rien
et prend congé parce qu'il part en vacances ; un homme

126

inconcevablement bon (à vrai dire je lui avais indistinctement murmuré que presque tout était réglé et que je commencerais à dicter demain). Et pour terminer cette histoire, je la raconte à mon bon génie. ●● Chose curieuse, il y a toujours sur sa table la lettre que je lui ai écrite de Vienne et, par-dessus, une autre lettre de Vienne, j'ai cru d'abord indistinctement qu'il s'agissait de toi.

*

[Prague, 22 juillet 1920]
Jeudi

●● Oui, cette lettre. C'est comme si on plongeait ses regards dans l'enfer, et celui d'en bas interpelle celui d'en haut et lui explique sa vie et comment il s'est installé là-bas. Il grille d'abord dans ce premier chaudron, puis dans l'autre, après quoi il s'assied dans un coin pour essuyer un peu sa sueur. Mais je ne la connais pas d'avant (je connais seulement depuis longtemps le *pitomec* [a] M., Laurin aussi le nomme ainsi, je ne l'ai pas remarqué), peut-être a-t-elle vraiment perdu la tête ou est-elle devenue folle. Comment une pareille destinée ne lui aurait-elle pas fait perdre la tête, alors qu'elle nous a fait perdre la tête à nous aussi ? et je crois que je serais très ému si je me trouvais en face d'elle, car ce n'est plus seulement un être humain, mais en même temps quelque chose d'autre. Et je ne peux pas imaginer qu'elle ne s'en rende pas compte elle-même et qu'elle ne ressente pas le dégoût que tu éprouves devant sa lettre. On dit quelquefois des choses qui sont les propos d'un autre, mais devoir parler ainsi sans cesse, comme le fait peut-être Jarmila !
Il semble d'ailleurs, si je comprends bien — mais ce n'est pas du tout une lettre, c'est une chanson ivre et je n'en comprends pas un mot — il semble que Haas ne l'ait pas entièrement abandonnée.

127

● Milena, laborieuse Milena, ta chambre se transforme dans mon souvenir ; ni ta table ni le reste n'y sentaient guère le travail ; et maintenant cette masse de besogne ! Je la sens et elle me convainc qu'il doit faire grandiosement chaud, et frais, et joyeux, dans ta chambre. L'armoire seule garde sa lourdeur, sa serrure se détraque tout le temps et ne laisse rien sortir ; elle se contracte, se crispe, elle ne veut surtout pas lâcher la robe que tu avais « *le* dimanche ». Ce n'est pas une armoire : si tu te remeubles un jour, nous la jetterons dehors.

J'ai beaucoup de peine de t'avoir écrit certaines choses ces temps derniers. Ne m'en veuille pas. Et ne sois pas constamment tourmentée de l'idée que si tu ne te libères pas, la faute en revient à toi seule, ou même à toi pour une part. C'est bien plutôt la mienne, je t'en reparlerai.

*

[Prague, 23 juillet 1920]
Vendredi

Non, ce n'était donc pas si grave. Et puis comment l'âme se soulagerait-elle de son fardeau autrement que par un peu de méchanceté ? Et de plus, même aujourd'hui, je crois encore juste à peu près tout ce que j'ai écrit. Tu t'es méprise sur le sens de plusieurs choses, par exemple de « la seule peine ». C'est le goût que tu as de te torturer qui est ma seule peine ; ce ne sont pas tes lettres, bien sûr ; ce sont elles qui m'apportent tous les matins la force de supporter les journées, et de les supporter si bien que je ne voudrais renoncer à aucune (de ces journées, bien entendu ; de tes lettres, cela va de soi ; pas à une seule). Et les lettres [1] sur la table de l'antichambre ne me contredisent pas, la seule possibilité d'écrire ces lettres et de les poser là était déjà

128

quelque chose. Jaloux, je ne le suis pas, crois-moi ; mais qu'il soit superflu de l'être, il est vraiment difficile de le voir. Ne pas être jaloux, j'y réussis toujours, trouver la chose superflue je n'y parviens que quelquefois. ●● Ah ! et les « sauveurs » [1]. Le propre des « sauveurs » — et c'est bien fait pour eux, je reste à l'écart et je m'en réjouis ; je veux dire que je ne me réjouis pas de tel cas singulier, je me réjouis de la règle universelle qui les concerne — le propre des « sauveurs », que, quand ils veulent extirper quelque chose, ils ne font que l'enfoncer sauvagement plus profond.

● J'ai donc enfin quelque chose à raconter à Max : ton jugement, un peu bref d'ailleurs, sur son grand livre. Il ne cesse en effet de s'enquérir de toi, de demander de tes nouvelles, et ce qui se passe, et il prend tout à cœur. Mais je ne peux presque rien lui dire ; heureusement, le langage lui-même me l'interdit. Je ne peux pourtant pas faire mention avec lui d'une quelconque Milena qui habite Vienne, et continuer en disant qu'elle pense, et dit, et fait ceci ou cela. Tu n'es ni « Milena » ni « elle », c'est pure absurdité, je ne peux donc rien dire. C'est tellement évident que ça ne me fait même pas trop de peine.

Parler de toi avec des étrangers, oui ; c'est même un plaisir de choix. Et si je pouvais me permettre en même temps, de jouer un peu la comédie, ce qui est extrêmement tentant, le bonheur n'en serait que plus grand. Dernièrement, j'ai rencontré Rudolf Fuchs. Je l'aime bien, mais ma joie de le voir eût certainement été bien moindre sans le condiment Milena, et je n'aurais pas mis non plus tant de vulgaire vigueur à lui serrer la main. Je savais pourtant que le résultat serait mince ; même mince, ai-je pensé, prenons-le. Vienne vint tout de suite sur le tapis, et les milieux [2] qu'il y avait fréquentés. J'étais curieux de lui faire dire des noms ; il se mit à en énumérer, mais ce n'étaient pas ceux que je voulais, je voulais lui faire dire des noms de femmes. « Eh bien ! donc, me dit-il, il y avait Milena Pollak, que vous connaissez... —

Ah! oui, Milena », répétai-je en regardant la Ferdinand-strasse pour voir ce qu'elle allait en penser. Ensuite, il cita d'autres noms, je fus repris de ma vieille toux et l'entretien se perdit. Comment le relancer ? « Sauriez-vous me dire pendant quelle année de guerre je me trouvais à Vienne ?... En 1917. — E[rnst] P[ollak] n'y était-il pas encore ? Je ne l'y ai pas vu à cette époque. — N'était-il pas déjà marié ? — Non. » Point final. J'aurais pu me faire parler encore un peu de toi, mais je n'en avais plus la force.

Où en es-tu des cachets maintenant ? Où en étais-tu les jours derniers ? C'est la première fois que tu recommences à me parler de maux de tête.

[Qu'a répondu Jarmila à ton invitation ?]

Pourrais-tu me dire quelques mots du projet Paris ?

Où iras-tu ? Est-ce un endroit bien desservi par la poste ? *Quand ?* Pour combien de temps ? Six mois ?

Dis-moi toujours les revues qui donnent quelque chose de toi.

Comment aurais-tu arrangé ce voyage de deux jours à Prague ? (question de pure curiosité).

Merci du « pourtant » ; mot magique ; il me pénètre immédiatement dans le sang.

*

[Prague, 23 juillet 1920]
Vendredi après-midi

● A la maison j'ai trouvé la lettre que voici. Je connais la jeune fille en question depuis longtemps, nous sommes peut-être un peu parents, du moins avons-nous un cousin commun, celui justement dont elle parle et qui est resté longtemps gravement malade à Prague ; sa sœur et elle l'ont soigné pendant des mois. Physiquement, elle me déplaît presque ; un visage rond, trop grand, des joues rouges ; un

130

petit corps rond ; une voix qui chuchote désagréablement. Au demeurant, je n'ai entendu dire que du bien d'elle : j'entends par là que ses parents en disent du mal quand elle n'y est pas.

Il y a deux mois [1], à une telle lettre j'eusse répondu tout simplement : non, non et non. Maintenant, je crois que je n'en ai pas le droit. Non que je pense pouvoir l'aider de façon ou d'autre, évidemment ; Bismarck liquidait ce genre de lettres en faisant remarquer que la vie est un banquet incohérent où l'on attend encore les hors-d'œuvre quand le rôti est déjà passé et où il convient de se conduire en conséquence [2] (que cette sagesse est sotte ! effroyablement sotte !) ; c'est plutôt pour moi que pour elle que je lui écrirai que je suis prêt à la rencontrer quelque part ; quelque chose, je ne sais quoi, m'a été donné grâce à toi, m'a été mis dans la main, Milena, et je n'ai pas le droit de garder cette main fermée.

Mon oncle s'en va demain, j'irai reprendre un peu l'air, retrouver l'eau ; je sortirai de la ville ; j'en ai grand besoin.

Elle écrit que sa lettre ne doit être lue que par moi ; je ne fais que lui obéir en te la communiquant. Déchire-la. Elle contient d'ailleurs un joli passage *ženy nepotřebují mnoho* [a].

*

[Prague, 24 juillet 1920]
Samedi

● Il y a bien une demi-heure que je lis tes deux lettres et ta carte (sans oublier l'enveloppe ; je m'étonne que tout le service du tri postal ne monte pas ici me demander pardon pour toi) et je ne me rends compte que maintenant que je n'ai pas cessé de rire pendant tout ce temps-là. Jamais empereur, au cours de toute l'Histoire, a-t-il été aussi heureux que moi ? Je rentre chez moi, les trois lettres m'y

131

attendent et je n'ai pas autre chose à faire que de les ouvrir
— de quelles mains lentes! —, de me renverser sur mon siège
et de ne pouvoir croire qu'un tel bonheur m'échoit!

Non[1], je n'ai pas toujours ri; je ne dis rien du transport
des bagages, car je n'arrive pas à y croire, et si j'y crois, je ne
peux me l'imaginer, et si je parviens à me l'imaginer, tu es
aussi belle que ce fameux dimanche! (Ce n'était plus de la
beauté, c'était le ciel fourvoyé sur terre!) Et je comprends le
« monsieur » (il a dû donner vingt couronnes et s'en faire
rendre trois). Mais je ne puis quand même y croire, et si par
hasard, malgré tout, la scène s'est réellement passée, je
reconnais que c'était une chose aussi grandiose qu'épouvantable. Mais que tu ne manges pas et que tu aies faim (alors
qu'ici on me gave jusqu'aux yeux sans que j'aie le moindre
appétit), que tu aies des cernes autour des yeux (ce ne
peuvent être des retouches, ils m'ôtent la moitié du plaisir de
cette photo; il m'en reste assez à vrai dire, pour me donner
envie de te baiser la main jusqu'à ce que tu n'aies plus idée
dans cette vie de traduire ou de porter des bagages à la gare),
tout cela je ne puis te le pardonner, et ne te le pardonnerai
jamais; j'en marmotterai encore des reproches dans cent ans,
quand nous serons assis devant notre cabane. Non, je ne
plaisante pas. Que signifie cette contradiction? Tu prétends
m'aimer, vivre *pour* moi, et tu meurs de faim *contre* moi! J'ai
de l'argent qui dort ici, inutilement, quand là-bas tu as le *Coq
blanc.*

Je te pardonne à titre exceptionnel ce que tu dis de la lettre
de la petite, parce que tu m'appelles (enfin) secrétaire (je
m'appelle *tajemník*[a] parce que je travaille ici depuis trois
semaines à des choses très *tajemné*[b]) et pour le reste aussi tu
as raison. Mais suffit-il d'avoir raison? Et surtout: moi, je
n'ai pas raison; ne veux-tu pas, en conséquence, — ce n'est
pas possible, je le sais bien, je ne parle que de bonne volonté
— assumer un peu de mon tort, en oubliant le texte
indifférent de la petite, en y lisant mon tort, qui y est écrit en

lettres énormes ? Au surplus, je veux bien n'entendre plus parler de cette correspondance dont j'ai pris stupidement la responsabilité. Je lui ai renvoyé ta lettre avec quelques lignes gentilles. Depuis, je n'ai plus rien appris, je ne me suis pas senti la force de lui proposer un rendez-vous, espérons que tout se passera bien.

Tu défends ta lettre à Staša, alors que je t'en ai remerciée ! Je n'arrête pas de vous faire tort à toutes les deux et je me déciderai peut-être malgré tout à ne plus vous faire tort.

Ainsi, tu as été à Neu-Waldegg ? J'y suis si souvent, quant à moi, qu'il est curieux que nous ne nous y soyons pas rencontrés ! Il est vrai que tu grimpes et marches si vite que tu m'auras passé devant comme un songe, comme[1] tu l'as fait à Vienne. Qu'étaient-ce donc que ces quatre jours ? Une déesse qui sort du cinéma et une petite porteuse de bagages qui attend sur le quai d'une gare..., c'est cela que tu appelles quatre jours !

Max recevra la lettre encore aujourd'hui. Je n'ai pas pu en lire plus entre les lignes que ce qui s'en laissait deviner.

Oui, avec Landauer, tu n'as vraiment pas de chance. Et avec le texte allemand, ton impression reste-t-elle bonne ? Qu'as-tu fait, pauvre enfant (je ne dis pas « bébé », Dieu m'en garde), torturée que tu es, égarée par mes lettres ? N'ai-je pas raison quand je dis qu'elles te dérangent ? Mais à quoi sert d'avoir raison ? Quand je reçois des lettres, j'ai toujours raison et tout ; et si je n'en recevais pas, je n'aurais plus raison, ni vie, ni quoi que ce fût.

Ah ! oui, aller à Vienne !

Envoie-moi ta traduction, s'il te plaît ; je ne saurais avoir entre les mains trop de choses de toi.

●● Il y a là un grand collectionneur de timbres-poste, il m'arrache les timbres des mains. Or, il a suffisamment de ces timbres à 1 couronne, mais il prétend qu'il existe d'autres timbres d'une couronne, plus grands et brun-noir. Je pense que, puisque c'est moi qui reçois les *lettres,* je pourrais bien chercher à le ravitailler en *timbres*? Si donc tu pouvais utiliser ces autres timbres d'une couronne, ou d'autres plus grands de 2 couronnes...

*

[Prague, 26 juillet 1920]
Lundi

• Ainsi le télégramme n'était pas une réponse, mais la lettre du jeudi soir en est une. Mon insomnie était donc justifiée et mon affreuse tristesse de la matinée ne se trompait pas. As-tu parlé du sang à ton mari? Il ne faut pas exagérer, ce n'est peut-être rien. Le sang peut venir pour mille raisons différentes, mais enfin c'est du sang, et on ne peut l'oublier. Et tu vis là-bas ta vie, héroïquement joyeuse, comme si tu disais à ton sang : « Arrive donc, arrive donc, enfin ! » Et il arrive. Et moi, ce que je dois faire ici, tu ne t'en inquiètes pas une seconde ; mais tu n'es pas un *nemluvně*[a] ! pas le moins du monde ! et tu sais ce que tu fais ! mais tu veux qu'il en soit ainsi, que je reste sur ma rive de Prague pendant que tu te noies sous mes yeux, volontairement, dans la mer viennoise ! Et quand tu n'as rien à manger, ce n'est pas un besoin *pro sebe*[b] ? Penses-tu que c'est le mien plutôt que le tien ? Dans ce cas, tu as raison ! je ne t'envoie plus rien, à midi[1] je rentre chez moi et je fourre tout cet argent inutile dans le fourneau de la cuisine.

Nous n'avons donc plus rien de commun ; sauf un désir que nous semblons bien éprouver tous deux de toutes nos forces : que tu sois[2] ici, ton visage aussi près que possible du mien. Et aussi, naturellement, le souhait de mourir, ce désir partagé de mort « commode » mais c'est là un désir d'enfant, comme j'en avais pendant[3] la leçon de calcul, quand je voyais le professeur, en haut de sa chaire, feuilleter dans son carnet probablement pour y chercher mon nom et que je comparais mon néant de connaissances à cette image de la puissance, de la terreur et du réel, rêvant, de peur, que je pourrais me lever, surnaturel comme un esprit ; comme un esprit glisser devant le professeur, entre les bancs, aussi léger que mon bagage scientifique ; traverser[1], Dieu sait comme, la porte, et me retrouver libre à l'air pur qui n'était pas chargé dans le monde que je connaissais des mêmes tensions que dans la classe. Oui, la chose eût été « commode ». Mais[2] il n'en allait pas ainsi. J'étais appelé au tableau, je recevais un problème à faire ; il exigeait l'emploi d'une table de logarithmes, que j'avais oubliée chez moi ; je mentais, je disais que je l'avais dans mon pupitre, pensant que le professeur me prêterait son propre livre, j'étais renvoyé à ma place pour aller y prendre le mien, je m'apercevais qu'il n'y était pas avec un effroi même pas joué (je n'avais jamais besoin en classe de jouer l'effroi), le professeur (je l'ai rencontré hier) me traitait de « jeune crocodile », et on me donnait un zéro ; et c'était très bien ainsi, car au fond, on ne me le donnait que pour la forme et, qui plus est, injustement (j'avais menti, c'est vrai, mais on ne pouvait pas le prouver ; n'était-ce donc pas une injustice ?), et surtout je n'avais pas eu à exhiber ma honteuse ignorance. Aussi la chose restait-elle quand même, en gros, assez « commode » ; on pouvait[3] disparaître à certaines conditions, même en classe ; il y en avait mille possibilités et on pouvait « mourir » même dans la vie.

De toutes les possibilités (nul bavardage ne peut le masquer) une seule n'existe pas : que tu entres[4] ici en ce moment, que tu sois là, que nous parlions à fond de ta santé et ce serait pourtant la possibilité la plus urgente.

J'avais beaucoup de choses à te raconter, mais avant d'avoir lu tes lettres. Que dire maintenant en face de ce sang? Écris-moi tout de suite, je t'en prie, ce que t'a dit le médecin et à quel genre d'hommes il appartient.

Tu te trompes en décrivant la scène de la gare; je n'ai pas hésité un instant, tout était si naturellement triste et beau et nous étions si seuls qu'il était incroyablement comique de voir soudain les gens qui n'étaient pas là se gendarmer pour se faire ouvrir l'accès aux quais.

Mais devant l'hôtel c'était bien comme tu dis. Que tu étais belle! Ne l'étais-tu pas? Il eût été également bien étonnant que tu te fusses levée si tôt [1]. Et pourtant, si ce n'était pas toi, comment fais-tu pour savoir si bien ce qui s'est passé?

●● Je suis content que tu veuilles des timbres, voilà deux jours que je me fais des reproches à cause de ma demande au sujet des timbres, je me suis déjà fait des reproches en l'écrivant.

(En travers de cette page et de la précédente, en très gros caractères :) Je ne me livre à ce bavardage que parce que, malgré tout, je suis bien avec toi. F.

*

[Prague, 26 juillet 1920]
Lundi, plus tard

● Que de papiers viennent d'arriver à l'instant même! Hélas! et je travaille pour qui, le cerveau rongé d'insomnies? Pour qui? Pour le fourneau de cuisine.

Et maintenant, pour comble, le poète (le premier). Il est aussi graveur sur bois et aquafortiste; et il ne s'en va pas, et il éclate de vie, et cette vie, il la déballe sur moi; il voit que je frémis d'impatience, que ma main tremble sur cette lettre, que ma tête tombe sur ma poitrine, et il ne s'en va pas, ce brave garçon, ce jeune homme plein de vie, ce mélange de détresse et de félicité, cet être prodigieux mais qui me pèse si affreusement en ce moment. Et tu craches du sang.

Et au fond, nous ne faisons tous deux que répéter la même chose dans nos lettres. Une fois, je demande si tu es malade et tu me parles maladie ; une autre fois, je veux mourir, ensuite c'est toi ; une fois, je veux pleurer devant toi comme un petit garçon, tu veux pleurer devant moi comme une petite fille. Et une fois, et dix, et mille, et tout le temps, je veux être près de toi, et tu dis de même. Assez, assez.

Et je n'ai toujours pas de lettre m'expliquant ce que t'a dit le médecin, lambine que tu es, méchante épistolière, mauvaise chérie. Non, rien... me taire entre tes bras.

*

[Prague, 27 juillet 1920]
Mardi

● Où est le médecin ? J'explore ta lettre sans la lire, pour trouver le médecin. Où se cache-t-il ?

Je ne dors pas ; je ne veux pas dire que ce soit à cause de ce médecin ; les vrais soucis laissent dormir plus facilement que les autres le non-musicien que je suis ; mais je ne dors pas. Tant de temps s'est-il écoulé depuis le voyage de Vienne ? Ai-je chanté trop fort mon bonheur ? Le beurre, le lait et la salade sont-ils insuffisants et ai-je besoin de la nourriture de ta présence ? Ce n'est probablement aucune de ces raisons, mais les journées ne sont pas belles. De plus, j'ai perdu depuis trois jours l'agrément de l'appartement vide, j'habite chez moi (c'est pourquoi j'ai reçu tout de suite ton télégramme). Ce n'est peut-être pas du tout le vide de l'appartement, ni même en premier lieu le vide de l'appartement qui me fait tant de bien, mais le fait d'avoir deux logements, un pour le jour, un autre pour le soir et pour la nuit, loin du premier. Comprends-tu cela ? Moi, non ; mais c'est ainsi.

Oui, l'armoire ; parlons d'elle. C'est elle qui fera sans doute l'objet de notre première et de notre dernière dispute. Je dirai : « Nous la jetons dehors. » Tu diras : « Elle restera là. » Je dirai : « Choisis entre elle et moi. » Tu diras : « Tout de suite. *Frank* et *Schrank* riment. Je choisis le *Schrank*. » « Bien », dirai-je, et je descendrai lentement l'escalier (lequel ?... Si je n'ai pas trouvé le canal du Danube, je suis encore vivant aujourd'hui).

Et d'ailleurs, je suis tout à fait pour l'armoire ; c'est la robe, seulement, que tu ne devrais pas porter. Tu l'useras complètement et que me restera-t-il ?

Bizarre, la tombe. Je l'ai bien cherchée vraiment (*vlastně*) [a] au bon endroit, mais timidement ; en revanche, j'ai décrit autour d'elle avec une extrême assurance des cercles de plus en plus grands et finalement j'ai pris pour elle un autre monument.

Tu pars donc, et sans visa. *Et je perds par là la certitude que tu viendrais tout de suite en cas de nécessité.* Et, pour comble, tu veux que je dorme. Et le médecin ? Où est-il ? Il n'est toujours pas là ?

Il n'y avait pas de timbres spéciaux pour le Congrès ; je croyais moi aussi qu'il y en avait. A ma grande déception, on m'apporte aujourd'hui ce qu'on appelle quand même les timbres du Congrès, ce sont des timbres ordinaires marqués seulement de l'estampille du Congrès ; du seul fait de cette estampille, il paraît qu'ils deviennent extrêmement précieux, mais le jeune garçon ne comprendra sans doute pas cette subtilité. Je te les enverrai un par un, premièrement en raison de leur valeur, deuxièmement pour avoir un remerciement par jour.

Tu vois bien que tu as besoin d'une plume ; pourquoi n'avons-nous pas à Vienne tiré meilleur parti du temps ? Pourquoi, par exemple, ne sommes-nous pas restés tout le temps à la papeterie ? C'était un si beau magasin et nous y étions si près l'un de l'autre.

Tu n'es quand même pas allée jusqu'à lire à l'armoire mes stupides plaisanteries ? J'aime jusqu'à la pire faiblesse presque tout [1] ce qu'il y a dans ta chambre.

Et le médecin ?

Vois-tu fréquemment le collectionneur de timbres ? Ce n'est pas une question perfide, encore qu'elle paraisse hypocrite. Quand je n'ai pas dormi, je pose [2] des questions à tort et à travers. J'en poserais indéfiniment : ne pas dormir c'est interroger ; si on connaissait la réponse, on dormirait.

Cette proclamation de manque de discernement est tout de même assez formidable. Au bout [3] du compte tu as bien eu le passeport ?

*

[Prague, 28 juillet 1929]
Mercredi

● Connais-tu l'histoire de Casanova quand il s'évade des Plombs de Venise ? Oui, tu la connais. Il y esquisse un tableau de la vie de cachot la plus horrible au fond des culs-de-basse-fosse, dans le noir et l'humidité, au niveau des lagunes ; on reste accroupi sur une planche, l'eau arrive presque à la hauteur de cette planche et monte encore avec la marée ; mais le pire ce sont les féroces rats d'eau : on les entend piauler ; ils tiraillent, ils déchirent, ils rongent (on leur) dispute le pain, je crois et surtout ils attendent avec impatience qu'on tombe de la planche, à bout de force. Voilà le genre de tes histoires. Effrayantes [4], inconcevables, et surtout, à la fois aussi proches et aussi lointaines que l'est à l'homme son passé. On reste accroupi en haut sur la planche, ce qui ne donne pas au dos une ligne bien gracieuse, les pieds

139

s'ankylosent également, on a peur, et pourtant on n'a rien d'autre à faire que de regarder les gros rats noirs ; ils vous crèvent les yeux au milieu de la nuit, et finalement on ne sait plus si on est en haut ou en bas, on piaule comme eux et on ouvre une grande bouche, avec les dents qui se voient au fond. Allons, allons, ne raconte pas de pareilles histoires, à quoi riment-elles ? Arrive ici. Je te pardonne ces « bestioles », à la seule condition que tu les chasses de chez toi.

Et du médecin, tu ne parles plus du tout ? Tu as pourtant formellement promis que tu irais le voir, et tu tiens toujours ta parole. Parce que tu ne vois plus de sang, tu n'y vas pas. Je ne me cite pas en exemple, tu vas incomparablement mieux que moi, je ne serai jamais que le monsieur qui se fait porter sa valise (ce qui d'ailleurs n'accuse aucune différence hiérarchique, car d'abord vient le monsieur qui fait signe au porteur, ensuite le porteur, et enfin le monsieur qui prie le porteur de prendre son bagage, parce qu'autrement il s'affaisserait) ; récemment [1] — récemment, comme je revenais de la gare, le commissionnaire qui portait ma valise s'est mis à me consoler de son propre mouvement sans que je lui aie rien dit de tout cela : je m'entendais, disait-il, certainement à des choses dont il ne serait jamais venu à bout ; porter était son métier et ne l'ennuyait pas, etc. Or, il me passait par la tête, juste à ce moment, des préoccupations auxquelles il répondait ainsi (d'une façon insuffisante d'ailleurs) sans que je les eusse exprimées nettement. Je ne me compare pas [2] à toi, mais je ne puis m'empêcher de penser à l'état dans lequel je me trouvais alors ; et cette pensée me donne des soucis, et il faut que tu ailles voir le médecin. Ce devait être il y a trois ans, jamais je n'avais rien eu au poumon, rien ne me fatiguait, je pouvais marcher sans fin, jamais je n'arrivais en marchant à la limite de mes forces (en pensant, en revanche, toujours), et soudain, à l'École Civile de Natation, vers le mois d'août (il faisait chaud, il faisait beau ; tout, sauf ma tête, était magnifiquement normal), j'ai craché quelque chose de rouge. C'était curieux, intéressant, n'est-ce pas? J'ai regardé cela un instant et l'ai oublié. Et puis le fait s'est reproduit assez fréquemment; toutes les fois que j'avais besoin de cracher, je pouvais amener le rouge, c'était à volonté. La chose, d'intéressante, était devenue banale; je l'oubliai encore. Si j'étais allé consulter un médecin immédiatement, ma foi, tout fût allé probablement de même qu'il en a été sans médecin, seulement personne à cette époque n'était au courant de ce sang; même pas moi, au fond; personne n'était en peine. Mais maintenant quelqu'un est en peine; alors, je t'en prie, va voir le médecin[a].

Je trouve étrange que ton mari te dise qu'il m'écrira ceci ou cela. Qu'il parle de me frapper? de m'étrangler? Je ne comprends réellement pas. Je te crois parfaitement, bien sûr, mais il m'est tellement impossible de me représenter la scène qu'elle ne me fait rien éprouver; c'est comme une histoire qui se passerait très loin et qui me serait tout à fait étrangère; comme si tu étais ici et que tu dises : « En ce moment je suis à Vienne, on y pousse des cris, etc. », et que nous regardions du côté de Vienne par la fenêtre; naturellement il ne s'y trouverait aucun prétexte à émotion.
Une chose pourtant : n'oublies-tu pas parfois, quand tu parles de l'avenir, que je suis Juif? *(jasné, nezapletené[b])*. Il reste dangereux d'être Juif, même à tes pieds.

(En marge, à gauche et en haut de la première page.) Sur ces lettres le « pourtant » était bien nécessaire; mais n'est-ce pas aussi un beau mot, en tant que mot? *Trotz-dem[c]* : dans *trotz* c'est le choc, le heurt, il y a encore du « monde » là-dedans; dans le *dem* on sombre, il n'y a plus rien.
(A gauche et sur le bord supérieur de la dernière page :)
Pourquoi mêles-tu Jílovský à ces histoires? J'ai devant moi sur mon buvard un dessin de lui au crayon qui te concerne.

*

● C'est un très beau billet que celui de Staša. Mais on ne saurait dire que dans ce mot elle était autre qu'aujourd'hui ; elle n'y est tout simplement pas, elle en est absente ; elle parle en tes lieu et place, c'est une incroyable symbiose entre vous deux, quasi mystique ; on dirait d'un témoin quasi indifférent, parce qu'il n'ose outrepasser les fonctions d'un intermédiaire, qui rapporte ce qu'il a entendu, ce qu'à vrai dire, — cette conscience nuance le tout d'une fierté qui en fait tout le prix et la beauté — il a été [1] le seul à avoir le droit d'entendre et de comprendre. Mais elle n'a pas changé, je ne le pense pas ; elle pourrait encore écrire le même billet dans des circonstances analogues.

Avec les histoires, c'est curieux. Elles ne m'accablent pas, disons parce qu'elles sont juives et parce qu'une fois le plat servi, chaque Juif peut prendre sa part de cette nourriture abominable, de cet aliment empoisonné, mais antique aussi, et même éternel ; ce n'est pas pour cela qu'elles m'accablent. N'aimerais-tu pas les oublier, me tendre la main et me la laisser longtemps, longtemps ?

Hier [2], j'ai trouvé la tombe. Si on la cherche timidement, elle est vraiment impossible à trouver ; je ne savais d'ailleurs pas que c'était le caveau de ta famille maternelle, et on ne peut lire les inscriptions — l'or est presque tout effacé — que si on se penche très attentivement. J'y suis resté longtemps, la tombe est belle, imperturbable dans sa pierre, sans aucune fleur à vrai dire (mais à quoi riment toutes ses fleurs sur les tombes ? je ne l'ai jamais bien compris). J'ai déposé quelques œillets de toutes les couleurs sur le bord de l'extrême bord. Je

142

me trouvais mieux là qu'en ville, c'est une sensation qui a duré, j'ai traversé longtemps la ville comme un cimetière. Jeníček, c'était ton petit frère?

Et vas-tu bien? Sur la photo de Neu-Waldegg tu as l'air nettement malade, c'est certainement exagéré, mais enfin ce n'est qu'exagéré. Je n'ai pas encore de vraie photo de toi. Sur l'une, c'est une fillette soignée, délicate, distinguée, qui va bientôt sortir de pension, disons dans une année ou deux (les coins de la bouche tombent un peu, mais ce n'est que par piété, distinction); quant à l'autre, c'est un excès, c'est une photo de propagande : « Voilà comment vivent les Viennois. » D'ailleurs [1], sur cette seconde image, tu recommences étonnamment à ressembler à mon mystérieux premier ami. Je te parlerai de lui un jour.

Non, je ne viendrai pas à Vienne : pratiquement, je n'y réussirais que par un mensonge, en me faisant porter malade au bureau, ou par l'effet de deux jours de fête successifs. Et ce ne sont encore là, mon pauvre garçon (je monologue), que les difficultés pratiques! ●● Staša [2] était tellement avec toi à Weleslavin?

Je t'ai écrit tous les jours, tu vas certainement recevoir les lettres.

● Pour le télégramme, merci, merci, je retire tous mes reproches. Ce n'étaient d'ailleurs pas des reproches, mais une caresse du dos de la main : parce qu'il y avait trop longtemps que le dos était jaloux de la paume. Je viens d'avoir encore une fois le graveur écrivain (mais il est surtout musicien) il vient à tout instant; aujourd'hui, il m'a apporté deux bois gravés (*Trotzki* et une *Annonciation ;* tu vois que son horizon est vaste); pour lui complaire et pour m'intéresser davantage à sa production, je me suis dépêché de te mêler à l'affaire, je lui ai dit que j'enverrais ses bois à une amie de Vienne, ce qui a eu pour conséquence imprévue de me faire

143

recevoir deux exemplaires pour un (je te garde le tien ici ; à moins que tu ne le préfères tout de suite ?). Ensuite est venu le télégramme : pendant que je le lisais et relisais avec joie et reconnaissance, sans jamais en venir à bout, l'autre continuait à discourir, imperturbable (mais il ne veut pas être gênant, oh, pas du tout ! Si je dis que j'ai quelque chose à faire, et assez fort pour le réveiller, il s'arrête au milieu de sa phrase et s'en va sans en être offusqué). Tout ce que tu m'annonces est très intéressant, mais les détails le seront encore plus. Et d'abord : et d'abord comment feras-tu pour te ménager ? C'est impossible, nul médecin ne peut me dire, au moins à moi, chose plus folle. Ah ! que de mal ! Mais merci, merci, quoi qu'il en soit.

*

[Prague, 29 juillet 1920]
Jeudi, plus tard

• Afin donc, Milena, qu'il ne reste aucun doute : peut-être ne suis-je pas, en ce moment, dans le meilleur état possible, peut-être ne pourrais-je pas supporter encore plus de bonheur, encore plus de sécurité et d'abondance, bien que [1] ce ne soit pas sûr du tout, surtout à Prague. En tout cas, en gros, je me sens bien, je me sens gai, je me sens libre, plus que je ne le mérite, je me sens bien à faire peur, et si [2] les conditions présentes persistent quelque temps sans gros bouleversements et si j'ai de toi un mot tous les jours, et que ne je t'y trouve pas trop tourmentée, cela suffira, à l'exclusion de toute autre chose, à me guérir sans doute à moitié. Et maintenant [3] s'il te plaît, Milena, ne te tournemente pas ; quant à la physique, je n'y ai jamais rien compris (sauf peut-être la colonne de feu ; c'est bien de la physique, n'est-ce pas ?) pas plus qu'à la *váha světa* [a] qui, de son côté, ne me comprend certainement pas davantage (que ferait une aussi

144

formidable balance de mes cinquante-cinq kilos poids nu ?
elle ne s'en apercevrait même pas, elle ne se mettrait pas en
mouvement pour si peu), et je suis ici comme j'étais à
Vienne, et je tiens ta main dans la mienne aussi longtemps
que tu l'y laisseras.

> Franz faux, F. faux, A toi faux
> plus rien, calme, forêt profonde.

Le poème de Werfel est comme un portrait qui regarde
chacun ; moi aussi il me regarde, et surtout le malin esprit
qui de surcroît l'a écrit.

Je ne comprends pas ta remarque à propos du congé. Où
irais-tu ?

*

[Prague, 30 juillet 1920]
Vendredi

● Tu veux toujours savoir, Milena, si je t'aime ; c'est une
grave question à laquelle on ne saurait répondre dans une
lettre (même pas dans ma dernière lettre dominicale). Si
nous nous revoyons un jour prochain, je te le dirai, sois-en
certaine, à condition que ma voix ne me trahisse pas.

Tu ne devrais pas me parler de venir à Vienne ; je ne
viendrai pas, mais toute allusion à un tel voyage me fait
l'effet d'une petite flamme que tu me promènerais sur la
peau. C'est déjà tout un incendie ; il ne s'éteint pas [1] ; il
continue de brûler aussi fort et même plus. Ce n'est pourtant
pas ce que tu cherchais.

Les fleurs que tu as reçues me font de la peine. Au point
que je n'en puis même pas déchiffrer quelle sorte de fleurs
c'était. Et les voilà maintenant dans ta chambre ! Si j'étais

réellement l'armoire, je sortirais en plein jour de la pièce. Je resterais dans le vestibule, au moins jusqu'à ce qu'elles soient fanées. Non, ce n'est pas beau. Et tout est tellement loin! et je m'imagine pourtant la poignée de ta porte pas plus loin que mon encrier; je la vois.

Oui, bien sûr, j'ai reçu ton télégramme d'hier, non, d'avant-hier, mais, ce jour-là, non plus, les fleurs n'étaient pas encore fanées. Et pourquoi te font-elles plaisir? Si ce sont tes « préférées », toutes les fleurs de même espèce qui sont sur terre devraient te faire le même plaisir. Pourquoi celles-ci? Peut-être est-ce encore là une de ces trop graves questions auxquelles on ne saurait répondre qu'oralement? Oui, mais où es-tu? A Vienne? Où?

Non, je ne parviens pas à me délivrer de ces fleurs. La Kaerntnestrasse, c'est un conte fantastique ou un rêve de jour sombre mais les fleurs [1] elles, sont réelles, elles remplissent le vase (*náruč[a]*, dis-tu, en les serrant contre toi), et on n'a même pas le droit d'y porter la main, parce que ce sont tes « fleurs préférées ». Attendez que Milena sorte de sa chambre, et vous verrez comment je vous attraperai et vous jetterai au fond de la cour.

Pourquoi es-tu mélancolique? *Est-il arrivé quelque chose?* Et tu ne me le dis pas? Non, ce n'est pas possible!

Tu t'inquiètes de Max : mais il y a longtemps qu'il t'a répondu, je ne sais pas quoi, à vrai dire, mais il a mis la lettre à la boîte dimanche devant moi. *As-tu reçu, au fait, ma propre lettre du même jour?*

J'ai passé hier une journée très agitée, je ne dis pas douloureusement agitée, non, agitée tout simplement; je t'en parlerai peut-être prochainement. D'abord, j'avais ton télégramme en poche, ce qui détermine une certaine façon de marcher. Les hommes ont parfois une bonté qu'ils ignorent. On se dirige par exemple vers la Cechbrücke, on sort son télégramme, on le lit (il est toujours nouveau; quand on l'a bien relu, bien sucé, le papier [2] est vide, mais à peine remis en poche il s'y récrit aussitôt). On regarde[1] alors à la ronde, imaginant, comme il est naturel, qu'on va voir des visages hostiles, peut-être pas précisément de la jalousie, mais enfin des regards qui disent : « Comment ? C'est toi qui as reçu ce télégramme ? Nous allons sur-le-champ dénoncer ça là-haut. Aussitôt, il y aura, pour le moins, des fleurs (une pleine brassée) qui partiront pour Vienne. En tout cas, nous sommes décidés à ne pas prendre ce télégramme tout simplement. » Au lieu[2] de quoi, tout reste calme aussi loin que porte la vue ; les pêcheurs pêchent toujours, les spectateurs, continuent à regarder et les enfants jouent au football. L'homme du pont moissonne les kreutzers dans sa sébille. Ce n'est pas, j'en conviens, à observer de plus près, sans une certaine nervosité ; les gens se contraignent à rester à leurs travaux, à ne rien trahir de leurs pensées. Mais c'est précisément le fait qu'ils se contraignent qui est si digne de sympathie, cette voix qui sort de l'ensemble : « C'est vrai, le télégramme t'appartient, nous n'examinerons pas tes titres, nous fermerons les yeux là-dessus, tu peux le garder. » Et lorsque, au bout d'un petit moment, on le tire encore une fois de sa poche, on pourrait croire qu'ils vont être irrités de voir qu'on ne reste pas tranquille, comme il serait élémentaire, qu'on ne se cache pas mais non ! le geste ne les irrite pas[3], ils demeurent comme ils étaient.

Ce soir, j'ai encore eu une conversation avec un Juif palestinien ; il m'est impossible, je crois, de te faire comprendre par lettre l'importance qu'il a pour moi : un petit homme borgne, minuscule, barbu, chétif. Il m'a trotté dans la tête la moitié de la nuit. Je t'en reparlerai prochainement.

Tu n'as donc pas de passeport et on ne t'en donnera pas ?

*

(Dans la marge droite de la première page :) ●● Non, cet homme est un original, seuls l'intéressent les timbres autri-

chiens ; tu peux peut-être, si tu n'as pas trouvé les timbres d'une couronne, utiliser des timbres de valeur moindre, par exemple de 25 hellers ou du même genre. Ou plutôt : non, laisse cela complètement, je t'en prie, laisse cela *(la dernière ligne est biffée au crayon, puis soulignée au crayon bleu et rouge)*.

(A gauche, en marge de la deuxième page :) • Et pourquoi es-tu triste ?

(A gauche, en marge de la dernière page :) Et pourquoi es-tu triste ?

*

[Prague, 31 juillet 1920]
Samedi

• En ce moment, je suis distrait et triste, j'ai égaré ton télégramme ; il ne saurait être perdu, mais le seul fait d'avoir à le chercher est déjà bien assez fâcheux. D'ailleurs c'est uniquement ta faute ; s'il n'avait pas été si beau, je ne l'aurais pas eu tout le temps à la main.

La seule chose qui me console est ce que tu dis du médecin. Ainsi le sang ne signifie rien. C'était bien l'une de mes suppositions, à moi aussi, vieux médecin. Mais [1] que dit-il de la défectuosité pulmonaire ? Il n'a certainement pas prescrit le jeûne et le transport des valises. Et que tu as à m'aimer encore, te l'a-t-il dit ? Ou n'a-t-il [2] pas parlé de moi ? Et comment me tiendrais-je satisfait, si le médecin n'a trouvé aucune trace de moi ? Ou bien serait-ce ma propre défectuosité qu'il aurait trouvée dans ton poumon ?

Et ce n'est vraiment pas grave ? Et il n'a rien trouvé d'autre que de t'envoyer pour quatre semaines à la campagne ? C'est vraiment peu.

Non, je n'ai guère plus d'objection contre le voyage que contre la vie viennoise. Pars donc, pars, je t'en prie. Tu m'as parlé, je ne sais plus où, de l'espoir que tu mets dans ce voyage ; c'est une raison qui me suffit pour le souhaiter.

Revenons sur celui de Vienne. Si tu en parles sérieusement, c'est encore pis ; le sol ici commence alors vraiment à vaciller sous moi et je me demande s'il va m'éjecter. Il ne le fait pas. De l'obstacle extérieur — laissons les obstacles intérieurs, car, bien qu'ils soient plus forts, je ne crois pas qu'ils me retiendraient, non parce que je suis fort, mais parce que je suis trop faible pour me laisser retenir par eux — de l'obstacle extérieur je t'ai déjà parlé : je ne pourrais m'absenter qu'au moyen d'un mensonge, et je crains le mensonge, non comme un homme d'honneur, mais comme un écolier. Et de plus, j'ai le sentiment, ou tout au moins je pressens la possibilité, d'être un jour dans l'obligation inéluctable et absolue, à cause de moi ou à cause de toi, d'aller à Vienne, et la seconde fois, je ne pourrais pas mentir comme un écolier écervelé ; c'est ma réserve, c'est d'elle que je vis aussi bien que de ta promesse[1] de venir immédiatement en cas de nécessité ! C'est pourquoi je ne viendrai pas maintenant ; au lieu de la certitude de ces deux jours (ne me les décris pas, Milena, je t'en prie, tu me tortures — ce n'est pas encore l'urgence, mais un besoin sans limite —) j'en aurai la possibilité constante.

Et les fleurs[2] ? Elles sont déjà fanées, naturellement ? T'est-il déjà arrivé d'avaler des fleurs « de travers », comme j'ai avalé celles-là ? C'est une chose très désagréable.

Je ne me mêlerai pas de ta querelle avec Max. Je reste en marge, rends à chacun son dû et me conserve en sûreté. Tu as[3] indubitablement raison dans ce que tu dis ; mais intervertissons les rôles : tu as une patrie, et tu peux aussi renoncer à elle, et c'est peut-être en effet ce qu'on peut faire de mieux avec la patrie, surtout puisque précisément on ne renonce pas en elle à la part à laquelle on ne peut renoncer. Mais lui n'a pas de patrie, il ne[4] peut donc renoncer à rien, il doit penser constamment à en chercher ou à s'en bâtir une, qu'il prenne son chapeau au porte-manteau, se chauffe au soleil à l'École de Natation ou écrive le livre que tu dois traduire (c'est peut-être quand il y travaille qu'il est encore le moins tendu ; mais toi, pauvre chère Milena, quel fardeau charges-tu sur tes épaules par sentiment de culpabilité ! je te vois penchée sur ton travail, tu as le cou nu, je suis debout derrière toi, tu ne le sais pas, — n'aie pas peur, je t'en prie, si tu sens mes lèvres sur ton cou, je ne voulais pas t'embrasser, ce n'est qu'amour désemparé) ; revenons à Max : oui, même quand il t'écrit, il est obsédé par tout cela.

Je trouve curieux de voir que tu te fais battre dans le détail quoique tu te défendes bien dans l'ensemble. Il a dû te parler dans ses lettres de ma cohabitation avec mes parents et de Davos. Autant d'erreurs. Sans doute[1] est-il très mauvais d'habiter chez ses parents, mais pas seulement d'habiter : de vivre, de s'engluer dans ce milieu de bonté, d'amour (si tu connaissais ma lettre à mon père !), d'être la mouche qui secoue le papier collant ; cela[2] a d'ailleurs aussi son bon côté ; il y a des gens qui se battent à Marathon, d'autres dans la salle à manger, le dieu de la guerre et la déesse de la victoire se trouvent partout. Mais le geste mécanique du déménagement, à quoi pourrait-il servir ? Surtout si je mangeais à la maison, ce qui est le mieux pour moi en ce moment. De Davos je te parlerai bientôt. La seule chose que j'admette de Davos, c'est le baiser au moment du départ.

●● *(Dans la marge gauche de la première page :)* Ai-je bien lu ? Y a-t-il un T majuscule sur l'enveloppe ? Le cachet de la poste est juste dessus, de la sorte, je ne sais pas au juste.

(A gauche, en marge de la dernière page :) Oui, envoie-moi, s'il te plaît, *Détresse,* je voulais déjà te le demander. Il est désagréable de le faire rechercher à la *Tribuna.*

*

● De quelque façon que je tourne et retourne ta chère
lettre, si fidèle, si joyeuse, ta lettre d'aujourd'hui si dispensa-
trice de bonheur, c'est une lettre de « sauveur ». Voilà donc
Milena au nombre des sauveurs (si j'y figurais aussi, serait-
elle déjà auprès de moi ? Certainement non), Milena à qui la
vie ne cesse pourtant d'apprendre à son corps défendant
qu'on ne peut jamais sauver quelqu'un que par sa présence,
et par rien d'autre. Et voilà que, m'ayant sauvé par sa
présence, elle essaie encore, après coup, d'autres moyens
microscopiques ! Tirer quelqu'un de l'eau, c'est splendide,
mais lui offrir là-dessus un abonnement gratuit à l'école
de natation, qu'est-ce à dire ? Pourquoi [1] le sauveteur
cherche-t-il à se rendre la tâche si facile ? Pourquoi ne veut-il
pas continuer à sauver l'autre par sa seule présence, par sa
constante présence toujours disponible ? Pourquoi veut-il
rejeter cette tâche sur des professeurs de natation et des
hôteliers de Davos ? D'ailleurs, je pèse déjà 55 kg 400 ! Et
comment pourrai-je m'envoler si nous nous tenons par la
main ? Et si nous nous envolons tous deux, qu'en adviendra-
t-il ? Et d'ailleurs, c'est l'idée de tout ce qui précède, je ne
partirai plus jamais si loin de toi. C'est à peine si je reviens
des Plombs de Merano !

Samedi soir.

Voilà ce que je t'avais écrit, je voulais ajouter quelque
chose, mais c'est devenu secondaire. En rentrant, j'ai aperçu
dans l'ombre, sur mon bureau, ta lettre, que je n'attendais
pas, je l'ai parcourue ; on appelait sans cesse pour le dîner,
j'ai mangé n'importe quoi, car je ne pouvais malheureuse-

ment vider l'assiette qu'en avalant ce qu'il y avait dedans, j'ai lu ensuite la lettre à fond, lentement, rapidement, frénétiquement, avec joie, une fois avec étonnement, (je n'y crois pas, et puis c'est quand même là, et puis je n'y crois pas quand même et je m'en effondre, ce qui est tout de même y croire), je l'ai lue enfin avec désespoir, avec un désespoir qui me donne des battements de cœur. « Je ne peux [1] pas venir », je le savais à la première ligne, et je le savais à la dernière ; entre les deux, je suis, il est vrai, allé vingt fois à Vienne, comme dans ces nuits hyperlucides d'insomnie où l'on fait coup sur coup dix rêves de trente secondes. Après, je me suis rendu à la poste, je t'ai télégraphié, je me suis un peu calmé, et me voilà. Me voilà assis en face de la tâche lamentable de te prouver que je ne peux pas venir. Puisque tu dis que je ne suis pas faible, peut-être y réussirai-je ; mais je souhaite surtout de réussir à sortir des dix semaines qui viennent ; je vois déjà chacune des heures à venir qui me regarde en ricanant et en me disant : « Tu n'as donc pas été à Vienne ? Tu as reçu cette lettre et tu n'as pas été à Vienne ? Pas été à Vienne ! Pas été à Vienne ! Pas été à Vienne ! » Je n'entends rien à la musique, mais celle-là je la comprends, hélas, mieux que les meilleurs musiciens.

Je n'ai pas pu venir, parce que je ne peux pas mentir à mon service. Je ne peux le faire que pour deux raisons : la peur (quand elle devient une affaire de bureau qui relève des moyens du bord ; je peux alors mentir impromptu, par cœur, avec inspiration), ou alors la raison majeure [2] (par exemple si « Else est malade » ; Else, Else, pas toi, Milena ; toi, tu ne tombes pas malade, ce serait la raison supermajeure, je n'en parle même pas) ; je pourrais donc mentir pour urgence, il n'y aurait pas besoin de télégramme, l'urgence est une raison admise par les bureaux ; dans ce cas [3], je partirais, autorisé ou non. Mais, dans tout cas où le simple bonheur, la simple urgence du bonheur serait la principale de mes raisons de mentir, je ne saurais, je ne pourrais pas plus que de soulever un haltère [1] de vingt kilos. Si j'arrivais chez le directeur avec le télégramme d'Else, il me tomberait sûrement des mains, je le piétinerais, ce mensonge, et, une fois la chose faite, je quitterais en toute hâte le bureau du directeur sans rien demander. Songe, Milena, que le bureau n'est pas une institution arbitraire et stupide (il est cela aussi et surabondamment, mais ce n'est pas ici la question ; il relèverait d'ailleurs plutôt du fantastique que du stupide), mais que jusqu'ici, c'est ma vie ; je ne puis m'arracher à lui ; ce ne serait peut-être pas mauvais, mais jusqu'ici, précisément en fait je n'ai pas su le faire, c'est bien ma vie ; je peux me conduire avec lui miteusement, travailler moins que personne (je le fais), bousiller le travail (je le fais), faire quand même l'important (je le fais), accepter comme un dû le traitement le plus charmant qui soit concevable en son sein, mais mentir pour courir soudain en homme libre, moi qui ne suis qu'un employé, à un endroit où ne m'appellerait rien d'autre que le battement normal du cœur, non, je ne peux pas. Je voulais [2] te dire cependant, avant même d'avoir reçu ta lettre, que je ferai régulariser ou renouveler mon passeport dès cette semaine pour pouvoir être auprès de toi le plus tôt possible en cas de besoin.

Je me relis et ne reconnais pas ma pensée : je ne suis donc pas « fort », puisque je n'ai pas su m'exprimer correctement ; et je dois ajouter ceci : je ne sais pas mentir au bureau aussi bien que ceux qui estiment — comme la plupart des employés — qu'ils sont victimes d'une injustice constante, qu'ils travaillent trop au-delà de leurs forces — si je pouvais penser ainsi, ce serait presque déjà prendre l'express pour Vienne! —, que le bureau est une machine bêtement menée — ils feraient beaucoup mieux! —, une machine dans laquelle, en raison de cette sottise, on les emploie où ils ne conviennent pas, — leurs facultés les classent dans les super-rouages et on ne les fait travailler que comme des roulettes de dernière zone [1], etc. —; alors que, pour moi, le bureau — et il en est allé de même pour l'école primaire, le lycée, la faculté, la famille, tout, — le bureau est un être humain, un être vivant qui me regarde, où que je sois, de ses yeux candides, un être auquel j'ai été lié de je ne sais quelle mystérieuse façon, bien qu'il me soit plus étranger que les gens que j'entends en ce moment passer en auto sur le Ring. Oui, il m'est étranger jusqu'à l'absurde, mais c'est cela précisément qui exige des égards : je ne lui cache pas ma manière d'être, mais quand une telle candeur s'en rendra-t-elle jamais compte ? Je ne puis donc pas lui mentir ; non je ne suis pas fort [2], et je ne sais pas écrire, et je ne sais rien faire du tout. Et maintenant, Milena, toi aussi tu vas te détourner de moi, pas pour longtemps, je le sais, mais un homme ne peut pas tenir longtemps sans que son cœur batte, et comment ferait-il pour battre, tant que tu n'es pas tournée vers lui ?

Si tu pouvais me télégraphier à la suite de cette lettre ! Ce n'est pas une demande, c'est un cri. Ne le fais que si tu le peux librement. « Que si... » tu vois [3], je ne souligne même pas ma phrase.

J'ai oublié une troisième chose qui me permettrait de mentir : que tu te trouves auprès de moi. Mais alors, ce serait le mensonge le plus innocent du monde, car il n'y aurait chez le directeur personne sinon toi.

*

[Prague, 1er août 1920]
Dimanche

● Je ne sais ni ne saurai encore de longtemps ce que tu auras pensé de ma lettre de samedi soir, en tout cas je suis là, au bureau, pour assurer la permanence dominicale (c'est une curieuse institution : je suis là, c'est tout ; d'autres travaillent comme on travaille en permanence dominicale, c'est-à-dire

154

moins que d'habitude, moi j'en fais autant que les autres jours) ; il fait sombre, il pleuvra bientôt, la lumière du ciel nuageux va bientôt me gêner pour écrire[1] ; enfin, c'est comme c'est, triste et lourd. Tu m'écris que j'ai le goût de la vie, mais aujourd'hui je ne l'ai guère ; que m'apportera ce jour ? que m'apportera cette nuit ? Au fond, je l'ai « pourtant » (ne cesse pas de revenir de temps en temps, aimable mot), au fond pourtant je l'ai, mais en surface peu. Je suis[2] si peu content de moi. Je suis assis là, devant la porte de la Direction ; le directeur n'y est pas, mais je ne serais pas surpris s'il venait à sortir et me disait : « Moi non plus, je ne suis pas content de vous, je vous donne votre congé. — Merci, dirais-je, j'en avais grand besoin pour aller à Vienne. — Ah ! dirait-il, eh bien maintenant, vous recommencez à me plaire et je supprime votre renvoi. — Hélas, dirais-je, je ne puis donc plus partir. — Mais si, répondrait-il, car maintenant vous me mécontentez de nouveau et je vous donne votre congé. » Et ce serait une histoire sans fin.

Aujourd'hui, pour la première fois que je suis à Prague, je crois, j'ai rêvé de toi. Rêve du matin, bref et pénible, tout juste saisi encore par le sommeil après une mauvaise nuit. Je ne m'en rappelle que peu de chose. Tu étais à Prague, avec moi, nous nous promenions dans la Ferdinandstrasse, nous nous trouvions presque en face de Vilimek, et nous nous dirigions vers le quai ; de l'autre côté de la rue passaient des gens que tu connaissais, nous nous retournions sur eux, et tu me parlais d'eux ; peut-être aussi était-il question de Krasa (il n'est pas à Prague, je le sais, je demanderai son adresse). Tu parlais comme d'ordinaire, mais avec je ne sais quelle nuance insaisissable et indiscernable de froideur. Je n'en disais rien, mais je me maudissais, ne faisant qu'exprimer ainsi la malédiction qui était sur moi. Ensuite nous nous trouvions dans un café, *l'Union* probablement (puisqu'il était sur notre chemin) ; un homme et une jeune fille se tenaient assis à notre table, mais je me les rappelle mal ; et puis un homme qui ressemblait beaucoup à Dostoïevski, mais jeune, très noir de barbe et de cheveux, tout en lui, par exemple les sourcils, les bourrelets des paupières très soulignés. Ensuite, il n'y avait plus que toi et moi. Rien n'exprimait en particulier, encore une fois, ta froideur, mais elle était là. Tu avais le visage poudré — je ne pouvais quitter des yeux cette singularité obsédante, — ostentatoirement poudré, mal poudré, maladroitement, et comme[1] il devait faire chaud, la poudre composait sur tes joues de véritables dessins, que je revois encore. Je ne cessais de me pencher en avant pour te demander pourquoi tu étais poudrée ; quand tu t'apercevais que j'allais t'interroger, tu me demandais avec prévenance — ta froideur ne pouvait pas se remarquer, — tu me demandais : « Que veux-tu ? » Mais je ne pouvais pas poser ma question, je n'osais pas, et je sentais pourtant que cette histoire de poudre était une façon de m'éprouver, un examen décisif, et que je devais interroger, et je voulais le faire, mais je n'osais pas. C'est ainsi que ce triste rêve passait sur moi. Le Dostoïevski me tourmentait aussi. Dans son attitude envers moi, il te ressemblait, avec toutefois une légère différence. Quand je lui posais une question, il se montrait extrêmement aimable, compréhensif, penché vers moi, cordial, ouvert, mais, si je ne trouvais plus rien à demander ou à dire — ce qui arrivait à chaque instant — il se retirait d'un mouvement brusque, se plongeait dans un livre, ignorait désormais le monde et surtout moi, disparaissait dans ses cheveux et sa barbe. Je ne sais pourquoi, cela m'était insupportable ; je ne cessais — c'était plus fort que moi — de le ramener, par une question, à ma personne, et je le reperdais chaque fois par ma faute.

J'ai une petite consolation, tu n'as pas le droit de m'en priver aujourd'hui : la *Tribuna* est sous mes yeux ; je n'ai même pas eu à l'acheter en violation de ta défense, je l'ai empruntée à mon beau-frère ; non, mon beau-frère me l'a prêtée. Laisse-moi ce bonheur, je t'en prie. D'abord mon intérêt ne va pas tout de suite au texte, mais j'y entends ta voix, « ma » voix ! dans le bruit du monde, laisse-moi ce bonheur. Et puis, tout cela est tellement beau ! Je ne sais comment se fait la chose ; je ne lis pourtant qu'avec mes yeux ! comment mon sang l'a-t-il appris tout de suite ? je le sens qui brûle. Et puis c'est amusant. Naturellement, j'appartiens au second groupe : ce poids aux pieds c'est exactement le mien, et je ne suis pas du tout d'accord pour qu'on parle ainsi de mes affaires privées ; quelqu'un a dit un jour que je nage comme un cygne, mais ce n'était pas un compliment. Mais c'est aussi très excitant ! je me fais l'effet d'un géant qui en écartant les bras empêche le public d'arriver jusqu'à toi (il a du mal, il doit contenir la foule, mais en même temps il ne veut perdre aucun de tes mots, aucun de tes regards) ; le public, ce public qui n'en demeure pas moins probablement, un parangon de stupidité, une race toquée, et qui plus est, femelle, qui crie peut-être : « Où est la mode ? Quand va-t-on nous montrer la mode ? Nous n'avons vu jusqu'à présent *que* Milena ». *Que !* et c'est de ce *que* que je vis ! Et j'ai jeté par-dessus bord le reste du monde comme Münchhausen l'affût des canons de Gibraltar ! Quoi ! Tout le reste ? Et le mensonge alors ? Ne puis-je pas mentir au bureau ? Non, je reste là, dans mon coin, il fait aussi sombre qu'avant et demain je n'aurai pas de lettre et c'est un rêve qui m'a donné les dernières nouvelles que j'aie de toi.

*

[Prague, 1er août 1920]
Dimanche soir

• Dépêchons-nous, voici le moyen, nous l'avons toutes les semaines ; comment n'y ai-je pas déjà songé ? Il me faut d'abord, à vrai dire, mon passeport, ce n'est pas si facile que tu penses et sans Ottla je n'y arriverais sans doute jamais.

Je prends l'express un samedi après-midi, j'arrive à Vienne sur les 2 heures du matin ; je demanderai demain l'horaire précis. Toi, de ton côté, tu as pris dès le vendredi un billet pour l'express de Prague du dimanche, tu m'as télégraphié que tu l'as ; sans ce télégramme je ne pourrais pas sortir d'ici ; tu m'attends à la gare, nous avons plus de quatre heures à nous, et je repars le dimanche à 7 heures du matin.

Voilà le moyen. Pas très gai, j'en conviens : quatre heures seulement à nous, la nuit, fatigués (et puis [1] où ? dans un hôtel du côté de la gare François-Joseph ?) Mais enfin c'est quand même une possibilité ; elle peut d'ailleurs être embellie énormément, si tu viens au-devant de moi à Gmünd (mais est-ce possible ?) Nous y resterions toute la nuit. Gmünd est bien autrichienne ? Tu n'aurais donc pas besoin de passeport. J'y arriverais sur les 10 heures du soir, peut-être plus tôt, et je repartirais le dimanche par l'express d'onze heures du matin (le dimanche, on a toujours des places), peut-être même plus tard, s'il y a un omnibus. Mais je ne sais comment tu viendrais, comment tu ferais pour repartir.

Qu'en dis-tu ? Je trouve étrange d'avoir à te questionner quand j'ai passé tout le jour avec toi.

Adresse de Krasa : Hôtel Stern, Marienbad.

*

[Prague, 2 août 1920]
Lundi

● L'horaire des chemins de fer dit mieux que je ne pensais, il faut souhaiter qu'il ne se trompe pas, voici donc :

Première possibilité, la plus mauvaise des deux de beaucoup : je pars d'ici à 4 h. 12 le samedi après-midi, je suis à Vienne le soir à 11 h. 10, et nous avons sept heures à nous, car je repars le dimanche à 7 heures du matin. Les sept heures en commun supposent à vrai dire que j'aie un peu dormi pendant la nuit d'avant (tâche malaisée), sinon tu n'aurais devant toi qu'un pauvre animal malade.

Deuxième possibilité, que l'horaire des chemins de fer a rendue magnifique : Je pars également à 4 h. 12, mais je suis déjà (déjà! déjà!) à Gmünd le soir dès 7 h. 28, et même si j'en pars dimanche par l'express du matin, ce ne sera qu'à 10 h. 46, nous aurons donc plus de quinze heures, dont nous pourrons donner quelques-unes au sommeil. Mais c'est encore plus beau que tu ne penses : je ne suis même pas obligé de partir par l'express ; l'après-midi, à 4 h. 38, il y a un omnibus pour Prague ; ce sera ce train-là que je prendrais. Nous aurions donc *vingt et une heures* à passer ensemble et nous pouvons (imagine, Milena!), tout au moins théoriquement, les avoir toutes les semaines.

Il n'y a qu'un *hic*, mais pas grave, je pense ; de toute façon il faudra te renseigner. La gare de Gmünd est en effet tchèque et la ville autrichienne ; pousse-t-on la sottise en matière de passeports au point qu'on exige des Viennois un passeport pour franchir le seuil de la gare tchèque ? Il faudrait que les gens de Gmünd qui vont à Vienne aient, eux aussi, un passeport avec le visa tchèque. Je ne puis y croire, ce serait vraiment dirigé contre nous. Il est déjà bien assez ennuyeux que j'aie peut-être à attendre une heure à la douane avant de pouvoir quitter la gare et que nos vingt et une heures en soient réduites d'autant.

A de si grandes choses on ne saurait rien ajouter. Merci beaucoup pourtant, encore, de ne m'avoir pas laissé sans lettre aujourd'hui. Mais demain ? Je ne téléphonerai pas, parce que c'est premièrement beaucoup trop bouleversant et secondement impossible (je me suis déjà renseigné) et parce que, troisièmement, nous nous verrons bientôt. Malheureusement, Ottla n'a pas eu aujourd'hui le temps d'aller pour mon passeport à la Direction de la Police ; elle ira demain.

Avec les timbres tu te débrouilles magnifiquement (je ne sais malheureusement pas où j'ai mis ceux des lettres « exprès », l'homme en aurait pleuré, quand je le lui ai dit). Pour me remercier de ceux que je t'envoie, tu t'es rendu, à dire vrai, la besogne un peu trop facile, mais j'en suis bien content aussi, au point que je vais t'envoyer (rends-toi compte!) des timbres du « Légionnaire ».

Quant à raconter des histoires, je n'en ai pas envie aujourd'hui. Ma tête n'est plus qu'une gare : trains qui partent; trains qui arrivent; visite de douane; l'inspecteur en chef des frontières louche sur mon visa, mais cette fois il est bon. « Ici; voyez. Oui, c'est bien; voici la sortie. — Auriez-vous l'amabilité, Monsieur l'Inspecteur en Chef des Frontières, de m'ouvrir la porte vous-même? je n'y puis parvenir. Peut-être suis-je si faible parce que Milena attend dehors? — Mais je vous en prie, dit-il; je ne savais pas! » Et voilà la porte qui vole, grande ouverte devant nos pas.

*

[Prague, du 2 au 3 août 1920]
Lundi soir

● Il se fait déjà tard ; c'est la fin d'une journée malgré tout un peu sombre. Demain, je n'aurai sans doute pas de lettre de toi; j'ai celle de samedi; une de dimanche ne pourrait arriver qu'après-demain; la journée ne subira donc pas l'influence directe d'une lettre. C'est curieux, Milena, comme tes lettres m'aveuglent. Je sens pourtant, depuis une semaine ou même plus, qu'il est arrivé quelque chose, subitement ou petit à petit, quelque chose d'essentiel ou bien d'épisodique, de conscient ou de semi-conscient; de toute façon, je le sais. Je m'en aperçois moins aux détails de ton texte, encore qu'il n'en manque pas qui soient révélateurs, qu'au fait qu'il est tout plein de souvenirs (et de souvenirs bien particuliers) ; à ce que tu réponds bien à tout comme d'ordinaire, mais pas à tout à fait à tout pourtant ; à ce que tu es triste [1] sans raison ; à ce que tu m'envoies à Davos ; à ce que tu veux si subitement que nous nous voyions. (Tu avais accepté tout de suite mon conseil de ne pas venir ici ; tu trouvais Vienne contre-indiquée pour une rencontre ; tu avais dit que nous ne chercherions pas à nous voir avant ton voyage, et maintenant, depuis deux, trois lettres, cette hâte. Je devrais en être ravi, mais je ne peux pas, car je lis dans tes lignes une espèce d'inquiétude, qui m'est hostile ou favorable, je ne sais, et il y a de l'inquiétude dans ton désir soudain d'une rencontre immédiate, dans cette hâte. En tout cas, je suis très heureux d'avoir découvert un moyen, car c'en est vraiment un. Si tu ne peux pas abandonner Vienne pour toute la nuit, on peut encore arranger les choses en sacrifiant quelques heures en commun. Tu prendras l'express de Gmünd vers 7 heures du matin — comme je l'ai fait l'autre fois —, tu seras à Gmünd à 10 heures, je t'y attendrai et comme je ne partirai qu'à 4 h. 1/2 de l'après-midi, nous aurons tout de même six heures à nous. Pour le retour, avec l'express du soir, tu seras à Vienne à 11 h 1/4 ; une petite sortie du dimanche !)

Voilà donc pourquoi je suis inquiet ; mais non, je ne suis pas inquiet, — Milena, telle est ta puissance — : au lieu que mon inquiétude augmente parce que je sens qu'en te taisant tu veux me cacher quelque chose (ou que tu es obligée de le faire ou que tu te tais à ton insu), au lieu que mon inquiétude augmente, je reste calme, tant est grande, quelles que puissent être les apparences, la confiance que j'ai en toi. Je me dis que, si tu me caches quelque chose, c'est que tu as raison de le cacher.

Mais je reste calme encore pour un autre motif, réellement extraordinaire. Tu as une particularité qui fait partie, je crois, de ton être profond, et *c'est par la faute des autres* si elle n'agit pas toujours ; je ne l'ai encore rencontrée chez

161

personne, bien mieux je ne puis me la représenter de façon précise bien que je l'ai trouvée en toi. C'est la faculté singulière de ne pas pouvoir faire souffrir. Et ce n'est pas par pitié que tu ne peux pas faire souffrir, mais parce que tu en es incapable. C'est vraiment fantastique. Tout cet après-midi j'y ai réfléchi, et maintenant je n'ose pas l'écrire, car peut-être tout cela, plus ou moins, n'est-il qu'une grandiose excuse pour t'embrasser.

Et maintenant, au lit. *Que peux-tu bien faire en ce moment, lundi, sur les onze heures du soir?*

Mardi

Quelle méconnaissance des hommes, Milena! Je l'ai toujours dit. Else est malade, soit, admettons; ce serait possible et il faudrait alors partir pour Vienne immédiatement; mais la vieille « tante Klara gravement » (malade)? Te figures-tu que je pourrais, indépendamment de tout le rste, me présenter chez le directeur et lui parler sans rire de la tante Klara? (Encore que la tante Klara fasse preuve de psychologie : tout Juif a une tante[1] Klara; malheureusement, la mienne est morte depuis longtemps). Bref, c'est tout à fait impossible. Il est heureux que nous n'en ayons plus besoin. Qu'elle meure. Elle n'est pas seule. Oscar est à son chevet. Mais, au fond, qui est Oscar[2]? Tante Klara, c'est net, c'est tante Klara; Oscar, qui est-ce? De toute façon, il est auprès d'elle. Espérons qu'à son tour, il ne tombera pas malade, ce captateur de testaments.

Une lettre, quand même! et celle-là! Ce que je disais au début ne s'applique pas aux lettres du soir, mais du moment que cette inquiétude est là (une calme inquiétude, je l'ai dit), elles-mêmes ne peuvent pas la supprimer. Nous allons nous voir! que c'est bon! Peut-être[3] te télégraphierai-je demain ou après-demain (Ottla est allée voir pour le passeport aujourd'hui) si je peux venir samedi à Gmünd (il est trop tard pour Vienne cette semaine, il faudrait que le billet d'express dominical fût acheté), tu me répondras par un télégramme si tu peux venir. Je passerai tous les soirs à la poste pour que tu aies le mien bientôt. Voici comment nous opérerons : si je[1] télégraphie « impossible », cela signifiera que je ne peux pas venir cette semaine. Dans ce cas, je n'attendrai pas de réponse télégraphique, nous parlerons du reste par lettre (notre rencontre au cours du mois prochain dépendra naturellement de l'endroit où tu iras à la campagne et qui t'éloignera un peu plus de moi sans doute, ce qui nous empêcherait de nous voir pour tout un mois). Si je télégraphie : « Pourrai être samedi à Gmünd », j'attendrai comme réponse : « Impossible » ou « Serai à Gmünd samedi » ou « serai à Gmünd dimanche ». *Dans ces deux derniers cas, la question est réglée, pas besoin de nouveau télégramme* (si : pour que tu sois sûre que j'ai le tien, je t'accuserai réception), *nous allons tous les deux à Gmünd* et nous nous rencontrons dès ce samedi ou ce dimanche. Tout cela m'a l'air extrêmement simple.

Près de deux heures perdues : j'ai dû lâcher ma lettre. J'avais la visite d'Otto Pick. Je suis fatigué. Quand nous verrons-nous ? Pourquoi en une heure et demie n'ai-je entendu que trois fois ton nom ? Même si on fait des concessions, si l'on avoue qu'on a été à Vienne, mais qu'on n'a parlé avec personne, on ne peut pas dire que notre rencontre ait été une « conversation » ? Où es-tu ? En route pour le village où est la cabane ? Moi aussi je suis en route, et c'est un long voyage. Mais ne te tourmente pas, je t'en prie ; de toute façon nous sommes en route, on ne peut faire plus que de partir.

*

163

● J'aime mieux oublier ce que ta lettre me dit au sujet de mon voyage *(cĕkáš až to* Tobĕ *bude nutné ᵃ) ;* premièrement c'est périmé, c'est douloureux, bien que ce ne soit pas, c'est vrai, entièrement sans raison (pourquoi mes lettres de samedi soir et de dimanche matin auraient-elles été si désespérées ?) et troisièmement, nous nous verrons peut-être samedi. (Tu n'as pas l'air d'avoir reçu lundi matin le premier de mes trois télégrammes, espérons que tu auras le troisième à temps.)

Je ne comprends ton désespoir à propos de la lettre de ton père que s'il renaît à chaque détail qui te rappelle l'enfer de vos rapports, un enfer déjà bien ancien. Cette lettre ne t'apprend rien de neuf, même en lisant entre les lignes. Elle n'apprend rien de neuf, même à moi, qui n'ai pourtant jamais eu de lettre de ton père entre les mains. Il est aimable et tyrannique[1]; il croit qu'il doit être tyrannique pour satisfaire aux exigences du cœur. La signature n'a vraiment rien de particulier, c'est celle du despote typique ; il y a d'ailleurs au-dessus *líto* et *strašnĕ smulnĕ ᵇ,* c'est tout dire.

Mais ce qui t'effraie, c'est peut-être la disproportion entre[2] ta lettre et la sienne ? Je ne sais pas ce que tu as écrit ; mais pense à la disparité qu'il y a aussi entre son empressement « tout naturel » et ton « inconcevable » entêtement.

As-tu des doutes sur la réponse à faire ? Ou plutôt tu en as eu, puisque tu me dis maintenant : tu sais ce que tu dois dire. C'est curieux. Si tu avais déjà fait cette réponse et que tu me demandes : « Qu'ai-je répondu ? », je te dirais sans hésiter ce que tu as répondu à mon sens.

Évidemment, entre ton mari et moi, il n'y a aucune différence aux yeux de ton père, cela ne fait pas l'ombre d'un doute ; pour un Européen, nous faisons figure de nègres dans une parfaite égalité ; mais [1], indépendamment du fait que tu ne peux rien dire de certain à ce sujet en ce moment, pourquoi cela devrait-il entrer dans la réponse ? Et pourquoi serait-il nécessaire de mentir ?

Je crois que tu ne peux que répondre ce que dirait nécessairement à ton père quelqu'un qui ne verrait que ta vie, qui serait aveugle à tout autre spectacle, qui la regarderait le cœur battant : nulle « proposition » n'a de sens, nullle « condition ferme et précise » ; Milena vit sa vie et n'en pourra vivre d'autre [2]. Cette vie est triste, sans doute, mais après tout aussi « saine et paisible » que celle qu'elle aurait au sanatorium. Milena ne vous demande qu'une chose, qui est de vous en rendre compte ; elle ne demande rien d'autre, surtout pas d' « organisation ». Elle vous demande uniquement de ne pas vous crisper et vous fermer devant elle, mais d'obéir à votre cœur et de parler avec elle comme un homme parle à son égal, aussi humain qu'on peut l'être soi-même. Si vous y parvenez un jour vous aurez effacé de sa vie beaucoup de « tristesse » ; elle n'aura plus lieu de vous faire « de la peine ».

Que veux-tu dire en faisant remarquer que ta réponse à ton père tombera le jour de ton anniversaire ? C'est une date qui commence vraiment à m'inquiéter. Que nous nous voyions samedi ou non, télégraphie-moi, s'il te plaît, de toute façon, le soir du 10 août.

Si seulement tu pouvais être à Gmünd samedi, ou du moins dimanche ! C'est réellement très nécessaire.

Cette lettre serait alors la dernière que tu recevrais avant que nous ne nous voyions face à face. Et mes yeux qui n'ont plus trouvé à s'employer depuis un mois (à lire des lettres, admettons, ou à regarder par la fenêtre), ces yeux te verraient.

L'article est bien meilleur qu'en allemand. Il a encore des trous, bien sûr, ou, pour mieux dire, on y patauge comme dans un marais et les pieds s'y enfoncent. Un lecteur de la *Tribuna* m'a dit dernièrement que je devais avoir fait beaucoup d'études dans un asile de fous. « Dans le mien, seulement », lui ai-je répondu, sur quoi, il essaya de me faire des compliments sur mon « asile personnel » ! (Il y a deux ou trois petites erreurs dans la traduction.)

•• [Je garde la traduction encore un petit moment.]

(A gauche, en marge de la première page :) •• Le collectionneur de timbres est ravi, c'est une vraie joie.

*

[Prague, du 4 au 5 août 1920]
Mercredi soir

• Ce soir vers 10 heures, je suis allé au bureau, le télégramme était déjà là ! C'est presque à me demander si c'est bien la réponse à mon télégramme d'hier, mais il est bien écrit : expédié le 4/VIII à 11 heures du matin. Il l'était même à 7 heures, il n'a donc eu besoin que de huit heures pour être là. C'est ce qu'il se dit pour se consoler : il pense que nous sommes [1] assez près l'un de l'autre dans l'espace : je peux avoir ta réponse presque en vingt-quatre heures. Et cette réponse ne sera pas toujours nécessairement : ne pars pas.

Il reste aussi une toute petite possibilité. Peut-être n'as-tu pas encore reçu la lettre dans laquelle je t'expliquais que tu peux venir à Gmünd sans t'absenter de Vienne toute une nuit, (mais tu auras certainement découvert cela toi-même). Quoi qu'il en soit, je me demande encore si cette unique possibilité m'autorise à m'assurer de toute façon du visa qui ne vaut que pour trente jours (la durée de ton congé) et du billet d'express[1].

Je ne le ferai pas, ton télégramme est trop précis ; d'ailleurs ce voyage te cause des préoccupations que tu ne parviens pas à chasser. Mais tranquillise-toi, Milena, cela ne fait rien, je n'aurais[2] jamais eu moi-même (c'était uniquement, avouons-le, parce que je ne soupçonnais pas combien la chose était facile) la prétention de souhaiter activement de te revoir au bout d'un simple petit mois ; si nous[3] nous étions rencontrés, je ne l'aurais dû qu'à toi seule, et (indépendamment du fait que, si tu ne viens pas, je le sais bien, c'est qu'il faut que ce soit ainsi) tu t'es acquis par là le droit de détruire cette possibilité que tu as créée toi-même. Je ne devrais même pas en parler. Mais j'avais creusé avec trop de joie l'étroit chemin qui mène à toi du seuil de mon sombre logis ; j'avais jeté petit à petit trop de choses de moi, tout ce que je suis, dans ce couloir qui mène à toi peut-être (et la folie dit « certainement ») et qui soudain, au lieu de déboucher sur toi, se heurte à l'implacable roc de ton « s'il te plaît, ne pars pas ! », si bien que je dois rebrousser chemin, refaire lentement, en sens inverse, tout entière, la route si rapidement creusée et combler lentement tout ce boyau. Cela fait[4] un peu mal, mais cela ne peut pas être très grave, puisque je peux en parler si longuement. Au bout du compte, vieille taupe que je suis, je perce déjà de nouvelles galeries.

Ce qui est pis, c'est que notre rencontre aurait été très importante pour des raisons que j'ai, je crois, indiquées hier. A cet égard rien ne peut la remplacer, et c'est pourquoi surtout ton télégramme m'attriste. Mais peut-être ta lettre d'après-demain me dira-t-elle à ce sujet quelque chose de consolant.

Je n'ai qu'une demande à t'adresser : dans ta lettre d'aujourd'hui il y a deux phrases très dures. La première *(a ty nepříjedeš poněvadž čekáš až to* Tobě *jednou bude nutné, to, abys* *přijel^a)* s'explique un peu, mais pas entièrement, il s'en faut de beaucoup ; la deuxième dit : *Měj se pěkně Franku^b* ; j'ajoute la suite pour que tu entendes le son de la phrase : *telegrafovat ti ten falešný telegram nemá tedy smyslu, neposílám ho^c* ; pourquoi l'as-tu envoyé quand même ? ce *Měj se pěkně Franku* ne se justifie pas. Voilà[1] les deux phrases. Pourrais-tu les retirer d'une façon ou d'une autre ? les retirer expressément, Milena ? la première en partie seulement, si tu veux, mais la deuxième entièrement.

J'ai oublié ce matin de mettre la lettre de ton père dans l'enveloppe, excuse-moi. Je n'avais pas remarqué non plus que c'est la première qu'il t'ait écrite depuis trois ans, c'est seulement maintenant que je comprends l'impression qu'elle t'a produite. Ta lettre à toi en devient beaucoup plus importante, *il faut qu'elle ait contenu quelque chose d'essentiellement nouveau.*

●● Soit dit en passant : je m'étais toujours mépris et j'avais pensé que ton père et ton mari ne s'étaient jamais parlé. Mais Staša a fait allusion au fait qu'ils s'étaient parlé plusieurs fois. Qu'ont-ils bien pu se dire ?

● Il y a dans ta lettre une troisième phrase qui est peut-être encore plus dirigée contre moi que les deux autres. Celle qui concerne les sucreries qui ruinent l'estomac.

(En marge, à gauche de la deuxième page :) Je ne suis pas opposé le moins du monde à ton voyage de vacances. Comment le serais-je ? et pourquoi le crois-tu ?

Jeudi.

C'est donc aujourd'hui le jour sans lettre que je redoute depuis si longtemps. Et qui pis est, il vient à l'improviste. Ta lettre de lundi parlait donc sérieusement, quand tu disais que tu ne pourrais pas écrire le lendemain. Enfin, j'ai quand même ton télégramme pour m'y accrocher.

*

[Prague, 6 août 1920]
Vendredi

● Oui, tu vas mal, comme jamais depuis le jour où je te connais. Et la distance qui nous sépare est implacable, et tu souffres, si bien que j'ai la même impression que si je me trouvais dans ta chambre[1] et que tu ne puisses pas me reconnaître, et que j'erre désemparé entre le lit et la fenêtre, n'ayant plus confiance en personne, en aucun médecin, en aucun traitement, la tête vide, et regardant ce sombre ciel qui se montrerait à moi pour la première fois, après les plaisanteries des années précédentes, à l'abandon comme moi-même, dans un vrai jour de chose désespérée. Tu es[2] au lit? Qui t'apporte à manger? et quoi? Et ces maux de tête? Quand tu pourras, parle-m'en un peu. J'ai eu un ami, un acteur, un Juif d'origine orientale, qui tous les trois mois, souffrait pendant quelques jours de maux de tête effrayants; le reste du temps il allait bien, mais ces jours-là il était obligé de s'appuyer contre les murs en pleine rue, et on ne pouvait rien faire pour lui que de l'attendre des demi-heures entières en faisant les cent pas. Le malade est abandonné de celui qui se porte bien, mais de son côté aussi, celui qui se porte bien est abandonné du malade. Ce sont des douleurs qui reviennent régulièrement? Et le médecin? Et depuis quand les éprouves-tu? On te fait prendre des cachets sans doute? Triste chose, triste chose, et je n'ai même pas le droit de t'appeler « mon bébé ».

Il est fâcheux que ton départ soit encore retardé; tu ne partiras plus maintenant que de jeudi en huit. Et ce bonheur de te voir revivre entre le lac et la forêt, dans les montagnes,

169

ce bonheur je ne l'aurai pas. Combien de bonheur me faut-il donc, glouton que je suis ? Dommage que tu sois obligée de rester encore si longtemps à Vienne à te tourmenter.

Nous reparlerons de Davos. Je ne veux pas y aller parce que c'est trop loin, trop coûteux et trop inutile. Si je pars de Prague, et il le faudra bien, j'irai de préférence dans n'importe quel village. Mais où quelqu'un m'accueillera-t-il ? Il faudra que j'y pense encore, je ne pars pas avant octobre de toute façon.

Hier soir, j'ai rencontré un certain Stein ; peut-être le connais-tu ; on le voit dans les cafés, on l'a toujours comparé au roi Alphonse. Il est secrétaire d'un avocat, il a été très content de me trouver ; il avait, m'a-t-il dit, à me parler service et, s'il ne m'avait vu, aurait été obligé de me téléphoner le lendemain. Qu'y avait-il donc ? Une affaire de divorce, à laquelle, disait-il, j'étais un peu mêlé ou plutôt dans laquelle il me priait d'intervenir. « Comment cela ? » Je n'ai pu m'empêcher de porter la main à mon cœur. Mais l'explication a montré qu'il ne s'agissait que du divorce des parents de l'un des deux poètes ; la mère, que je ne connais pas, avait demandé au docteur Stein de me prier d'influencer un peu son fils pour l'amener à la traiter mieux et à l'insulter un peu moins.

Un singulier mariage, d'ailleurs, imagine-toi. La femme avait déjà été mariée une fois ; au cours de son premier mariage, elle avait eu, de son mari actuel, un enfant, l'auteur en question, qui ne porte donc pas le nom de son vrai père mais celui du premier mari. Ensuite, ils se sont épousés, et maintenant, au bout de longues années, les voilà divorcés encore, sur l'initiative du mari (le père de l'auteur en question). Le divorce est déjà chose faite. Mais comme la femme, avec la crise actuelle du logement, ne peut pas trouver d'appartement, ils vivent ensemble, pour cette seule raison, et sans que cette vie conjugale pour raison de crise du logement réconcilie le mari avec sa femme ou le fasse renoncer à la séparation. Ne sommes-nous pas de pauvres hommes à en être comiques ? Je connais [1] le mari, un brave homme, raisonnable, extrêmement capable, et agréable à fréquenter.

Envoie-moi, naturellement, la liste entière de tes desiderata ; plus elle sera longue, mieux ce sera ; je me glisserai dans tous les livres, dans tous les objets que tu voudras, pour aller à Vienne avec eux, (le directeur n'y voit pas d'objection) ; procure-moi le plus d'occasions possibles de voyager de cette façon. Et tu pourrais aussi me prêter les articles qui ont déjà passé dans la *Tribuna*.

Je suis d'ailleurs presque content de ton congé, exception faite de la mauvaise liaison postale. Tu me décriras, n'est-ce pas, brièvement l'endroit, ta vie, ton logis, tes promenades, tes repas, la vue que tu auras de ta fenêtre, pour que je puisse un peu vivre avec toi ?

*

[Prague, 7 août 1920]
Samedi

● Gentil ? Patient ? Suis-je gentil et patient ? Je ne le sais vraiment pas. Je sais seulement qu'un tel télégramme me fait du bien pour ainsi dire dans tout le corps, et ce n'est pourtant qu'un télégramme et non pas une main tendue.

Mais il sent aussi la fatigue, la tristesse, le propos du malade alité. C'est triste, et il n'y a pas eu de lettres ; encore un jour sans lettre, il faut donc que tu ailles très mal. Qui me prouve que tu as porté toi-même ton télégramme à la poste ? que tu ne passes pas la journée au lit, dans cette chambre, là-bas, où je vis plus que dans la mienne ?

Cette nuit, j'ai tué à cause de toi : un rêve féroce ; une mauvaise, très mauvaise nuit. Je ne me rappelle rien de précis.

171

Ta lettre est quand même arrivée. Elle a au moins le mérite de la clarté. Les autres, à vrai dire, n'étaient pas moins claires qu'elle, mais on n'osait pousser jusqu'à s'en rendre compte. D'ailleurs [1], comment mentirais-tu ? Tu n'as pas un front à mentir.

Je n'accuse pas Max. Quoi que sa lettre ait pu dire, c'est certainement faux, rien ne doit se mettre entre nous, même pas le meilleur des hommes. C'est bien pourquoi j'ai tué, cette nuit. Il y avait quelqu'un, un parent, qui disait au cours d'une conversation dont je n'ai pas gardé le souvenir (elle tendait, en gros, à prouver que tel ou tel ne pouvait réussir à faire je ne sais plus quoi), un parent, qui disait donc avec une nuance ironique : « Eh bien alors ! Pourquoi pas Milena ? » Je le tuais immédiatement, puis j'arrivais à la maison, surexcité ; ma mère ne me lâchait plus ; on tenait autour de moi des propos du même genre que la conversation d'avant ; finalement je criais, fou de rage : « Si quelqu'un, par exemple, le père, mon père, a le malheur de dire du mal de Milena, je le tue aussi, ou je me tue moi. » Là-dessus, j'ai ouvert les yeux, mais je ne puis dire que j'aie réellement dormi ni que je me sois réveillé.

Je reviens aux lettres précédentes, elles étaient semblables, au fond, à la lettre à la petite. Et celles du soir n'étaient que regrets de celles du matin. Et un soir, tu as écrit que tout était possible, sauf une chose, que je te perde ; il n'eût fallu pourtant qu'une secousse de plus, une secousse bien légère, et l'impossible se produisait. Et peut-être cette secousse a-t-elle été donnée et l'impossible s'est-il produit.

En tout cas, cette lettre est un soulagement, j'étais enterré vivant sous les précédentes et je croyais devoir rester ainsi sans souffler mot, car peut-être étais-je vraiment mort.

Rien de tout cela ne m'a donc réellement étonné, je l'attendais, je m'étais préparé de mon mieux à le supporter

172

quand le moment serait venu ; maintenant que le moment est là, je ne suis naturellement pas encore assez prêt ; mais enfin je ne suis pas encore tout à fait anéanti. En revanche, ce que tu me dis de ta situation en général et de ta santé, est tout à fait épouvantable et au-dessus de mes forces. Mais nous en reparlerons quand tu reviendras de ce voyage ; peut-être fera-t-il merveille, peut-être opérera-t-il du moins le miracle physique que tu attends ; d'ailleurs, à cet égard, je me fie tellement à toi que je ne demande pas de miracle et te confierais en toute sérénité (splendide nature que tu es, violentée mais inviolentable), n'était tout le reste, à la forêt [1], au lac et à la nourriture.

Quand je réfléchis à ta lettre — je viens à peine de la lire une fois — à ce que tu dis de ton présent et de ton avenir, à ce que tu dis de ton père, à ce que tu dis de moi, il n'en ressort avec la plus grande clarté que ce que je t'ai déjà dit une fois : que ton vrai malheur c'est moi, et nul autre, moi seul, — j'ajoute restrictivement : ton malheur extérieur — car sans moi tu aurais déjà quitté Vienne depuis trois mois et, si tu ne l'avais pas fait, tu le ferais maintenant. Tu ne veux pas quitter Vienne, je le sais, tu ne le voudrais pas non plus si je n'existais pas, mais c'est précisément pourquoi on pourrait dire — voyant les choses à vol d'oiseau, très à vol d'oiseau — que l'importance sentimentale que tu m'attaches vient, entre autres raisons, bien sûr, de ce que je facilite ton besoin de rester [2] à Vienne.

Mais point n'est besoin d'aller si loin et de raffiner sur des subtilités ; il suffit de voir, c'est une réflexion qui se fait tout naturellement, que tu as déjà quitté une fois ton mari, et que tu le referais d'autant plus facilement sous la pression beaucoup plus forte des circonstances présentes, mais que tu ne le pourrais que pour la chose elle-même, non pour un autre homme.

Toutes ces [3] réflexions sont d'ailleurs superflues ; elles ne servent qu'à la clarté.

●● Deux prières, Milena, une petite et une grande. La petite : cesse de gaspiller les timbres, même si tu continues à m'en envoyer, je ne les donnerai plus à l'intéressé. C'est une demande que j'avais pourtant soulignée en rouge et en bleu, cela représente — sache-le pour l'avenir — le maximum de sévérité dont je peux faire preuve.

La grande prière : cesse ta correspondance avec Max, c'est une demande qu'il m'est difficile de lui adresser à lui. C'est très bien au sanatorium, après la visite, de demander en confidence au bon médecin : Comment va « notre malade ? ». Mais, même au sanatorium, cela n'empêche pas le malade de tirer la langue en regardant la porte.

● Je m'occuperai naturellement avec joie de tes commissions. Mais je pense qu'il vaudrait mieux acheter le tricot à Vienne, car il faudra probablement pour cela un permis d'exporter (récemment, dans un bureau de poste, on m'a refusé jusqu'à des livres pour lesquels je n'avais pas de permis ; j'ajoute tout de suite qu'au bureau suivant on me les a pris sans objection) ; mais peut-être qu'au magasin on saura me donner un conseil. Je joindrai toujours un peu d'argent à mes lettres. Dès que tu me diras « assez », je cesserai.

Merci de la permission de lire la *Tribuna*. Dernièrement, un dimanche, sur le Wenzelsplatz, j'ai vu une jeune fille qui achetait la *Tribuna* ; c'était manifestement pour la rubrique de la mode ? Elle n'était pas particulièrement bien mise, pas *encore*. Dommage que je n'aie pas mieux retenu son signalement et ne puisse suivre son évolution. Non, tu as tort de faire si peu de cas de tes articles de mode. Je te suis réellement reconnaissant de pouvoir maintenant les lire ouvertement (en cachette, en effet, voyou que je suis, je l'avais déjà fait souvent).

*

[Prague, 8 août 1920]
Dimanche

• Ton télégramme ! Oui, c'est bien le mieux que nous nous voyions. Sans cela, combien de temps faudrait-il avant que nous puissions éclaircir la situation ? D'où est sortie toute cette histoire ? C'est la bouteille à l'encre. Et que tu as dû [1] souffrir de cela au milieu de tout le reste ! Et j'aurais pu depuis longtemps mettre le holà, j'y voyais suffisamment clair, mais la lâcheté était plus forte. Et n'ai-je pas aussi menti, puisque j'ai répondu à des lettres qui ne m'étaient visiblement pas destinées, comme si elles étaient pour moi ? J'espère que ce ne sera pas l'une de ces réponses « menteuses » qui t'aura extorqué le voyage de Gmünd.

Je ne suis pas du tout aussi triste que pourrait le faire croire ce mot ; mais je ne puis sur le moment dire autre chose. Il s'est produit un grand silence, on n'ose rien dire dans le silence. Enfin, dimanche, nous serons ensemble, cinq, six heures, trop peu pour parler, assez pour nous taire, nous tenir par la main, nous regarder dans les yeux.

*

[Prague, du 8 au 9 août 1920]
Dimanche soir

• Il y a une chose qui me gêne depuis toujours dans ton argumentation ; elle éclate particulièrement dans ta dernière lettre ; c'est une faute indubitable, et sur laquelle tu peux t'examiner : quand tu dis [2] (ce qui est vrai) que tu aimes ton mari à tel point que tu ne peux pas le laisser (quand ce ne serait que pour moi, ne le fais pas ; j'entends que, si tu le laissais quand même, ce serait une chose affreuse pour moi), je te crois et te donne raison. Quand tu dis que toi, tu

175

pourrais le laisser, mais qu'il a besoin de toi moralement et ne saurait vivre sans toi, que c'est pour cette raison que tu ne peux l'abandonner, je le crois aussi et je te donne encore raison. Mais quand tu dis que matériellement il ne se débrouillerait pas sans toi, et que tu en fais une raison principale, ou bien [1] c'est pour masquer les motifs précédents (non pour les renforcer, ce sont des motifs qui n'ont pas besoin de renforts), ou bien ce n'est qu'une de ces plaisanteries du cerveau (dont parle ta dernière lettre), sous lesquelles le corps se débat, et pas seulement lui.

(En haut et à droite de la première page :) ●● Merci pour les timbres ; de cette manière, c'est supportable, mais cet homme-là ne travaille pas, il se contente de regarder les timbres avec ravissement, comme moi, un étage plus bas, je regarde les lettres. Par exemple : les timbres de 10 hellers existent sur papier épais et sur papier mince ; sur papier mince, ils sont plus rares ; dans ta bonté, ceux que tu as envoyés étaient sur papier mince.

Lundi.

● J'allais ajouter quelque chose dans la direction de ce que je disais hier, lorsque j'ai eu tes quatre lettres ; pas en même temps d'ailleurs : d'abord, celle dans laquelle tu me parlais de ton évanouissement ; peu après, celle que tu as écrite juste après l'évanouissement, et en même temps l'autre, disons celle qui est très belle, et encore un instant après celle qui parle d'Émilie. Je ne vois pas bien dans quel ordre elles se suivent, tu n'indiques plus les jours.

Je vais donc répondre à la question *strach* et *touha* [a] ; en une fois, ce sera difficile, mais si j'y reviens dans plusieurs lettres, peut-être arriverai-je à bonne fin. Ce qui serait bien aussi, ce serait que tu aies lu la lettre à mon père (d'ailleurs médiocre et inutile). Peut-être l'apporterai-je à Gmünd.

Si on limite *strach* et *touha*, comme tu le fais dans ta dernière lettre, il n'est pas facile, mais il est très simple de répondre à ta question : je n'ai que *strach*. Et voici comme :

Je me rappelle la première nuit. Nous habitions alors dans la Zeltnergasse en face d'un magasin de confection : à la porte du magasin, se tenait toujours une employée de la boutique ; moi, qui avais un peu plus de vingt ans, je passais mon temps à faire les cent pas dans ma chambre, en apprenant, au prix d'une grande tension nerveuse, pour mon premier examen d'État, des choses auxquelles je ne trouvais aucun sens. C'était en été, il faisait très chaud, la température était insupportable ; je restais près de la fenêtre, à remâcher la rébarbative histoire du droit romain ; finalement, nous prîmes un rendez-vous par signes. Je devais aller la chercher le soir à huit heures ; mais, lorsque je me présentai, un autre se trouvait déjà là ; cela ne changeait pas grand-chose ; comme j'avais peur de tout, j'avais peur de cet homme-là, et, même s'il n'avait pas été, j'aurais *tout de même* eu peur de lui. Mais, tout en s'accrochant à lui, la jeune fille me faisait signe de la suivre. Nous allâmes ainsi jusqu'à la Schützeninsel, où nous prîmes tous les trois de la bière, eux à une table, moi à une table voisine ; puis ils sortirent et se dirigèrent lentement, moi à leur suite, du côté de chez la jeune fille (c'était dans le coin du Marché à la viande). Sur le seuil, l'homme prit congé, la jeune fille entra rapidement ; j'attendis un instant, puis elle sortit pour me rejoindre et nous allâmes dans un hôtel de la Kleinseite. Tout cela, déjà avant l'hôtel, avait quelque chose d'excitant, émouvant et abominable ; il n'en fut pas autrement à l'hôtel. Et quand nous rentrâmes le matin — il faisait toujours beau et chaud — par le Karlsbrücke, j'étais heureux sans doute, mais ce bonheur n'était fait que du soulagement d'un corps qui avait longtemps gémi ; il consistait surtout dans le fait que ce n'eût pas été *encore* pire, plus abominable, plus sale. Je rencontrai [1] encore une fois la petite, deux nuits plus tard, je crois ; tout se

177

passa aussi bien que la première fois mais lorsque, immédiatement après, je partis en vacances à la campagne, et que j'eus un peu flirté avec une jeune fille, je ne pus plus porter mes regards sur la petite employée ; je ne lui dis plus un mot, elle devint pour moi l'ennemie, — alors que c'était une brave et gentille fille —, et elle ne cessa de me poursuivre d'un regard qui ne comprenait pas. Je ne veux [1] pas dire (ce serait faux) que mon hostilité soit venue uniquement de ce que la petite avait fait à l'hôtel, en toute innocence, une petite abomination (qui ne vaut pas d'être détaillée), qu'elle avait dit une petite saleté (qui ne le mérite pas davantage), mais le souvenir restait ; j'avais su dès le début qu'il ne s'effacerait jamais ; j'avais su, ou cru savoir, que cette horreur et cette saleté faisaient partie intégrante du tout, pas nécessairement sur le plan matériel, mais extrêmement nécessairement sur le plan moral, et que c'étaient précisément cette saleté et cette horreur (dont le petit signe avait tenu dans son petit geste, son petit mot) qui m'avaient attiré avec une si folle violence dans cet hôtel, que j'eusse évité [2] de toutes mes forces en temps normal.

Comme il en alla cette fois-là, il en alla toujours par la suite. Mon corps, qui restait souvent paisible plusieurs années, était secoué ensuite insupportablement par le désir lancinant d'une petite abomination, d'une petite horreur extrêmement précise, d'une petite chose un peu gênante, sale, répugnante ; jusque dans le meilleur du plaisir, il en restait [3] un souvenir, je ne sais quelle mauvaise odeur, un peu de soufre, un peu d'enfer. Il y avait là une impulsion un peu semblable à celle que subit le Juif errant toujours absurdement poussé, toujours absurdement nomade, dans un monde sale absurdement.

Mais il y eut aussi par la suite des époques où le corps ne se taisait pas, où rien ne se taisait d'une façon générale et où je fus pourtant sans crainte ; ce fut une vie bonne et paisible, inquiétée seulement par l'espoir (connais-tu [4] meilleure inquiétude ?). A ces époques-là, dès qu'elles duraient un peu, je me suis toujours trouvé seul. Pour la première fois de ma vie, je connais maintenant une époque *de ce genre* dans laquelle je ne suis *pas seul*. C'est pourquoi ce n'est pas seulement ta présence physique qui m'inquiète de cette apaisante façon, mais toi-même. Aussi n'ai-je pas de nostalgie de la saleté (pendant[1] la première moitié de mon séjour à Merano, jour et nuit, je bâtissais des plans malgré moi pour m'emparer de la femme de chambre — ou pis encore —; [vers la fin du séjour] une jeune fille me tomba dans les bras, une jeune fille très consentante (il me fallut d'abord traduire en quelque sorte dans ma langue ce qu'elle disait pour arriver à comprendre ce qu'elle voulait). Je ne vois d'ailleurs plus rien d'ordurier, je ne vois pas d'excitant extérieur qui le soit, rien qui ne porte vie du dedans; bref, je respire[2] un peu de l'air qu'on respirait au Paradis avant la faute. Rien qu'un peu de cet air, il n'y a donc pas *touha*; pas tout cet air, il y a donc de la « peur ». Te voilà maintenant renseignée. C'est pourquoi j'avais « peur », en effet, de passer la nuit à Gmünd, mais c'était seulement la « peur » ordinaire — elle suffit, hélas, amplement — celle que j'ai également à Prague, pas une peur particulièrement gmündoise.

Et maintenant parle-moi d'Émilie, je peux encore avoir ta lettre à Prague.

Je ne joins rien à ma lettre aujourd'hui, demain seulement. Cette lettre est *importante*; je veux que tu la reçoives telle quelle.

L'évanouissement[3] n'est qu'un symptôme parmi d'autres. Je t'en prie, viens sûrement à Gmünd. S'il pleut dimanche matin, tu ne pourras pas venir? Je t'attendrai de toute façon devant la gare de Gmünd. Tu n'as pas besoin de passeport, je pense? Mais t'es-tu déjà renseignée? Te faut-il quelque chose que je pourrais t'apporter? Est-ce pour me dire de voir

179

Staša que tu me parles d'elle? Elle n'est presque jamais à Prague. (Quand elle y est, naturellement, il est encore plus difficile de la voir.) J'attends que tu m'en reparles, ou que nous soyons à Gmünd. ●● Staša m'a dit d'ailleurs, si je m'en souviens bien et comme une chose tout à fait évidente que ton père et ton mari se sont parlé même assez fréquemment.

● Tu as mal interprété ma remarque au sujet de Laurin. (quelle mémoire!... Ce n'est pas de l'ironie, mais de la jalousie, ce n'est pas de la jalousie, mais de la mauvaise plaisanterie). J'avais seulement été frappé de l'entendre traiter tous les gens qu'il connaît d'imbéciles, « d'escrocs » ou de « sauteuses de fenêtres », alors que tu es Milena tout court, et une très respectable Milena. La chose m'avait fait plaisir, c'est pourquoi je te l'ai racontée; non parce qu'elle faisait ton apologie, mais la sienne. D'ailleurs [1], si je veux être exact, il faisait d'autres exceptions; pour son alors futur beau-père, par exemple, sa belle-sœur et son beau-frère, et l'ancien fiancé de sa fiancée, qui étaient tous franchement « merveilleux ».

Ta lettre d'aujourd'hui est si triste et si fermée sur son chagrin que je me sens comme chassé de chez toi. S'il faut que je sorte de ma pièce, je monterai quatre à quatre au galop et redescendrai de même pour me retrouver tout de suite ici et découvrir ton télégramme : « Serai aussi samedi à Gmünd. » Mais il n'est encore rien venu.

(A gauche, en marge et en haut à la dernière page :) Tu arriveras juste après neuf heures, ne te laisse pas retenir par la visite de la douane (tu es Autrichienne), je ne peux pas passer des heures à me réciter le compliment de bienvenue que je te prépare.

*

[Prague, 9 août 1920]
Samedi/Lundi après-midi
(je ne pense manifestement
qu'à samedi)

● Il faudrait que je sois bien menteur pour ne pas en dire ce soir encore plus que dans ma lettre de ce matin, surtout à toi avec qui je peux parler plus librement qu'avec personne, parce que personne ne fut jamais à mon côté comme tu t'y es mise, sachant, voulant comme tu le fais, en dépit de tout, malgré tout. (Sache distinguer le grand « Malgré tout », du grand « Pourtant ».)

Les plus belles [1] de toutes tes lettres (et les plus belles c'est beaucoup dire, car elles sont toutes ensemble et presque dans chacune de leurs lignes ce qui m'est arrivé de plus beau dans la vie), ce sont celles dans lesquelles tu donnes raison à ma « peur », tout en essayant d'expliquer pourquoi je ne dois pas l'avoir. Car moi aussi, même si j'ai parfois l'air d'être son avocat soudoyé, je lui donne probablement raison au plus profond de moi-même, que dis-je? elle compose ma substance et c'est peut-être ce que j'ai de meilleur. Et comme c'est ce que j'ai de meilleur, c'est peut-être aussi l'unique chose que tu aimes en moi. Que pourrait-on en effet trouver d'autre à tant aimer en ma personne? mais elle, elle est digne d'amour.

Tu m'as demandé une fois comment je pouvais dire « bon » ce samedi que j'ai passé avec l'angoisse au cœur; c'est bien facile à expliquer. Comme je t'aime (*et je t'aime, tête dure, comme la mer aime le menu gravier de ses profondeurs ; mon amour ne t'engloutit pas moins ;* et puissé-je être aussi pour toi, avec la permission des cieux, ce qu'est ce gravier pour la mer!); comme je t'aime, j'aime le monde entier; ton épaule gauche en fait partie; non, c'est la droite qui a été la première et c'est pourquoi je l'embrasse, s'il m'en prend

181

fantaisie (et si tu as l'amabilité de la dégager un peu de ta blouse) ; ton autre épaule en fait aussi partie, et ton visage au-dessus du mien dans la forêt, et ton visage au-dessous du mien dans la forêt, et ma tête qui repose sur ton sein presque nu. Et c'est pourquoi tu as raison de dire que nous n'avons déjà fait qu'un ; ce n'est pas cela qui me fait peur, c'est au contraire mon seul bonheur, mon seul orgueil, et je ne le limite pas à la forêt.

Mais justement, entre ce monde du jour et cette « demi-heure au lit » dont tu m'as parlé une fois dans une lettre, avec mépris, comme d'une histoire masculine, il y a pour moi un abîme que je ne puis franchir, probablement parce que je ne le veux pas. De l'autre côté, c'est affaire de la nuit ; à tous égards, dans tous les sens, c'est une affaire de la nuit ; ici c'est le monde, et je le possède ; et il faudrait que je saute dans la nuit, de l'autre côté de l'abîme, si je veux en reprendre possession ? Peut-on reprendre possession d'une chose ? N'est-ce pas la perdre ? Ici est le monde que je possède et je passerais de l'autre côté pour l'amour d'un philtre inquiétant, d'un tour de passe-passe, d'une pierre philosophale, d'une alchimie, d'un anneau magique ? Pas de ça, j'en ai affreusement peur.

Vouloir saisir par magie, en une nuit, hâtivement, la respiration oppressée, désemparé, possédé, vouloir, dis-je, saisir par magie ce que chaque jour donne aux yeux ouverts ! (« Peut-être » ne peut-on pas avoir d'enfant autrement, « peut-être » les enfants sont-ils aussi de la magie, laissons la question pour l'instant). C'est pourquoi j'ai tant de gratitude (et pour toi et pour tout) et c'est pourquoi aussi il est *samozřejmé*[a], que je trouve auprès de toi la plus grande inquiétude en même temps que la plus grande paix, et la suprême liberté en même temps que la suprême contrainte, pourquoi aussi, l'ayant compris, j'ai renoncé à toute autre vie. — Regarde-moi dans les yeux !

C'est Mme Kohler qui m'apprend la première que les livres de la table de chevet sont passés sur le secrétaire. On aurait dû me demander d'abord si j'autorisais cette émigration. Et j'aurais dit non.

Et maintenant remercie-moi. J'ai heureusement réprimé l'envie d'écrire ici, dans ces dernières lignes, quelque chose de fou (de follement jaloux).

Mais maintenant en voilà assez, maintenant parle-moi d'Émilie.

*

[Prague, 10 août 1920]
Mardi

• Je ne suis pas très bien préparé pour l'anniversaire de naissance; j'ai encore plus mal dormi que d'ordinaire : tête brûlante, les yeux vides, les tempes douloureuses; et aussi de la toux. Je crois que je ne pourrais pas formuler des vœux un peu longs sans tousser. Heureusement, les vœux ne sont pas nécessaires, il suffit d'un remerciement, il suffit de te remercier d'exister en ce monde, dont à première vue (tu vois que je n'ai pas non plus une grande connaissance du monde, seulement je l'avoue, contrairement à toi), dont, à première vue, je n'aurais pas attendu qu'on puisse t'y trouver. Je t'en remercie (est-ce bien là un remerciement?), par un baiser exactement semblable à celui que tu as eu à la gare, encore qu'il ne t'ait pas plu (je me sens un peu provocant aujourd'hui).

Je ne me suis pas toujours senti aussi mal ces temps derniers, j'ai même eu de très bons moments, mais mon grand jour de gloire date d'il y a environ une semaine. Je faisais, dans toute ma faiblesse, à l'École de Natation, l'interminable tour du bassin en me promenant ; c'était sur le soir, beaucoup de gens étaient partis, mais il en restait quand même pas mal : arrive en face de moi le second maître-nageur, qui ne me connaît pas ; il regarde partout, comme pour trouver quelqu'un, m'aperçoit, me *choisit* visiblement et me demande : *Chtěl byste si zajezdit* [a] *?* Il y avait là en effet un monsieur qui était venu de l'île Sainte-Sophie et voulait se faire transporter dans celle des Juifs ; un grand entrepreneur de bâtiments, je crois ; dans l'île des Juifs on fait de grandes constructions. Évidemment, il ne faut pas exagérer : le maître-nageur a vu un pauvre jeune homme et a voulu lui offrir le plaisir d'une promenade gratuite ; mais enfin, par égard pour le *grand* entrepreneur, il était obligé de choisir un garçon auquel on pût se fier pour la force et l'adresse, comme aussi pour ne pas employer le bateau, une fois sa mission accomplie, à des promenades personnelles, mais à revenir immédiatement. Tout cela, il a donc cru le découvrir en moi. Le grand Trnka (le propriétaire de l'établissement, dont il faudra que je te reparle) vint également et demanda si le jeune homme savait nager. Le maître-nageur, qui lisait tout, apparemment, sur mon visage, le rassura. Je n'avais pas eu un mot à dire. Le passager se présenta et nous partîmes. En jeune homme bien élevé, je parlai peu. Il dit que c'était une belle soirée, je dis *ano* [b], puis il dit qu'il faisait cependant assez frais, je dis *ano* ; enfin que nous allions très vite ; cette fois, de reconnaissance, je ne pus plus dire un mot. Naturellement j'atterris en beauté ; il descendit [1], remercia beaucoup, mais oublia le pourboire, à ma grande déception (oui, quand on n'est pas une jeune fille...). Je revins tout droit, le grand Trnka fut étonné de me revoir si vite. Je n'avais jamais été aussi bouffi d'orgueil, il me semblait que j'étais un tout petit peu plus digne de toi (un tout petit peu, mais enfin un peu) ! Depuis j'attends chaque soir sur le bord du bassin qu'un nouveau passager se présente, mais il n'en vient plus.

Cette nuit, j'ai eu soudain l'idée, au cours d'un bref demi·

sommeil, que je devrais fêter ton anniversaire en cherchant partout les endroits que tu trouves importants. Sur quoi je me suis trouvé tout de suite, sans même l'avoir voulu, devant la Gare de l'Ouest. C'était une toute petite maison ; il ne devait guère y avoir de place à l'intérieur, car un express venait justement d'arriver et un wagon qui ne pouvait y tenir passait le nez hors du bâtiment. J'étais très satisfait de voir que, devant la gare, attendaient trois jeunes filles très gentiment vêtues (l'une d'entre elles portait une natte), très maigres aussi, à vrai dire : c'étaient des porteuses de bagages. Elles me firent songer que ce que tu avais fait n'était pas tellement extraordinaire. Et cependant, j'étais content que tu ne sois pas là, avec elles ; et malheureux aussi, bien sûr. Pour ma consolation je trouvai un petit portefeuille qu'un voyageur avait perdu, et j'en tirai d'immenses vêtements pour le plus grand étonnement des gens qui m'entouraient. Mais un manteau, tel que le veut la *Tribuna* de dimanche, dans la « Lettre ouverte » qui m'est adressée, n'était malheureusement pas au nombre de ces vêtements ; il va falloir que j'envoie le mien, bien qu'il ne soit pas comme il faut.

La deuxième partie du *Typus* est parfaite, mordante, féroce, antisémite, splendide. Je n'avais pas remarqué encore la malice raffinée de ceux qui écrivent pour le public. Tu parles au lecteur tranquillement, sur le ton de la confidence, d'une affaire qui te tient à cœur, tu as tout oublié au monde, tu ne t'intéresses plus qu'à ce lecteur, et tout à coup tu lui dis pour finir : « Est-ce beau, ce que j'ai écrit ? C'est beau ? eh bien, j'en suis ravie ! Au demeurant, je me trouve très loin de vous et je ne me laisse pas embrasser à titre de remerciement. » Là-dessus, rideau, et te voilà partie.

Sais-tu d'ailleurs que tu m'as été donnée le jour de ma confirmation ? (Il existe aussi chez les Juifs une sorte de confirmation.) Je suis né en 83, j'avais donc treize ans quand tu es née. Le jour où l'on a treize ans est une fête solennelle ;

je dus aller réciter au temple un petit morceau péniblement appris par cœur, en haut, près de l'autel, et tenir ensuite à la maison un discours (également appris). Je reçus aussi beaucoup de cadeaux. Mais j'imagine que je ne fus pas tout à fait content, il me manquait encore quelque chose et je le demandai au ciel; il se fit attendre jusqu'au 10 août.

Oui, bien sûr, j'aime beaucoup relire tes dix dernières lettres, encore que je les sache par cœur. Mais relis les miennes, de ton côté, tu y trouveras une foule de questions (tout un pensionnat de jeunes filles).

De ton père nous parlerons à Gmünd. Devant « Grete », comme devant la plupart des jeunes filles, je suis resté désemparé. Ai-je eu jamais une pensée qui te concernât ? Je ne peux pas me rappeler. J'aime tenir ta main dans la mienne, j'aime regarder dans tes yeux, c'est tout, pas de Grete !

Quant à « ne pas mériter » *(nechápu jak takový člověk...*[a]*)*, je me trouve aussi, en ce qui me concerne, en face de la même énigme; et je ne crois pas non plus que nous la résolvions à nous deux. D'ailleurs elle est blasphématoire. En tout cas j'ai bien l'intention de ne pas lui consacrer une minute à Gmünd. Voici maintenant que tu es obligée de mentir plus que je n'aurais eu à le faire moi-même. Cela m'afflige. *S'il y avait un obstacle grave, reste à Vienne tranquillement* — même sans m'en aviser —, j'en serai quitte pour avoir fait une petite excursion à Gmünd et été trois heures plus près de toi. J'ai déjà le visa. Quant à télégraphier, tu ne le pourras pas, tout au moins aujourd'hui, avec la grève qu'il y a chez vous.

(Dans la marge gauche et en haut de la première page :) ●● L'homme est heureux, il y a quelque temps, il m'avait donné — non, prêté, c'était le seul qu'il possédât — un exemplaire de ce timbre d'une couronne, mais je n'avais pas eu envie de

te l'envoyer. Il m'a malheureusement donné encore un autre exemplaire, également un timbre d'une couronne, mais étroit et brun rouge, et je l'ai perdu.

*

[Prague, 11 août 1920]
Mercredi

• Je ne comprends pas que tu me demandes pardon. Quand la chose est passée, n'est-il pas évident que je te pardonne? Je n'ai été impitoyable qu'avant et tu ne t'en es pas souciée. Comment pourrais-je ne pas te pardonner une chose quand elle est passée? Quel chaos faut-il qu'il y ait dans ta tête pour que tu te fasses de telles idées.

La comparaison avec ton père, du moins en ce moment, ne me plaît pas. Va-t-il falloir que je te perde, moi aussi? (A vrai dire, je n'ai pas, comme ton père, les forces qu'il y faudrait.) Mais si tu persistes dans ta comparaison, renvoie le tricot.

Pour son achat et son expédition, ç'a été une aventure de trois heures, qui m'a réellement détendu — j'en avais alors grand besoin — et dont je te suis très reconnaissant. Je suis trop fatigué aujourd'hui pour te la raconter, je n'ai pas dormi de deux nuits. Ne puis-je me reposer un peu pour mériter quelque éloge à Gmünd?

Sérieusement? De la jalousie pour la voyageuse d'Amsterdam? Ce qu'elle fait est certes très beau, si c'est fait avec conviction, mais tu commets une erreur de logique. A l'homme qui vit ainsi, la vie est une contrainte, c'est pour celui qui ne peut le faire qu'elle serait la liberté. Il en est de même partout. Ta jalousie, au bout du compte, n'est qu'un souhait de mort.

•• D'où proviennent[1] d'ailleurs *tíha, nevolnost, hnus*[a]? Comment concilier cela avec l' « envie »? Ce n'était, d'ail-

187

leurs, pas du tout conciliable. C'est seulement dans la mort que le vivant est conciliable avec la nostalgie.

Sur le fait de rester à Vienne, je t'ai dit des choses encore bien plus perfides que celles que tu mentionnes, mais tu as sans doute raison. Ce qui est choquant, selon moi, c'est seulement que ton père gagne beaucoup en pouvoir, par rapport aux années précédentes. (Tu peux par conséquent garder le tricot.)

● Avec Max, fais à ton idée. Mais, maintenant que je sais ce que tu as à lui faire dire, je me ferai porter chez lui, quand la fin viendra, pour discuter d'une excursion de quelques jours « parce que je me sens particulièrement en forme », sur quoi j'irai chez moi, en me traînant, m'étendre pour la dernière fois.

Je parle ainsi, bien sûr, parce que je n'en suis pas là. Mais dès que j'aurai 37,5 (ou 38° par temps de pluie) les petits télégraphistes trébucheront les uns sur les autres tout le long de ton escalier. Espérons qu'ils seront en grève et choisiront mieux leur moment que le jour de ton anniversaire.

La poste a pris trop au pied de la lettre ma menace de ne plus donner de timbres à notre homme ; le timbre de la lettre « exprès » était déjà décollé quand je l'ai reçu. Il faut d'ailleurs que tu comprennes bien cet homme des timbres. Il ne fait pas sa collection avec un timbre de chaque sorte ; il a de grandes feuilles pour chaque timbre, et de grands albums pour les grandes feuilles ; quand une feuille d'une sorte est pleine, il en prend une nouvelle, et ainsi de suite. Il se tient à ce travail tous les après-midi, et il est gros, joyeux et satisfait. Et pour chaque sorte, il a un nouveau sujet de joie ; par exemple, aujourd'hui les timbres de 50 hellers : le tarif du port est augmenté à dater de ce jour (pauvre Milena !) et les timbres de 50 hellers vont être plus rares.

Ce que tu dis de Kreuzen me plaît (Afleur, non, c'est un vrai sanatorium de pulmonaires, on y fait des injections ; horreur ! un employé de chez nous est mort[1] en en sortant) ;

188

j'aime ce genre de pays, et on y trouve des souvenirs historiques. Mais Kreuzen reste-t-il ouvert à la fin de l'automne? Accepte-t-on les étrangers? et ne leur demande-t-on pas des tarifs plus élevés? et un autre que moi comprendra-t-il que j'aille au pays de la faim pour me mettre à l'engrais? J'y écrirai toutefois.

Hier, j'ai reparlé avec ce Stein. C'est un de ces êtres avec lesquels on est généralement injuste. Je ne sais pourquoi on se moque de lui. Il connaît tout le monde et sait le privé de chacun; avec cela modeste, et des jugements prudents, intelligemment nuancés, respectueux; qu'ils soient trop nettement vaniteux, ne fait qu'accroître son mérite, quand on connaît bien le caractère des gens secrètement, voluptueusement, criminellement vaniteux. J'ai attaqué sur Haas, glissé sur Jarmila, j'en étais un instant après à ton mari, et finalement... Il n'est d'ailleurs pas vrai que j'aime entendre parler de toi; pas du tout; c'est ton nom seulement que j'aimerais ne cesser d'entendre tout le jour. Si je lui avais posé des questions, il m'aurait beaucoup parlé de toi aussi; comme je ne lui demandais rien, il s'est contenté de constater avec une affliction sincère que tu ne vivais presque plus, que tu étais minée par la cocaïne (comme j'ai été heureux que tu vives, à ce moment-là!) Il a d'ailleurs ajouté, avec sa prudence et sa modestie habituelles, qu'il n'avait été témoin de rien, qu'il ne faisait que répéter des bruits. Il a parlé de ton mari comme d'un puissant magicien. ●● Il prétend avoir été avec Jarmila, Haas et Reiner deux jours avant le suicide. Reiner aurait été très aimable avec Haas et lui aurait emprunté de l'argent. ● Il a cité un nom que je ne connaissais pas, de l'époque où tu étais à Prague: je crois que c'était Kreidlová. Il aurait pu continuer sur le même ton pendant des heures, mais je suis parti; je me sentais un peu écœuré, surtout de moi, qui restais ainsi à son côté sans souffler mot, à écouter des choses que je ne voulais pas entendre et qui ne me regardaient pas.

Je répète : s'il y a un obstacle quelconque qui *risque* d'avoir pour effet de te causer la *moindre* peine, reste à Vienne, même sans m'aviser s'il le faut. Mais si tu pars, force immédiatement les barrages de la frontière. Si, par quelque aberration que je ne saurais prévoir, il m'arrivait de ne pouvoir partir sans que j'aie le temps de te le faire savoir à Vienne (je télégraphierais alors à Mme Kohler), tu trouverais un télégramme pour toi à Gmünd, à l'Hôtel de la Gare.

Les six livres sont-ils tous arrivés ?

J'ai éprouvé à lire ta *Kavárna*^{a} la même impression qu'à écouter Stein, mais tu racontes tellement mieux que lui. Qui raconte encore aussi bien ? Mais pourquoi racontes-tu cela à tous ceux qui achètent la *Tribuna* ? En lisant, je me figurais faire les cent pas devant le café, jour et nuit, pendant des années ; à chaque client qui arrivait ou s'en allait, je regardais par la porte ouverte pour me convaincre que tu étais encore là et je reprenais mon va-et-vient et mon attente. Ce n'était ni triste ni fatigant. Quelle tristesse, quelle fatigue pourrait-on ressentir devant la porte d'un café où tu te tiens ?

*

[Prague, 12 août 1920]
Jeudi

•• J'irai voir Laurin aujourd'hui, téléphoner est trop incertain et trop difficile. Mais à Pick je ne peux qu'écrire et je ne connais même pas exactement son adresse ; il est peu probable que je retrouve sa dernière lettre. Il est à la campagne, il n'a été récemment que quelques jours à Prague et il est reparti. • Je suis ravi que Münchhausen ait bien fait : à vrai dire, il avait déjà réalisé des exploits bien plus difficiles. Et les roses vont être soignées comme les fleurs de la dernière fois *(náruči!)* [a] ? Et quelles fleurs étaient-ce ? Et de qui ?

Pour Gmünd, je t'ai déjà répondu avant que tu ne m'aies interrogé. Tourmente-toi le moins possible, c'est ainsi que tu me tourmenteras le moins. Je n'ai pas assez réfléchi que tu es obligée de mentir ainsi. Mais comment ton mari peut-il croire que je ne t'écris pas et ne veux pas te voir, dès lors que je t'ai vue une fois ?

Tu m'as écrit que tu as parfois envie de me mettre à l'épreuve. C'était pure plaisanterie, n'est-ce pas ? N'en fais rien, je t'en prie. Savoir consume déjà tant de forces, que serait-ce de l'opposé ?

Je suis [1] tellement content que tu aimes les annonces ; dévore-les, dévore-les. Peut-être, si je commence aujourd'hui à mettre de l'argent de côté, que tu veuilles attendre vingt ans et que les fourrures soient alors moins chères (l'Europe étant retournée à la sauvagerie et les animaux à fourrure courant par conséquent les rues), peut-être mes économies suffiront-elles à ce moment-là pour un manteau.

Et saurais-tu me dire quand je dormirai enfin ? la nuit de samedi ? celle de dimanche ?

Ces timbres surimprimés, afin que tu le saches, sont le vrai désir de notre homme (il n'a jamais que de « vrais » désirs). *To je krása !* [2] *to je krása* [b], dit-il. Dieu sait ce qu'il y voit !

Et maintenant, je vais aller manger avant de passer à l'Office des Changes ; et voilà une matinée de bureau.

*

[Prague, 13 août 1920]
Vendredi

• Je ne sais pas exactement pourquoi j'écris, par nervosité probablement, par la même nervosité qui m'a fait donner ce

191

matin une maladroite réponse télégraphique à la lettre que j'ai reçue hier soir par exprès. Cet après-midi, après m'être renseigné auprès de Schenker, je répondrai de toute urgence.

Sinon, cet échange de lettres n'amènera jamais qu'à conclure que tu es liée à ton mari par un mariage indissoluble, positivement sacramentel (que je suis nerveux! il faut que dans ces derniers jours ma barque ait perdu son gouvernail!) et moi, par un mariage exactement semblable, à... je ne sais à qui, mais le regard de cette épouse terrifiante se pose souvent sur moi, je le sens. Et ce qu'il y a de singulier, c'est que chacun de ces deux mariages, encore qu'il soit indissoluble, par conséquent qu'on n'y puisse plus toucher, fait malgré tout ou renforce[1] tout au moins l'indissolubilité de l'autre, et de toute façon, comme tu l'écris, il n'y a plus qu'une sentence qui compte : *nebude toho nikdy*[a]; ne parlons plus jamais d'avenir, ne nous occupons que du présent.

Cette vérité est absolue, inébranlable, c'est la colonne qui porte le monde, et cependant j'avoue une chose dans le domaine de l'impression (de l'impression seulement, car la vérité reste, elle reste absolue; quand je m'apprête[2] à écrire quelque chose comme ce qui va venir, les épées dont les pointes forment une couronne autour de moi se rapprochent déjà lentement de mon corps, et c'est le plus parfait supplice; lorsqu'elles commencent à m'effleurer — je ne parle pas d'entailler — lorsqu'elles commencent simplement à m'effleurer, c'est déjà si épouvantable qu'immédiatement, au premier cri, je trahis tout, toi, moi et tout) ; j'avoue donc avec ces réserves qu'un tel échange de lettres au sujet de ces questions me produit la même impression (je dis l'impression seulement, je le répète pour l'amour de ma peau) que si je vivais[3] dans quelque coin d'Afrique centrale, que j'y eusse vécu toute ma vie, et que je te fisse part à toi, qui vis au beau milieu de l'Europe, de mon inébranlable opinion sur la prochaine constellation politique. Mais ce n'est là qu'une comparaison, une sotte comparaison, maladroite et fausse, sentimentale, pitoyable et volontairement aveugle; rien d'autre, s'il vous plaît, épées.

Tu as raison de me citer la lettre de ton mari, je ne comprends pas tout exactement (ne me l'envoie pas cependant), mais j'y vois le style d'un « célibataire » qui veut « se marier ». Qu'est-ce que son accidentelle « infidélité », qui n'est même pas infidélité puisque vous restez dans la même voie et qu'il ne fait qu'aller un peu à gauche à l'intérieur de cette voie, qu'est-ce que cette « infidélité », qui ne cesse d'ailleurs de répandre le plus profond bonheur sur ta pire souffrance, qu'est-ce à côté de mon éternel assujettissement?

Je ne t'ai[1] pas mal comprise au sujet de ton mari. Tu ne cesses de faire passer dans le souci de ses bottes tout le mystère, le riche et inépuisable mystère de votre indissoluble union. Il y a là-dedans[2] quelque chose qui me tourmente, je ne sais pas exactement quoi. C'est pourtant très simple : si tu partais, ou bien il vivrait avec une autre femme ou bien il prendrait pension quelque part; ses bottes n'en seront que mieux cirées. C'est bête et ce n'est pas bête : je ne sais ce qui me tourmente dans ces réflexions. Peut-être, toi, le sais-tu.

•• Je suis allé hier voir Laurin, il n'était pas à la rédaction, je lui ai parlé aujourd'hui au téléphone, en le dérangeant en plein dans la correction d'un article de toi. Il m'a dit qu'il avait écrit hier à ton mari que celui-ci devait s'adresser directement au secrétaire de Masaryk, une relation de Laurin. J'ai écrit hier à Pick à Haindorf-Ferdinandstal.

• Tu n'aurais pas été obligée de gâcher le jour de ton anniversaire, si tu m'avais écrit plus tôt pour l'argent. Je l'apporterai. Mais peut-être ne nous verrons-nous pas, ce serait bien possible au milieu de toute cette confusion.

C'est bien cela. Tu parles des gens qui ont en commun soir et matin et de ceux qui n'ont pas cela. C'est justement la situation de ces derniers qui me paraît la plus favorable. Ils ont fait, ou peut-être fait, quelque chose de grave, et l'impureté de cette scène provient essentiellement, comme tu le dis bien, de ce qu'ils étaient des étrangers, et c'est une impureté terrestre comme la souillure d'une maison [1] depuis toujours inhabitée qui se voit ouverte tout à coup. C'est donc chose grave, mais non décisive, il ne s'est encore rien passé qui décide formellement au ciel ou sur la terre; ce n'est vraiment qu'un « jeu de balle », pour employer ton expression. C'est comme si Ève avait cueilli la pomme (il me semble parfois que je comprends le péché originel mieux que personne), mais simplement pour la montrer à Adam, parce qu'elle l'aurait trouvée belle. Le définitif était d'y mordre; jouer avec n'était [2] sans doute pas permis, mais n'était pas interdit non plus.

*

[Prague, du 17 au 18 août 1920]
Mardi

• Je n'aurai de réponse à cette lettre que d'ici dix à quinze jours; si je raisonne en comparaison de naguère, c'est presque de l'abandon, n'est-ce pas? Et il me semble justement en ce moment que j'ai à te dire des choses qui ne peuvent ni se dire, ni s'écrire, non pour réparer une erreur que j'aurais commise à Gmünd, pour sauver une chose engloutie, mais pour te faire comprendre un peu profondément mon état d'esprit, afin de ne pas risquer de te rebuter comme il [3] peut arriver malgré tout entre humains. J'éprouve parfois l'impression d'être lesté de tels poids de plomb qu'ils

194

devraient m'entraîner d'un coup au fond de la mer la plus profonde et que celui qui voudrait me saisir, ou, à plus forte raison, me « sauver », y renoncerait, non par faiblesse, non pas même faute d'espoir, mais par irritation. Naturellement, ce n'est pas à toi que je dis ces choses, mais au pâle reflet de toi que peut encore discerner une tête, je ne dis pas malheureuse, je ne dis pas bouleversée (ce seraient encore des états dont il faudrait presque être heureux), mais une tête lasse et vide.

Hier j'ai donc vu Jarmila. Comme tu y tenais beaucoup, je n'ai pas voulu attendre un jour de plus ; à dire vrai, je ne vivais pas tranquille avec l'idée que, de toute façon, il fallait que je parle avec elle et j'aimais autant le faire tout de suite, encore que je ne fusse pas rasé (j'avais déjà dépassé le degré de la chair de poule), ce qui ne pouvait d'ailleurs guère me nuire quant au succès de ma mission. Je suis donc allé là-haut sur les six heures et demie ; la sonnette n'a pas sonné ; j'ai frappé vainement ; les *Narodni Listy* dépassaient de la boîte aux lettres, manifestement il n'y avait personne à la maison. J'ai un peu tourné dans les environs et j'ai vu deux femmes venir de la cour, l'une qui était Jarmila, l'autre qui pouvait être sa mère. J'ai reconnu Jarmila tout de suite, bien qu'elle ne ressemble guère à ses photographies, et à toi pas du tout. Nous sommes tout de suite sortis et nous nous sommes promenés de long en large une dizaine de minutes derrière l'ancienne École des Cadets. Ce qui m'a le plus surpris, c'est que, contrairement à tes prédictions, elle a été extrêmement loquace, au moins pendant ces dix minutes. Un flot de paroles, qui me rappelait beaucoup la prolixité de la lettre que tu m'as envoyée d'elle un jour. Une prolixité qui avait l'air autonome, indépendante du narrateur. C'était encore plus frappant cette fois-ci [1], parce qu'il ne s'agissait pas de détails aussi concrets que dans la lettre. Sa vivacité s'explique un peu par le fait que, comme elle disait, elle est bouleversée depuis des jours par cette affaire, qu'elle a télégraphié à Haas à cause de Werfel (elle n'a pas encore de réponse), qu'elle t'a envoyé à toi aussi un télégramme, et une lettre par exprès, qu'elle a brûlé tout de suite les lettres comme tu l'en avais priée et n'a plus vu d'autre moyen de te rassurer rapidement que de venir cet après-midi pour pouvoir au moins parler de l'affaire avec quelqu'un qui fût au courant. (Elle croyait en effet connaître mon adresse. Voici comment : une fois, en automne je crois, — ou au printemps, je ne sais plus, — j'allais canoter avec Ottla et la petite Růžena — celle qui m'a prédit ma fin prochaine au palais Schœnborn — quand nous rencontrâmes, devant le Rudolphinum, Haas et une femme que je ne vis pour ainsi dire pas. C'était[1] Jarmila. Haas me nomma et Jarmila fit la remarque qu'elle avait plusieurs fois parlé avec ma sœur, à une époque assez lointaine, à l'École Civile de Natation ; elle se souvenait très bien d'elle comme d'une singularité juive car[2] cet établissement était alors des plus chrétiens. En ce temps-là, nous habitions en face de l'École civile de natation et Ottla lui avait montré notre appartement. Voilà ma longue histoire finie.) Et voilà pourquoi Jarmila a été si franchement contente de ma visite, et s'est montrée si animée, fort malheureuse d'ailleurs de ces complications, qui sont « certainement, certainement » terminées, et dont il ne sortira, elle l'a certifié avec fougue, certainement, certainement plus rien. A vrai dire, mon ambition n'a pas été parfaitement satisfaite ; j'avais rêvé, sans me rendre complètement compte de l'importance de tout cela, — mais justement parce que j'étais entièrement pris par ma mission — de brûler moi-même les lettres et d'en disperser les cendres au Belvédère.

D'elle-même elle n'a dit que peu de chose : qu'elle ne quitte pas le logis — sa mine le prouve — et ne parle à personne ; elle ne sort que pour aller chercher quelque chose chez un libraire ou pour jeter une lettre à la poste. Cela dit, elle n'a parlé que de toi (ou était-ce moi? après coup il est bien difficile de le dire); quand je lui ai raconté l'immense joie que tu avais eue le jour où tu avais entrevu, à la suite d'une lettre de Berlin, la possibilité de recevoir sa visite, elle m'a dit qu'elle ne comprenait plus la possibilité de la joie, surtout d'une joie dont elle fût cause. Le ton était simple, et le mot sûrement vrai. Je lui ai dit[1] que l'ancien temps ne s'effaçait pas si aisément, et qu'il y avait toujours des possibilités prêtes à fleurir. Elle m'a répondu qu'en effet[2] cela pouvait arriver, si l'on se trouvait réunis, et qu'elle avait pensé à toi ces derniers temps avec beaucoup de plaisir; qu'il lui eût paru tout naturel et très nécessaire que tu fusses là, là disait-elle; elle montrait le sol du doigt, ses mains miment tout. ●● De ce point de vue[3], elle me rappelait Staša. Elles sont toutes les deux aux enfers quand elles parlent de toi et parlent avec lassitude de toi, qui es vivante. A vrai dire, l'enfer de Jarmila est tout différent; avec Staša, c'est le spectateur qui souffre, ici, c'est Jarmila. Il me semble qu'elle a besoin de ménagements.

● A sa porte nous nous sommes séparés rapidement.

Elle venait de m'agacer un peu avec l'histoire circonstanciée d'une photo de toi particulièrement belle qu'elle voulait me faire admirer. Il en était ressorti après bien des détails qu'elle avait eu cette photo à la main avant le voyage de Berlin, quand elle avait brûlé les lettres et les papiers, et qu'elle l'avait encore tenue en main le jour même, mais que depuis elle l'avait cherchée vainement.

Ensuite, je t'ai télégraphié, en disant avec exagération que ma mission était accomplie. Mais aurais-je pu faire davantage? Et es-tu satisfaite de moi?

Il est absurde de t'adresser une demande dans une lettre que tu ne recevras pas avant quinze jours, mais peut-être n'est-ce là qu'une petite contribution à l'absurdité des demandes en général : si tu en trouves le moindre moyen en ce monde sans garde-fous (où l'on est emporté quand on est emporté, et où l'on ne peut se tirer d'affaire) ne te laisse pas rebuter par moi, même si je te déçois une fois, ou mille fois, ou juste en ce moment ou, plutôt, toujours juste en ce moment. D'ailleurs ce n'est pas une prière, ce n'est pas un cri qui s'adresse à toi, je ne sais à qui il s'adresse [1]. Ce n'est que le souffle oppressé d'une poitrine oppressée.

Mercredi.

Ta lettre de lundi matin. Depuis lundi matin, ou mieux lundi midi, depuis le moment où le bienfait du voyage (indépendamment de tout, tout voyage par lui-même est déjà un rétablissement, une façon d'être pris au collet et secoué comme un prunier), depuis que le bienfait du voyage s'est légèrement dissipé, depuis ce moment [2] je ne cesse de te chanter la même chanson ; constamment différente et toujours identique, riche comme un sommeil sans rêves, monotone et lassante, au point qu'elle m'endort parfois moi-même ; réjouis-toi de n'avoir pas à l'entendre, réjouis-toi d'être à l'abri de mes lettres pour si longtemps.

Oh ! connaissance des hommes ! Quelle objection aurais-je à ce que tu astiques réellement très bien les bottes ? Astique-les, mets-les dans leur coin et que ce soit une affaire réglée. La seule chose qui me tourmente souvent, c'est que tu les astiques en pensée toute la journée (sans que cela les rende plus propres pour autant).

*

[Prague, du 19 au 23 août 1920]
Jeudi

• Je n'ai cessé de vouloir entendre une autre phrase de toi, celle-ci : *Jsi můj* [a]. Pourquoi celle-ci précisément ? Elle ne

198

signifie même pas l'amour, mais bien plutôt la proximité et la nuit.

Oui, le mensonge était grand, et je m'en suis fait complice, et pis, je l'ai fait dans mon coin, tout seul, avec l'air de l'innocence.

Tu me donnes toujours, malheureusement, des commissions qui sont déjà faites quand j'arrive. As-tu si peu de confiance et veux-tu seulement me donner un peu de confiance en moi? Alors, c'est cousu de fil trop blanc.

●● Pick m'écrit qu'il a déjà répondu la semaine dernière à la demande de Madame Milena Pollak (qui peut bien être désigné par cette lourde marche à trois temps?) Il paraît d'ailleurs n'avoir pas d'éditeur, mais il revient fin août à Prague et en cherchera un. J'ai entendu dire récemment qu'Ernst Weiss était gravement malade et sans ressources et qu'une collecte était organisée pour lui à Franzensbad. As-tu entendu parler de cela?

● Je ne comprends pas ce que le télégramme de Jarmila (qui a d'ailleurs été envoyé avant notre rencontre) a à faire avec moi ou surtout avec la jalousie. Elle a eu l'air, il est vrai, contente de me voir (à cause de toi), mais encore plus de me voir partir (à cause de moi, ou mieux à cause d'elle-même).

Tu aurais pu me dire quelques mots de plus au sujet de ton refroidissement; vient-il de Gmünd ou du retour du café? Ici d'ailleurs, il fait encore en ce moment un bel été; dimanche même, il n'a plu que dans le sud de la Bohême; je me sentais glorieux; à mes vêtements trempés le monde entier pouvait reconnaître que je venais du côté de Gmünd.

(En marge, à gauche, sur la première page :) ●● Laurin a-t-il écrit? Et qu'a dit l'avocat?

• A lire de près, on ne comprend pas du tout cette détresse dans laquelle tu vis en ce moment ; il faut prendre un peu de recul, mais même alors on ne comprend guère.

Tu as mal interprété l'histoire des griffes ; d'ailleurs elle n'était pas compréhensible. Ce que tu dis de Gmünd est juste, et au plus large sens du mot. Je me rappelle par exemple que tu m'as demandé si je ne t'avais pas été infidèle à Prague. C'était moitié plaisanterie, moitié sérieux, moitié indifférence : encore une fois trois moitiés ; précisément parce que c'était impossible. Tu avais mes lettres et tu me posais cette question-là ! Était-ce une question possible ? Mais (plus fort !) je te dépassais ! Je te disais que oui, que je t'avais [1] été fidèle. Comment peut-il se faire qu'on parle ainsi ? Ce jour-là nous nous sommes parlé, nous nous sommes écoutés, souvent, longtemps, comme des étrangers.

•• Mon ami de Vienne ne s'appelle pas Jeiteles, et d'ailleurs, il n'est pas mon ami, je ne le connais pas du tout, c'est une relation de Max, lequel nous a mis en rapport, mais l'annonce finira bien par paraître, il est très facile de faire passer cela par un bureau de petites annonces.

• Jarmila est venue me voir hier, sur le soir (je ne sais où elle a pris mon adresse actuelle) ; je n'y étais pas, elle a laissé une lettre pour toi, et un billet écrit au crayon pour me demander de t'envoyer la lettre, parce qu'elle a bien ton adresse à la campagne, mais que cette adresse ne lui paraît pas assez sûre.

•• Je n'ai pas encore téléphoné à Vlasta, je n'ose pas trop me risquer, après 9 heures, je ne pourrais téléphoner que du bureau, au milieu de toute une bande d'employés (nous n'avons pas de cabine), et d'ailleurs je sais si mal téléphoner (c'est la raison pour laquelle la demoiselle du téléphone refuse le plus souvent de me passer la communication) ; et, d'autre part, j'ai oublié son nom de famille et que ferais-je si je tombais sur ton père au téléphone ? Je préférerais lui écrire ; je suppose qu'il faudrait le faire en tchèque ? Tu ne fais pas allusion à l'avocat ? L'annonce paraîtra mercredi pour la première fois. Si tu devais recevoir des lettres à la suite de l'annonce, te les ferait-on suivre de Vienne ?

Lundi.

● Après tout, c'est allé plus vite que je ne pensais, j'ai reçu tes deux lettres de Salzbourg ; pourvu qu'il fasse beau à Saint-Gilgen, car l'automne est déjà là, c'est un fait. Je vais bien et mal, comme on veut ; espérons que ma santé tiendra encore un peu au-delà du début de la saison. Sur Gmünd il faudra que nous revenions, dans nos lettres ou de vive voix, — c'est [1] une partie de ma mauvaise santé — ●● non, ce n'est pas vrai, c'est plutôt le contraire, je vais t'écrire avec plus de détail ; ● je t'envoie ci-joint la lettre de Jarmila. J'ai répondu à sa visite, par pneumatique, que je te ferais naturellement parvenir volontiers sa lettre, mais seulement si elle ne contenait rien d'urgent, car je ne pensais pas avoir ton adresse avant une semaine. Elle ne m'a plus répondu. Si c'est possible, je t'en prie, envoie une vue de ta maison.

*

[Prague, 26 août 1920]
Jeudi

● Je viens seulement de lire ta lettre au crayon ; de celle de lundi je n'ai encore fait que parcourir un passage souligné ; j'ai préféré abandonner ; que je suis craintif ! et qu'il est mal de ne pas [2] pouvoir se jeter dans chaque mot corps et âme de sorte que, s'il était attaqué, on pût se défendre tout entier ou être anéanti tout entier. Mais, là non plus, il n'y a pas que la mort, il y a aussi des maladies.

Je n'avais pas achevé la lecture de ta lettre que je me suis demandé soudain — tu dis toi aussi vers la fin quelque chose

201

de ce genre — s'il ne te serait pas possible de rester un peu plus là-bas tant que le permettra l'automne. Serait-ce impossible ?

De Salzbourg tes lettres sont arrivées vite, de Saint-Gilgen elles mettent plus longtemps, mais je glane aussi quelques nouvelles par-ci par-là. De Polgar, des esquisses dans le journal ; elles parlent du lac ; c'est infiniment triste, et laisse perplexe, parce que ça cherche à être gai ; c'est peu de chose, mais il y a çà et là des nouvelles de Salzbourg, du festival, et du temps incertain, qui ne sont pas plus réjouissantes ; tu es partie trop tard ; puis je me fais parler par Max de Saint-Wolfgang et de Saint-Gilgen, il y a été très heureux dans son enfance, c'était sans doute mieux autrefois. Mais tout cela serait peu, n'était la *Tribuna,* cette possibilité quotidienne de trouver quelque chose de toi, ce bonheur, parfois, de le découvrir effectivement. Te déplaît-il que je t'en parle ? Je lis cela avec tant de plaisir ! Et qui t'en parlerait, sinon moi, ton meilleur lecteur ? Bien avant même que tu ne m'eusses dit qu'il t'arrivait de penser à moi en écrivant, je sentais le rapport de ton texte avec moi, je m'appliquais certaines choses ; depuis que[1] tu me l'as dit expressément, je suis peut-être plus anxieux encore, et si tu parles par exemple d'un lièvre qui court dans la neige, c'est moi-même que j'y vois courir.

●● J'ai passé une bonne heure dans la Sophieninsel avec l'article de Landauer ; je comprends que tu aies été furieuse en sortant de ce travail méticuleux de traduction — mais il s'agissait d'une bienveillante fureur ; c'est d'ailleurs assez beau et si cela ne va pas très profond, cela ferme cependant les yeux pour s'apprêter à le faire. C'est curieux ce domaine qui t'attire, les trois articles (Claudel, Landauer, Dopisy) vont bien dans le même sens. Comment es-tu venue à Landauer ? (Dans ce cahier de *Kmen* se trouve le premier texte original que j'ai trouvé bon dans cette revue, je ne me rappelle plus exactement le nom de l'auteur, Vladislav Vančura ou quelque chose de ce genre.]

• J'ai quand même fini par lire l'autre lettre ; seulement, d'ailleurs, à partir du passage : *Nechci abys na to odpovídal*[a]. Je ne sais pas ce qui précède, mais je suis prêt à y souscrire les yeux fermés, quand bien même ce serait témoigner contre moi par-devant les plus hautes instances, car tout ce que tu m'écris confirme irréfutablement l'image de la Milena qui est enfermée au plus profond de mon cœur. Je suis impur, Milena, infiniment impur, c'est pourquoi je parle tant de pureté. Nul ne chante plus purement que ceux qui sont au plus profond de l'enfer ; ce que nous prenons pour le chant des anges, c'est le leur.

J'ai repris depuis quelques jours la vie de caserne, ou plus exactement de « manœuvres » qui, par périodes, est la meilleure pour mon hygiène, comme je l'ai découvert il y a bien des années. L'après-midi, dormir au lit tant que c'est faisable ; ensuite, deux heures, me remuer un peu les jambes ; ensuite ne pas dormir tant que c'est faisable aussi. Le *hic* tient dans ce « tant que c'est faisable ». « Ce n'est pas[1] faisable longtemps », ni l'après-midi ni la nuit, et pourtant, le matin, je suis absolument flasque au moment où j'entre au bureau. Le vrai plein ne se fait qu'au plus fort de la nuit entre une heure et deux heures, deux et trois, trois et quatre, mais[2] en ce moment, si je ne dors pas avant minuit, si je ne suis pas au lit avant, je perds la nuit et la journée. Cela ne fait d'ailleurs rien, cette façon de « faire-du-service » est une bonne chose, même en l'absence de résultats. Elle n'en aura d'ailleurs pas, j'ai besoin de six mois de cette vie, d'abord pour me « délier la langue », ensuite pour me permettre de voir que c'est fini, que la permission de « faire-du-service » est périmée. Mais, comme je le disais : en soi c'est une bonne chose, même si au bout d'une période plus ou moins longue la toux se met tyranniquement de la partie.

Sans doute les lettres n'étaient pas tellement méchantes, mais je ne mérite quand même pas cette lettre au crayon. Où trouverait-on d'ailleurs au ciel ou sur la terre quelqu'un qui la mériterait ?

●● *(Dans la marge gauche de la première page :)* 100 couronnes par jour, c'est si peu ; ne pourrais-tu pas rester plus longtemps, à Gilgen, Wolfgang, Salzbourg ou ailleurs ?

(Dans la marge de droite et la marge inférieure de la même page :) Je considère qu'il est exclu que Max intervienne chez Topič ; il serait trop maladroit de la part de Pick de vouloir se cacher derrière Max, il ne m'a rien écrit à ce sujet, il m'a seulement promis de chercher lui-même quand il serait de retour à Prague.

● *(A gauche et en bas, en marge de la deuxième page :)* Je savais que j'avais sauté quelque chose en lisant, et que, sans pouvoir l'oublier, je ne pouvais plus m'en souvenir : de la fièvre ? de la vraie fièvre ? une fièvre thermométrée ?

●● *(En marge, à droite de la troisième page :)* Je suppose qu'on ne peut plus prendre de bain ? La vue de ta maison, s'il te plaît.

(En marge à gauche et en haut de la dernière page :) Jarmila m'a malgré tout répondu, trois lignes pour me dire que sa lettre n'est ni urgente ni importante et qu'elle me remercie. En ce qui concerne Vlasta, j'attends tes nouvelles.

*

[Prague, du 26 ou 27 août 1920]
Jeudi soir.

● Je n'ai guère fait aujourd'hui que rester assis, lire çà et là, en picorant et surtout, principalement, rien, ou écouté une légère souffrance qui me travaillait[1] dans les tempes. Tout le jour, j'ai été occupé de tes lettres, tourmenté, amoureux, soucieux, en proie à la crainte[2] imprécise de quelque chose d'imprécis dont l'imprécision consiste surtout en ceci qu'elle dépasse démesurément mes forces. Je n'ai [d'ailleurs] pas osé relire tes lettres, il y en a même une demi-page que je n'ai pas osé lire du tout. Pourquoi ne puis-je prendre mon parti du fait qu'il n'y a pas mieux à faire que de vivre dans cette singulière tension qui ressemble à un suicide constamment différé? (Tu m'as dit plusieurs fois quelque chose du même genre, et j'essayais de me moquer de toi quand tu le faisais.) Pourquoi est-ce que je relâche cette tension afin de m'échapper comme un animal fou (et qui pis est, comme l'animal, pourquoi est-ce que j'aime cette folie?), dérangeant l'électricité, l'affolant, attirant ainsi toute la décharge sur mon corps au risque d'être foudroyé?

Je ne sais pas exactement [1] ce que je veux dire par là ; je ne cherche qu'à capter les plaintes qui s'échappent de tes lettres, les plaintes tues, non les plaintes proférées ; et je le peux, car ce sont au fond les miennes. Que nous ayons dû connaître aussi un tel accord dans le domaine des ténèbres, c'est le plus étrange de tout, et je ne puis [2] vraiment y croire qu'une fois sur deux.

Vendredi.

Au lieu de dormir, j'ai passé la nuit avec tes lettres (pas tout à fait volontairement, je dois l'avouer). Cependant, je ne suis pas encore dans le dernier dessous. A vrai dire, je n'ai pas reçu de lettre, mais cela ne fait rien non plus. Il vaut beaucoup mieux maintenant ne pas s'écrire chaque jour ; tu t'en es rendu compte en secret, avant moi. Les lettres quotidiennes, au lieu de fortifier, dépriment ; autrefois, je buvais ta lettre d'un trait, et je devenais aussitôt (je parle de Prague, non de Merano) dix fois plus fort et dix fois plus altéré. Mais maintenant, c'est tellement triste ! je me mords les lèvres en te lisant ; rien n'est plus sûr, sauf la petite douleur [3] dans les tempes. Mais peu importe, excepté une chose, une seule chose, Milena : d'abord, ne pas tomber malade. Ne pas écrire est bon (combien de jours me faut-il pour venir à bout de deux lettres comme celles d'hier? Sotte question, peut-on en venir à bout en jours?), mais il ne faut pas [1] que la maladie en soit la cause. Je ne pense qu'à moi en parlant ainsi. Que ferais-je si tu étais malade? Très probablement, ce que je fais maintenant, mais comment? Non, je ne veux pas y songer. Et pourtant, quand je pense à toi, toujours étendue dans ton lit, comme tu étais à Gmünd [2] le soir, dans le pré (où je te parlais de mon ami et où tu écoutais si peu). Et ce n'est pas une image douloureuse, c'est proprement le meilleur au contraire de ce que je suis capable de penser en ce moment : tu es au lit, je te soigne un peu, je vais, je viens, je te pose la main sur le front, je m'abîme dans tes yeux quand je me penche sur toi, je sens ton regard qui me suit quand je vais et viens dans la chambre, et je sens toujours, avec un orgueil que je ne peux plus maîtriser, que je vis pour toi, que j'en ai la permission, et je remercie le destin parce que tu t'es un jour arrêtée près de moi et que tu m'as tendu la main. Et ne serait-ce qu'une maladie qui passera bientôt et te laissera mieux portante que tu n'étais auparavant, et dont tu te relèveras plus grande, tandis qu'un jour, bientôt, et espérons-le, sans douleur et sans bruit, je m'enfoncerai dans la terre. Ce n'est pas cela qui me tourmente, mais l'idée que tu tombes malade si loin de moi.

●● Voici l'annonce, elle aurait pu être un peu plus percutante et plus compréhensible, en particulier « les écoles de commerce et de langues de Vienne » paraissent abandonnées et dépourvues de sens ; à vrai dire, ce n'est pas moi qui suis responsable du tiret après « professeur ». Mais dis-moi ce que tu souhaites voir corriger et je le ferai modifier sans tarder. Provisoirement, cela a paru le 26 et paraîtra ensuite le 1er, le 5 et le 12.

Max ne peut absolument pas servir d'intermédiaire. *Tycho Brahe* a bien paru chez Topič, mais depuis, une brochure juive de tendance politique devait y paraître, elle était déjà acceptée, mais elle fut ensuite refusée sous prétexte de manque de papier, de frais d'impression, etc... Max est donc fâché avec Topič.

*

[Prague, fin août 1920]

•• *Ce que j'ai dit reste valable, je ne peux pas précipiter les choses,* mais cela n'a pas d'autre rapport avec ce qui suit que le fait que je tire encore avantage de ta souffrance, que ta souffrance travaille pour moi, non pas parce que je peux apporter de l'argent, mais parce que je peux un peu intervenir, du lointain où je suis, du fin fond du lointain — bien sûr, si cela m'est permis, non que je craigne ton refus — il n'y a à cela aucune raison — mais que te refuses d'aller dans un sanatorium. Et pourtant cela t'avait si bien plu, à Kreuzen par exemple. Tu as bien 1 000 couronnes de ton père, n'est-ce pas ? Ou 1 200 ? Le minimum de ce que je peux t'envoyer par mois est 1 000 couronnes. Cela fait en tout environ 8 000 couronnes autrichiennes. Le sanatorium ne peut pas coûter plus de 250 couronnes par jour. Tu peux ainsi y passer l'automne et l'hiver, sinon à Kreuzen, alors ailleurs. J'avoue que, de bonheur de pouvoir à nouveau respirer dans ton voisinage qui me donne tant de force, je pense à peine à toi. Mais cela ne change rien à ce que j'ai dit.

Pour t'en apporter la preuve, au lieu de t'envoyer une carte, la prochaine fois que je t'écrirai, je t'enverrai un prospectus.

*

● Que c'est beau, que c'est beau, Milena ! que c'est beau !
Je ne parle pas de ta lettre elle-même (de mardi), mais de la
paix, de la confiance, de la sérénité qui l'ont dictée.

Ce matin, de bonne heure, il n'y avait rien ; j'aurais pris
mon parti de la chose très facilement ; en ce qui concerne
avoir des lettres, je suis maintenant tout différent ; en ce qui
concerne écrire, en revanche, la situation ne s'est guère
modifiée : je suis obligé de le faire, c'est mon besoin et mon
bonheur[1]. Je me serais donc fort bien accommodé de la
chose ; à quoi une lettre peut-elle bien m'être utile, quand j'ai
par exemple passé toute la journée, toute la soirée et la moitié
de la nuit d'hier, à entretenir avec toi un dialogue auquel
j'apportais toute la sincérité et la gravité d'un enfant et toi
toute la puissance d'accueil et la gravité d'une mère ? (jamais
dans la réalité je n'ai vu tel enfant ni telle mère). La situation
aurait donc été acceptable mais il faudrait que je sache la
raison qui t'empêche d'écrire ; que je ne t'imagine pas tout le
temps malade, au lit, dans ta petite chambre, la pluie
d'automne au dehors, et toi toute seule avec la fièvre (tu en
as parlé), un refroidissement (tu en as parlé), des sueurs
nocturnes et de la fatigue (tu as parlé de tout cela) ; s'il n'en
est rien, c'est bien ; pour le moment je ne demande rien de
mieux.

Je ne veux pas m'aventurer à répondre au premier
paragraphe de ta lettre, je ne connais même pas encore celui
de la précédente, qui provoque tant de commentaires. Ce
sont des choses inextricables, des problèmes que l'on ne peut
résoudre que dans le dialogue entre la mère et l'enfant et qui
ne peuvent y être abordés que parce qu'ils ne peuvent y
naître. Je ne m'engagerai[2] pas dans cette voie parce que la
douleur me guette dans les tempes. Est-ce que la flèche de

l'amour m'a été tirée dans les tempes au lieu de m'être tirée dans le cœur?[1] De Gmünd non plus je ne parlerai plus, tout au moins intentionnellement. Je pourrais en dire beaucoup de choses, mais elles reviendraient toutes au fond à constater que le premier jour de Vienne n'aurait pas pu être meilleur, même si j'étais parti le soir; Vienne a même eu encore en plus cette supériorité sur Gmünd que j'y suis arrivé mort d'épuisement et d'anxiété, au lieu qu'à Gmünd j'étais venu sans le savoir, tant j'étais sot, avec une assurance grandiose, comme s'il ne pouvait plus jamais rien m'arriver; j'arrivais en propriétaire. Il est étrange que, malgré l'inquiétude qui ne cesse de m'agiter, je puisse avoir cette lassitude de posséder, et qu'elle soit peut-être même mon vrai défaut en ce domaine et en bien d'autres.

Il est déjà 2 h. 1/4, je n'ai reçu ta lettre que juste avant 2 heures; je cesse et vais déjeuner, n'est-ce pas?

●● Non que cela ait pour moi de l'importance, uniquement pour la sincérité : j'ai entendu dire hier que Lisl Beer a peut-être une villa à Gilgen. Cela représente-t-il pour toi quelque désagrément?

● La traduction de la phrase finale est excellente. Dans cette histoire, chaque phrase, chaque mot, chaque musique — si j'ose dire — est en rapport avec la « peur » (c'est à cette époque que la plaie s'était ouverte pour la première fois au cour d'une longue nuit); la traduction rend parfaitement cette corrélation, à mon sens; elle la rend avec cette main de fée qu'est la tienne.

Ce qu'il y a de cruel à recevoir tes lettres, c'est... mais à quoi bon? tu le sais bien. Entre ta lettre et la mienne aujourd'hui, il y a eu un moment de communion lumineuse et paisible, un de ces moments où l'on respire profondément, autant qu'il est possible au sein de tant d'incertitude, et maintenant, il faut que j'attende les réponses à mes lettres précédentes, ces réponses qui me font peur.

Comment peux-tu attendre, toi, la mienne pour mardi, si je n'ai ton adresse que lundi ?

*

[Prague, 28 août 1920]

• Tu aimes, toi aussi, les conducteurs de tramways, n'est-ce pas ? Ah ! le conducteur de Vienne, si gai et pourtant si amaigri comme tous les Viennois ! Ici aussi ce sont de braves gens. Les enfants rêvent de devenir conducteurs, pour être eux aussi puissants et considérés, voyager tout le temps, se tenir debout sur le marchepied, se pencher très bas pour parler aux enfants, avoir une poinçonneuse et des quantités de tickets ; moi qui serais plutôt effrayé par toutes ces possibilités, j'aimerais être conducteur pour être aussi joyeux et participer autant à tout que les contrôleurs de tramways. Un jour, je marchais derrière un tramway qui roulait lentement, et le conducteur

(Le poète est venu me chercher pour la sortie du bureau ; qu'il attende jusqu'à ce que j'en aie fini avec les conducteurs).
... était profondément penché sur le garde-fou de la plate-forme arrière et me criait quelque chose que dans le bruit du Josefplatz, je ne pouvais pas entendre ; il faisait des gestes frénétiques des deux bras pour me montrer quelque chose ; mais je ne comprenais pas, et le tramway poursuivait sa route et les efforts du conducteur perdaient de plus en plus toute chance de succès..., quand je compris enfin : l'épingle de mon col, une épingle de sûreté en or, s'était ouverte et il avait voulu me le signaler. J'y pensais ce matin, lorsque, usé par ma nuit, pareil à un spectre invalide, je suis monté dans le tramway, et que le conducteur, me rendant sur cinq couronnes, me fit pour m'égayer (non pas personnellement,

car il ne m'avait pas regardé, mais pour réchauffer l'atmosphère) une réflexion amicale, que je n'entendis d'ailleurs pas, au sujet des coupures qu'il sortait de sa sacoche; sur quoi un monsieur, qui était debout à côté de moi, m'adressa aussi, [à cause de la distinction dont je venais d'être l'objet] un sourire auquel je ne pus faire autrement que de répondre par un autre sourire, si bien que tout en alla un peu mieux. Puisse cette histoire égayer également le ciel de pluie au-dessus de Saint-Gilgen.

*

[Prague, du 29 au 30 août 1920]
Dimanche

L'étrange erreur! Hier à midi, ta lettre (de mardi) m'avait rendu tellement heureux! et le soir, en la relisant, je m'aperçois qu'elle diffère à peine essentiellement des dernières et qu'elle est *malheureuse, bien au-delà de ce qu'elle avoue.* Cela prouve combien je ne pense qu'à moi, combien je suis enfermé en moi; je ne retiens de toi que ce que je peux en prendre, et je n'aurais pas de plus cher désir que de m'enfuir avec cela dans le désert, pour que personne ne me dérobe ce bien. Parce que j'étais revenu en hâte de dicter le courrier du bureau, parce qu'en arrivant chez moi, j'ai eu la surprise de ta lettre, parce que je l'ai lue d'un seul trait avec bonheur et avidité, parce qu'il ne s'y trouvait pas en caractères gras de choses dirigées contre moi, parce que, par hasard, le sang battait normalement dans mes tempes, parce que j'étais assez étourdi pour t'imaginer étendue paisiblement parmi les bois et les montagnes et le lac, pour toutes ces raisons et encore quelques autres, dont aucune n'avait la moindre chose à voir avec ta lettre et ta situation réelle, cette lettre m'a paru joyeuse et je t'ai écrit d'une façon aussi absurde que l'avait été ma réaction.

211

Vois, chère Milena, cet homme désemparé, ballotté au gré de la tempête; c'est par pure méchanceté que la mer ne l'engloutit pas[1]. Je t'ai demandé récemment de ne pas m'écrire tous les jours, c'était sincère, j'avais peur de tes lettres : si par hasard, il n'en venait pas j'étais plus calme; quand j'en voyais une sur ma table, il me fallait réunir toutes mes forces; encore étaient-elles loin de suffire. Et aujourd'hui, j'aurais été malheureux s'il n'était pas arrivé ces cartes (je me les suis attribuées toutes les deux). Merci.

[...] travail de bureau.

De toutes les généralités que j'ai lues jusqu'ici sur la Russie, c'est l'article ci-joint qui a fait la plus forte impression sur moi, ou plus exactement sur mon corps, mes nerfs, mon sang. A vrai dire, je ne l'ai pas pris exactement tel qu'il est là, j'ai commencé par le transposer pour mon orchestre. (J'ai supprimé la fin, elle contenait contre les communistes des accusations qui ne sont pas à leur place dans cet ensemble : d'ailleurs l'article tout entier n'est qu'un fragment.)

•• L'adresse avec tous ces mots courts, l'un au-dessous de l'autre, sonne comme une litanie, comme une adoration, n'est-ce pas?

*

[Prague, 31 août 1920]
Mardi

• Une lettre de vendredi : si tu n'en as pas écrit jeudi, c'est bien; ce qu'il faut, c'est qu'aucune ne se perde.

Ce que tu écris à mon sujet est terriblement perspicace. Je ne veux rien y ajouter ; je le laisse tel quel, je ne veux pas y toucher. Je me contenterai de dire un peu plus franchement l'une des choses qui s'y trouvent : mon malheur est de penser que tous les hommes sont bons (en commençant naturellement par ceux que je place au premier rang), de les juger bons avec mon cœur et ma raison (je viens d'effrayer quelqu'un qui entrait, en me faisant, dans cette pièce où je suis seul, le masque qui exprime ces opinions) ; mais mon corps, lui, ne veut pas croire que ces hommes seront réellement bons quand la chose sera nécessaire ; mon corps a peur et, plutôt que d'attendre cette preuve de bonté qui, en ce sens, sauverait vraiment le monde, il grimpe le long du mur, en rampant lentement.

Je recommence [1] à déchirer des lettres ; une hier soir. Tu es très malheureuse à cause de moi (à cause d'autres choses aussi, bien sûr, tout se conjugue), dis-le toujours plus franchement. D'un seul coup, ce n'est pas possible naturellement.

Hier, je suis allé chez le médecin. Contrairement à mon attente, ni lui ni la balance ne me trouvent en meilleur, ni, à vrai dire, en pire état. Mais il pense que je dois changer d'air. Après le Sud de la Suisse, qu'il a déclaré impossible dès que je lui en ai eu dit deux mots, il a [2] tout de suite désigné, sans aucune intervention de ma part, deux sanatoriums de Basse-Autriche : le sanatorium de Grimmenstein (avec le docteur Frankfurter) et le *Wiener Wald* ; mais il ignore les bureaux de poste qui desservent l'un et l'autre. Ne pourrais-tu te renseigner, à l'occasion, dans une pharmacie, ou auprès d'un médecin, ou chercher dans un annuaire de la poste ou du téléphone ? Ce n'est pas urgent. Il n'est d'ailleurs pas prouvé que je parte. Ce sont [3] des établissements de cure réservés aux seuls pulmonaires, des maisons qui ont la fièvre et toussent tout entières jour et nuit, où il faut avaler de la viande et où d'anciens bourreaux vous démanchent les bras si vous vous défendez contre les injections, sous l'œil de médecins juifs qui se caressent la barbe et ne connaissent ni Juifs ni chrétiens.

Dans une de tes dernières lettres (je n'ose pas ressortir ces dernières lettres : peut-être aussi me suis-je mépris — c'est le plus probable — en lisant superficiellement), tu me disais que ton affaire, là-bas, approchait de son dénouement. Pour combien entrait dans ce jugement la souffrance momentanée, et pour combien la vérité durable ?

J'ai encore relu la lettre, et je retire le « terriblement » ; il manque certaines choses à ta lettre, d'autres sont de trop, elle n'est donc que « perspicace », tout simplement. Il est très difficile pour des hommes de jouer aux quatre coins avec des fantômes.

Tu as rencontré Blei ? Que fait-il ? Que toute l'histoire ait été sotte, je n'hésite pas à le croire, et qu'on reste perplexe aussi. Il y a en effet là-dedans quelque chose de beau, mais ce beau est à plus de cinquante mille lieues et refuse de se rapprocher, et quand toutes les cloches de Salzbourg se mettent à sonner, il recule encore par prudence de quelques autres milliers de milles[1].

*

[Prague, 1er septembre 1920],
Mercredi

•• Pas de lettre aujourd'hui. C'est stupide : quand il n'y a pas de lettre, j'y trouve à redire et quand une lettre arrive, je me plains ; mais j'en ai le droit ; tu sais bien que ce n'est une plainte ni dans un cas ni dans l'autre.

Aujourd'hui, Jarmila est venue me voir au bureau, c'était donc la deuxième fois que je la voyais. Je ne sais pas exactement pourquoi elle est venue. Elle s'est assise près de ma table de travail, nous avons parlé un peu de choses et d'autres, puis nous sommes restés debout à la fenêtre, puis près de la table, ensuite elle s'est rassise et puis elle est partie. Je l'ai trouvée franchement agréable, paisible, simplement moins morte que la dernière fois, un peu plus rose, pas très jolie à vrai dire : surtout quand elle était assise, et aussi vraiment laide, avec son chapeau profondément enfoncé sur son visage. Mais je ne sais pas pourquoi elle est venue, peut-être est-elle trop seule et, comme elle ne fait rien, par principe et par nécessité, cette visite chez moi aura sans doute fait partie de cette oisiveté. Toute la rencontre avait le caractère du néant et d'ailleurs aussi l'agrément de la futilité. A la fin, il est vrai, les choses sont devenues plus compliquées, car une fin est déjà malgré tout un peu de réalité, qui se distingue du néant ; mais tout est resté encore aussi loin que possible de la réalité ; il était question seulement qu'un jour qu'on ne précisait pas, n'importe quand, si en me promenant je passais de son côté, d'aller voir si elle n'était pas chez elle, en vue peut-être d'une petite promenade. Mais même cette imprécision est encore bien trop précise et je souhaiterais beaucoup m'en dispenser. Mais enfin, elle est déjà venue deux fois chez moi et c'est malgré tout quelqu'un qu'on ne pourrait pas vexer, même de très loin, sans se faire violence à soi-même. Alors, *que dois-je faire ?* Si tu avais une bonne idée, tu pourrais peut-être me télégraphier, car une réponse par lettre ne m'atteindrait que dans dix jours.
Elle a mentionné aussi — avec l'étrange petite voix faible qu'elle a — qu'elle avait reçu une lettre de toi. *Cette lettre a-t-elle été le prétexte de sa venue ?* Ou bien est-ce sa nature que de

voleter ainsi de par le monde? Ou bien ne le fait-elle que derrière toi?

Réponds-moi, je te prie, à ce sujet, tu oublies souvent de répondre à mes questions. Il est vrai que tu m'écrivais hier : *hlava nesnesitelně bolí*[a]. Ce matin, je me suis réjoui du beau temps, je t'ai vue déjà dans le lac, mais cet après-midi, le temps est à nouveau maussade.

*

[Prague, 2 septembre 1920]
Jeudi

Tes lettres de dimanche et lundi, et une carte. Sois juste, Milena. Je suis ici très isolé, très loin, relativement en paix, il me passe des choses par la tête, la peur, l'inquiétude, je les raconte, même si cela n'a pas beaucoup de sens, et j'oublie tout quand je te parle, même toi, et il faut qu'il m'arrive deux lettres comme celles d'aujourd'hui pour me rappeler à la conscience.

●● Je téléphonerai demain à Vlasta, je lui téléphonerai d'un appareil automatique, je ne peux pas l'appeler d'ici. Aucune réponse de ton père?

● Il y a une de tes inquiétudes, à propos de cet hiver, que je ne comprends pas bien. Si ton mari est si malade, surtout avec deux maladies, et si c'est grave, il ne peut pas aller au bureau, mais on ne peut le renvoyer non plus puisqu'il est engagé définitivement ; il faut aussi qu'il adapte sa vie aux exigences de ses maladies, cela simplifierait la situation et la rendrait du moins plus facile à supporter matériellement, si triste[1] que soit tout cela.

Mais l'une des choses les plus absurdes sur cette terre, à ce qu'il me semble du moins, c'est de traiter sérieusement du problème de la responsabilité. Ce n'est pas qu'on fasse des reproches qui me semble absurde ; évidemment, quand on

216

est dans la détresse, on fait des reproches de tous les côtés (encore n'est-ce pas vrai dans les cas les plus graves, car alors on n'en fait pas du tout) ; qu'on prenne de tels reproches à cœur dans une période de grande émotion et de bouleversement total, c'est également compréhensible ; mais qu'on se figure pouvoir discuter de ces choses comme d'une quelconque affaire comptable si claire qu'elle peut dicter des règles pour le comportement quotidien, je ne le comprends pas du tout. Certainement tu es coupable, mais ton mari l'est alors lui aussi ; et toi à ton tour, par conséquent ; et lui encore ; et ainsi de suite, comme il n'en peut être autrement quand deux êtres vivent ensemble ; et la culpabilité s'accumule en remontant à l'infini jusqu'au vieux péché originel, qui se perd dans la nuit des temps ; mais qu'ai-je besoin d'aller fouiller dans le péché originel pour conduire ma journée présente ou pour aller voir le médecin d'Ischl ?

Dehors, il pleut sans cesse et ça ne veut pas finir. Personnellement, cela ne me gêne pas du tout, je suis au sec et n'ai que la honte de manger un plantureux petit déjeuner à la fourchette, au nez du peintre qui se dresse en ce moment juste en face de ma fenêtre sur son échafaudage volant, et qui, furieux de la pluie qui vient de cesser un peu, et de la quantité de beurre que je tartine sur mon pain, asperge inutilement les fenêtres, ce qui est d'ailleurs probablement pure imagination de ma part, car il doit s'inquiéter mille fois moins de moi que moi de lui. Non, maintenant il travaille vraiment dans l'averse et la tempête.

De Weiss, on m'a dit après coup qu'il n'est probablement pas malade, mais sans argent ; du moins était-ce vrai cet été, puisqu'on a fait une collecte pour lui à Franzensbad. Je lui ai répondu, il doit y avoir trois semaines, par une lettre recommandée, dans la Forêt-Noire à vrai dire, avant d'avoir entendu parler de la chose. Il ne m'a pas répondu. Maintenant, il est au lac de Starnberg avec son amie, qui écrit à Baum des cartes graves et sombres sans doute (car c'est dans

son tempérament), mais non pas désolées à proprement
parler (ce qui n'y serait pas). Avant son départ[1] de Prague
(où elle a eu beaucoup de succès au théâtre), j'ai échangé
quelques mots avec elle, il y a un mois. Elle avait un air
pitoyable ; elle est d'ailleurs toujours fragile et délicate, mais
elle résiste à tout ; elle était surmenée par son travail au
théâtre. Elle a parlé de Weiss à peu près en ces termes : « En
ce moment il est dans la Forêt-Noire et ne s'y trouve pas
bien, mais nous allons aller ensemble au lac Starnberg, et ça
ira mieux. »

●● Oui, Landauer paraît dans *Kmen*. Je n'ai pas encore lu
de près la deuxième livraison, aujourd'hui paraît la troisième
et dernière.

La question Jarmila est aujourd'hui beaucoup moins
importante qu'hier, c'est seulement sa deuxième visite qui
m'a effrayé ; je ne vais probablement ni lui écrire ni aller la
voir. Ce qui est étrange, c'est la conviction qu'on a quand on
est en face d'elle, que ce n'est pas pour sa négligeable petite
personne qu'elle fait tout ce qu'elle fait, mais pour obéir à
quelque mandat, un mandat qui ne serait pas seulement
humain.

*

[Prague, 3 septembre 1920]
Vendredi

●● Milena, en toute hâte. Il n'est pas arrivé de lettre
aujourd'hui, mais il me faut à nouveau te conjurer de penser
que cela ne doit rien signifier de grave. Hier dans la soirée,
ou plutôt dans la nuit, j'ai bien passé une heure entière sur
tes dernières lettres.

Mon tour de force au téléphone a réussi, je dois rencontrer
Vlasta aujourd'hui à six heures devant le Parlement. Cela
n'a pas été une conversation téléphonique très facile, aucune
conversation téléphonique n'est facile pour moi. Cela a

commencé par un va-et-vient de malentendus : elle ne comprenait pas pourquoi l'étranger que je suis voulait lui parler ou la rencontrer quelque part. Elle n'avait, en effet, pas entendu ton nom, et moi qui ne savais pas cela, je m'étonnais des propos avec lesquels elle cherchait à m'éconduire. Mais, dès qu'elle eut compris de qui il s'agissait, elle devint au contraire très joyeuse et prit la chose très au sérieux ; après m'avoir proposé un rendez-vous pour samedi, elle le modifia et c'est ainsi que nous devons nous rencontrer aujourd'hui.

J'ai vu hier chez Max une lettre de ton mari au sujet de l'autorisation. Écriture calme, langage calme. Je pense que Max ici pourra l'aider.

A l'instant, je reçois une carte de Pick — il est déjà de retour à Prague, mais n'est pas encore venu me voir —, dans laquelle il dit : « Vous savez sans doute déjà qu'Ernst Weiss est à Prague et qu'il se porte bien. » Je ne le savais pas.

J'ai reçu trois lignes de Jarmila, dans lesquelles elle s'excuse d'être restée une heure entière chez moi — en réalité, il ne s'agissait pas même d'une demi-heure. Mais maintenant je vais lui répondre, cela tombe bien, cela donnera à notre conversation d'hier la conclusion qui lui manquait encore.

Je ne sais, à vrai dire, pas du tout de quoi je vais parler avec Vlasta, mais je pense qu'il n'est guère possible de dire des sottises qui pourraient être nuisibles.

Une mauvaise revue, la *Tribuna* : pas encore de compte rendu sur *Jedermann*.

*

[Prague, du 3 au 4 septembre 1920]
Vendredi soir

●● Pour aller tout de suite à l'essentiel :
Dans l'ensemble, tout s'est peut-être bien passé. Nous

219

sommes allés en tramway à la Kleinseite, dans l'appartement de son beau-frère; personne n'était à la maison, nous sommes restés seuls une demi-heure et nous avons parlé de toi; ensuite est arrivé son fiancé — un Monsieur Riha, qui s'est mêlé immédiatement (mais de façon agréable) à la conversation, comme si la connaissance de tes affaires était chose évidente, — à cause de cela cependant, tout se termine un peu trop vite; j'avais, il est vrai, dit déjà l'essentiel, mais je n'avais presque pas posé de question; mais au fond ce que j'avais à dire était plus important.

Elle est fort sympathique, sincère, limpide, peut-être un peu distraite, pas entièrement à ce qu'elle fait. Mais premièrement, mes exigences étaient très grandes de ce point de vue-là, et deuxièmement, cette distraction avait aussi ses avantages: j'avais craint, en effet, au-dedans de moi-même, que ces affaires la touchassent personnellement de très près et également du point de vue de ton père; ce n'est pas le cas. Peut-être cette distraction tient-elle aussi au fait qu'elle est fiancée; je l'ai en tout cas aperçue ensuite dans la rue avec son fiancé, engagée dans une conversation, dont la vivacité n'était pas éloignée de celle d'une querelle.

Elle commença par me dire qu'elle avait voulu t'écrire (c'est comme cela que commencent tous les gens à qui je parle de toi), mais elle ne connaissait pas ton adresse; elle l'avait ensuite trouvée par hasard sur l'enveloppe de la lettre que tu as envoyée à ton père, mais elle ne savait pas si c'était encore la bonne adresse — bref, elle s'est un peu embrouillée, soit par distraction soit par un petit sentiment de culpabilité.

Elle décrivit ensuite ton père, un peu comme toi. Il est, a-t-elle dit, en ce qui te concerne, bien plus accessible aux arguments qu'il ne l'était autrefois, mais ce n'est que relatif, il a toujours peur de te faire trop d'avances. Il n'a aucune envie d'envoyer plus que ne le prévoit la rente mensuelle (mais cette rente mensuelle ne sera certainement pas diminuée); il pense que ce serait de l'argent perdu et que personne n'en tirerait le moindre avantage. Après ta lettre, Vlasta lui avait proposé de te permettre un séjour d'environ trois mois dans un sanatorium pour te remettre ; il avait répondu que ce serait en effet très bien (elle cherchait à reproduire les mots qu'il avait utilisés, pour caractériser sa lourdeur, son irrésolution ou son entêtement à ce point de vue), mais il n'était ensuite plus revenu là-dessus et était parti en vacances.

Je ne suis pas arrivé à me faire une idée exacte de ce que sont ses dernières exigences. Quand je lui posai une fois la question en passant, elle s'est contentée de répéter à peu près les trois lignes de sa lettre et, comme j'insistais, elle s'est contentée d'ajouter qu'il ne voulait pas dire par là que tu devais venir vivre avec lui. Certainement pas, au moins dans les premiers temps. Quand je dis alors que c'était au fond le contenu de sa lettre, elle en convint et ajouta : « oui, la lettre qu'il a signée Jesenský », d'où il apparaît bien, dans le contexte général, qu'il y avait là un piège — ce que je n'avais pas voulu croire quand tu me l'avais dit.

Quand elle me demanda, après que j'eus décrit ta situation, ce que je conseillais et ce qu'elle devait essayer d'obtenir, je lui dis quelque chose, qu'à vrai dire, je crains un peu de t'avouer.

Non, je dois encore te dire auparavant que mon exposé n'était certainement pas mauvais dans le détail, mais qu'il était tout aussi bon en ce qui concerne la tendance que Vlasta pouvait y découvrir. Tout d'abord, je n'ai accusé personne, en aucune manière. Je ne souligne pas cela comme un mérite particulier de mes sentiments — comment aurais-je pu condamner et de quel droit ? et je suis d'ailleurs convaincu qu'un bien meilleur avocat n'aurait rien trouvé non plus à accuser —, non, ce n'est pas cela que je veux dire, je le souligne simplement comme mérite oratoire, car il peut arriver facilement, quand on parle en vue d'obtenir un résultat, qu'on accuse malgré soi. Je crois que cela ne s'est pas produit, ou du moins que, si le risque restait possible, il a été aussitôt corrigé. Elle non plus, d'ailleurs, ne s'est absolument pas posée en accusatrice — mais il se peut que sa distraction y ait été pour quelque chose.

Je suis d'autre part peut-être parvenu à lui faire comprendre pourquoi tu te trouves *nécessairement* dans le besoin. Vu du dehors, ce n'est pas si évident. Vlasta et tout le monde avec elle calculent ainsi : le gros traitement du mari, les 10 000 couronnes du père, ton travail, ton peu d'exigence, et seulement deux personnes, pourquoi serait-on dans le besoin ? Vlasta, elle aussi, m'a dit une fois — c'était peut-être une citation de ton père, je ne sais pas exactement : « Envoyer de l'argent n'a aucun sens. Milena et l'argent... » Je l'ai alors saisie en quelque sorte rhétoriquement par le poignet, si j'ose dire. Je crois donc que mon exposé était bon.

Mais, également en ce qui concerne ta situation intérieure, il me semble qu'ils se méprennent ; seulement, sur ce point, je n'arrive pas à comprendre, je ne comprends pas les gens complètement. Ton père et Vlasta croient que tu es prête dès maintenant à quitter ton mari et à t'installer à Prague ; ils pensent même que tu y es prête depuis assez longtemps déjà et que le seul obstacle qui t'ait retenue est la maladie de ton mari. J'ai pensé que là-dessus il valait mieux ne pas m'en mêler et ne rien « expliquer », mais, si ton père croit cela, que veut-il donc de plus ? N'a-t-il pas dès maintenant tout ce qu'il veut ? Finalement donc, elle a demandé quel était mon conseil. J'ai trouvé très bonne la « proposition du sanatorium », j'ai cependant chicané un peu (probablement par jalousie, parce que cela ressemble à ma proposition de Merano), parce que tu ne veux précisément pas t'éloigner de ton mari pendant sa maladie. « Sinon », dis-je, « je ne vois de remède que si l'on en reste au détail et qu'on renonce aux entreprises plus ambitieuses, à l'exception d'une subvention plus élevée, d'une augmentation de la pension ou d'autres solutions de cette espèce. Mais, si l'on ne veut pas donner d'argent, parce qu'on n'est pas sûr qu'il sera bien employé, il y a peut-être encore d'autres possibilités, par exemple, mais cette possibilité est mon idée strictement personnelle, Milena va peut-être se mettre en colère quand elle entendra parler de cette proposition et, si elle apprend qu'elle vient de moi, elle va peut-être se fâcher définitivement avec moi, mais dès l'instant qu'elle me paraît à peu près bonne et que c'est vous, Mademoiselle Vlasta, qui m'interrogez, il faut bien que je le dise, n'est-ce pas ? une autre possibilité serait l'abonnement pour un bon repas au Coq blanc (Josefstädterstrasse), pour le midi et pour le soir. »

Vlasta a eu ensuite la bonne idée, sans rien dire pour l'instant à ton père des informations que je lui ai communiquées (c'est du moins ce que j'ai compris) de t'écrire demain et de ne parler à ton père qu'en fonction de la relation qu'elle aura ainsi établie avec toi. J'ai donné ton adresse de Vienne (que brusquement elle se remémora, alors qu'elle avait prétendu ne pas la connaître), je ne connais pas assez exactement l'adresse de St. Gilgen (encore que j'aie aperçu hier sur la lettre de ton mari : Hotel Post), je ne sais pas non plus combien de temps tu vas y rester et je ne voulais naturellement pas indiquer l'adresse de la poste.

J'ai tiré de l'ensemble l'impression que tout cela offre assez de perspectives d'avenir et qu'on s'inquiète ici sincèrement de toi (mais de façon désordonnée et un peu lasse). L'argent joue en tout cas un certain rôle. Je vois encore son visage soucieux (certainement par distraction) lorsque, en partant de rien et sans la moindre chance d'arriver au moindre résultat arithmétique, elle essayait de voir combien pourrait coûter en gros et grossièrement calculé un abonnement au Coq blanc. Mais c'est déjà presque de la méchanceté de ma part et une grossière injustice ; si j'avais été à sa place et que je me fusse observé, j'aurais certainement vu des choses incomparablement plus honteuses. Comme je l'ai déjà dit, c'est une excellente jeune fille, aimable, bien intentionnée,

223

désintéressée (seulement — voilà à nouveau la méchancité — elle devrait mettre moins de poudre quand elle siège ainsi au tribunal et comme assistante d'un professeur, elle devrait avoir moins de dents aurifiées).

Voilà à peu près tout; si tu me poses des questions, je pourrai peut-être me rappeler d'autres détails.

Cet après-midi, une certaine Mlle Reimann (d'après les indications de ma mère, qui est peu douée pour les noms) est venue pour me demander conseil dans je ne sais quelle affaire; d'après la description, il est possible que ç'ait été Jarmila. Ma mère, gardienne de mon sommeil, déclara sans la moindre peine mensongèrement que je n'étais pas là, alors que j'étais étendu sur mon lit cinq pas plus loin.

Bonne nuit — même la souris dans le coin de la porte de la salle de bains m'avertit qu'il est bientôt minuit. J'espère qu'elle ne me signalera pas de la même façon toutes les heures de la nuit. Comme elle est vivante! Voilà des semaines qu'elle s'était tenue tranquille.

Samedi.

●● Pour ne rien dissimuler : j'ai lu aussi à Vlasta quelques passages de tes deux dernières lettres et je lui ai en outre donné le conseil de te faire envoyer directement l'argent du mois par mandat.

En ce qui concerne la souris, je n'ai plus rien entendu pendant la nuit, mais lorsque je voulus prendre le matin le linge qui était sur le canapé, il en sortit une petite chose de couleur sombre, qui avait une longue queue et qui couinait, pour disparaître aussitôt sous le lit. Ce pourrait bien avoir été la souris, n'est-ce pas? Même si ce n'est que dans mon imagination qu'elle avait une longue queue et qu'elle couinait? En tout cas, on n'a rien pu trouver sous le lit (dans la mesure où on a eu le courage de chercher).

La lettre de mercredi est amusante? Je ne sais pas. Je ne

crois plus aux lettres amusantes, j'aurais presque dit que je ne crois plus du tout aux lettres ; même dans la plus belle, il y a un ver.

Je dois être gentil avec Jarmila ? bien sûr ! Mais comment ? Dois-je aller chez elle aujourd'hui, alors que Mlle Reimann a dit hier qu'elle voulait discuter avec moi ? Indépendamment de la perte de temps et de sommeil, elle me fait peur. C'est un ange de la mort, non pas un des anges supérieurs, qui se contentent d'imposer la main, mais un ange intérieur, qui a encore besoin de morphine.

*

[Prague, 5 septembre 1920]
Dimanche

• Est-ce que l'essentiel est ici, Milena, dans ce que tu prétends avoir écrit et n'est-ce pas plutôt la confiance ? Tu avais de même abordé le sujet dans une lettre ; c'était dans l'une des dernières de mon séjour à Merano, je ne pouvais plus te répondre.

Regarde : il a fallu que Robinson trouve de l'embauche, qu'il effectue un dangereux voyage, qu'il fasse naufrage et mille autres choses, moi il suffirait que je te perde pour être immédiatement Robinson. Mais je serais plus Robinson que lui. Il avait encore son île, et Vendredi, et toutes sortes de choses, sans compter le bateau qui est venu le chercher et qui a tout ramené à un rêve ; moi, je n'aurais rien, pas même mon nom, je te l'ai donné lui aussi.

Et c'est pourquoi, dans une certaine mesure, je suis indépendant de toi ; précisément parce que ma dépendance a dépassé toute limite. Le « ou bien-ou bien » est trop grand. Ou bien tu es à moi, et c'est bien ; ou bien je te perds, et alors ce n'est pas, mettons mauvais, mais exactement rien ; il ne me reste plus ni jalousie [1], ni souffrance, ni crainte, ni rien.

225

Évidemment, il est blasphématoire de bâtir ainsi sur un être : c'est pourquoi la peur rampe autour des fondations, mais ce n'est pas une peur qui te concerne, c'est la peur de l'audace d'avoir ainsi bâti. Et c'est pourquoi tant de choses divines viennent se refléter pour la combattre (mais il a dû en être toujours ainsi) sur ton cher visage terrestre.

Voilà [1] : maintenant Samson a dit son secret à Dalila, et elle peut lui couper ces cheveux par lesquels elle le secoue d'ailleurs toujours si bien à titre de préparation. A sa guise ! Si elle n'a pas de son côté un secret semblable, tout n'est-il pas indifférent ?

Depuis [2] trois nuits je dors très mal sans motif appréciable. Tu vas passablement, n'est-ce pas ?

Prompte réponse, si réponse il y a, ton télégramme arrive à l'instant. D'une façon si surprenante, ouvert en outre, que je n'ai [3] pas eu le temps d'avoir peur. Réellement, aujourd'hui, je crois que j'en avais besoin ; comment l'avais-tu deviné ? Toujours ce parfait naturel avec lequel tu fais toujours ce qui est nécessaire.

*

[Prague, 6 septembre 1920]
Lundi

•• Pas de lettre.

En ce qui concerne l'article de Max, il faut savoir si c'est « seulement » ton idée ou si c'est celle de Laurin. Dans ce dernier cas, ce serait sans doute possible, mais pas comme article de tête, seulement comme feuilleton. Différentes considérations qui touchent la politique des partis interviennent ici, qu'il serait fastidieux d'énumérer.

Je t'ai télégraphié l'adresse hier : H. J., chez Hans Maier, Berlin W 15, Lietzenburger (ou Lützenburger)strasse, n° 32.

Ton télégramme était très opportun. Sinon, je ne serais pas allé chez Jarmila ; après ton télégramme, j'y suis allé. C'était bien elle qui était venue la veille chez moi. A vrai dire, même à travers ses propos, je n'ai pu apprendre ce qu'elle voulait : elle voulait t'envoyer une lettre et elle voulait me demander si tu pouvais là-bas la mettre à l'abri des regards de ton mari (pourquoi la mettre à l'abri ?) ; et puis, elle a réfléchi et ne voulait plus envoyer la lettre, mais il est toujours possible qu'elle l'envoie malgré tout prochainement ; dans ce cas, c'est à moi qu'elle l'enverra ou bien elle me l'apportera — tout était pareillement confus. Mais le principal, c'est que j'ai été (bien contre mon gré, d'ailleurs) terriblement ennuyeux, aussi lourd qu'un couvercle de cercueil et qu'elle, Jarmila, s'est trouvée soulagée lorsque je suis parti.

Des lettres (de mercredi et de vendredi) viennent malgré tout d'arriver (Et aussi une lettre de la *Woche)*, adressée à Frank K. ; d'où savent-il donc que je m'appelle Frank ? Merci pour les adresses, je vais écrire. Être près de toi, oui. Sinon, j'ai bien mieux à faire que de me laisser gaver, étendu dans un sanatorium, et de lever les yeux vers l'éternel reproche du ciel d'hiver.

Depuis aujourd'hui, je ne suis pas seul au bureau, c'est fatigant, après être resté seul si longtemps, même si des questions... ah ! voilà que le poète est resté ici deux bonnes heures et il vient de s'enfuir dans les larmes. Et il est probablement malheureux à cause de cela, bien que les larmes soient ce qu'il y a de meilleur.

Oui, bien sûr, ne m'écris pas, si c'est « un devoir », ne m'écris même pas si tu « veux » m'écrire, même si tu « dois » m'écrire : oui, mais alors, que reste-t-il ? Ce qui reste, c'est tout cela à la fois.

Je joins quelque chose pour la méchante nièce.

Oui, j'écrirai à Staša.

*

[Prague, 7 septembre 1920]
Mardi

● Une méprise ? non, c'est pire qu'une simple méprise, d'un bout à l'autre, Milena ; bien que tu comprennes bien en surface, naturellement ; mais qu'y a-t-il ici à comprendre ou ne pas[1] comprendre ? C'est une méprise qui ne cesse de se reproduire, qui s'est produite déjà une ou deux fois à Merano. Je ne te demandais pas un conseil, comme j'en demanderais un, par exemple, à l'homme qui est assis au bureau en face de moi. Je parlais avec moi, c'est à moi que je demandais conseil dans mon bon sommeil et voilà que tu me réveilles.
●● Il n'y a plus rien à ajouter, l'affaire Jarmila est terminée et définitivement, comme je te l'ai écrit hier, peut-être recevras-tu encore cette lettre. La lettre que tu m'envoies est, il est vrai, de Jarmila.
Je ne sais pas comment lui demander ce que tu veux, il est peu probable que je la revoie ou que je lui écrive, et lui écrire précisément cela... ?

J'ai compris aussi d'après le télégramme d'hier que je ne suis plus obligé d'écrire à Staša. J'espère avoir bien compris.

J'ai encore parlé hier à Max au sujet de la *Tribuna*. Pour des questions de politique de parti, il ne peut pas se résoudre

228

à faire paraître quelque chose dans la *Tribuna*. Mais dis-moi seulement pourquoi tu veux avoir un article juif et je pourrai te citer ou t'envoyer beaucoup d'autres choses.

• Je ne sais pas si tu as bien compris ma réflexion à propos de l'article sur le bolchevisme Ce que lui reproche l'auteur justifie à mes yeux la plus haute louange qu'on puisse décerner ici-bas.

•• L'adresse de Janowitz, pour le cas où tu n'aurais pas reçu ma dernière lettre : chez Karl Maier, Berlin W 15, Lietzenburgerstrasse 32.
— Mais que je suis distrait, je te l'ai déjà télégraphiée.

J'ai été hier soir avec Přibram. Cela m'a ramené loin en arrière. Il m'a parlé très gentiment de toi, pas du tout comme d'une « femme de chambre ». Nous nous sommes d'ailleurs très mal conduits envers lui, Max et moi, nous l'avons invité à passer la soirée avec nous, nous avons parlé innocemment de choses et d'autres pendant deux heures et nous avons soudain fondu sur lui (moi le premier) avec l'affaire de son frère. Mais il s'est très brillamment défendu, il était difficile de lui opposer des arguments, même l'allusion à une autre « patiente » n'a pas servi à grand-chose. Mais nous essayerons encore.

• Hier, à huit heures du soir, en regardant de la rue à l'intérieur de la mairie juive, où l'on a hébergé plus de cent émigrants russo-juifs qui attendent[1] ici le visa américain, j'ai vu la salle pleine de gens à craquer, comme pour une réunion publique, et à minuit et demi je les ai revus, dormant, allongés l'un à côté de l'autre ; certains étaient étendus sur des fauteuils ; certains toussaient ou se retournaient ; ou passaient avec précaution entre les rangées de dormeurs ; la lumière électrique brûle toute la nuit. Si l'on m'avait offert alors la possibilité d'être ce que je voulais, j'aurais choisi d'être un petit Juif de l'Est, insouciant, dans un coin de la salle, tandis que son père discute au milieu avec les hommes, que sa mère fouille dans les loques de voyage, volumineusement empaquetée, et que sa sœur[1] discute avec d'autres fillettes en grattant ses beaux cheveux ; et dans quelques semaines on sera en Amérique. Les choses, il est vrai, ne sont pas aussi simples ; il y a déjà eu des cas de dysenterie, des gens, de la rue, invectivent par les fenêtres ; même entre les Juifs, il y a des querelles, deux se sont déjà jetés l'un sur l'autre à coups de couteau. Mais quand on est petit, tout est vite oublié, vite jugé ; que pourrait-il bien vous arriver ? De ces enfants, il y en avait une ribambelle qui escaladaient les matelas ou rampaient entre les pieds des chaises, épiant le pain que n'importe qui (c'est un seul peuple) tartine (tout se mange) avec n'importe quoi.

*

[Prague, 10 septembre 1920]
Vendredi

●● Ton télégramme vient d'arriver, tu as parfaitement raison, j'ai tout fait avec une bêtise et une grossièreté désolantes ; mais il ne pouvait pas en être autrement, car nous vivons dans les malentendus ; nos réponses font perdre leur valeur à nos questions. Il faut que nous cessions de nous écrire et que nous laissions l'avenir être ce qu'il pourra.

Comme je ne peux pas écrire à Vlasta, mais seulement lui téléphoner, je ne pourrai le lui dire que demain.

*

• Aujourd'hui, tes deux lettres et ta carte illustrée. J'ai
ouvert les lettres en tremblant. Ou tu es inconcevablement
bonne, ou tu te domines inconcevablement ; tout penche en
faveur de la première hypothèse, certaines choses plaident
aussi pour la seconde.

Je le répète encore : tu avais parfaitement raison. Et si tu
m'avais fait, comme il est impossible, quelque chose d'équi-
valent à mon entretien avec Vlasta, une chose qui témoignât
d'un égal manque d'égards, de telles œillères, d'une sottise
aussi enfantine, d'une semblable suffisance et même d'une
aussi profonde indifférence, je crois que j'en aurais perdu le
sens, et pas seulement sur le moment du télégramme.

Je ne l'ai lu que deux fois, une première fois rapidement,
quand je l'ai reçu, une deuxième fois quelques jours après,
juste avant de le déchirer.

Il m'est difficile de décrire ce que j'ai ressenti en le lisant la
première fois. Le plus clair, c'était que tu me donnais des
coups ; cela commençait je crois, par « immédiatement » ;
c'était là le mot qui portait le coup.

Je ne peux pas en parler aujourd'hui en détail, non que je
sois particulièrement fatigué, mais je me sens « pesant ». J'ai
senti le souffle de ce néant dont je t'ai parlé une fois.

Tout cela serait incompréhensible si je croyais avoir agi
coupablement ; car alors j'aurais été frappé avec raison. Non,
nous portons tous deux la faute, et en même temps elle n'est
à aucun.

Peut-être[1] pourras-tu quand même, une fois tes légitimes
répugnances surmontées, te réconcilier avec la lettre de
Vlasta, que tu trouveras à Vienne. J'ai cherché Vlasta
immédiatement l'après-midi du jour du télégramme, chez
ton père. On pouvait lire en bas 1er *schody*[a] ; j'avais toujours

231

interprété « 1ᵉʳ étage », je me suis aperçu que c'était tout en haut. Une jeune soubrette m'a ouvert, jolie et souriante. Vlasta n'était pas là, je m'y attendais, mais je n'avais cherché qu'à faire quelque chose, à savoir quand elle arrive le matin. [D'après une inscription sur la porte, ton père semble être l'éditeur de la *Sportovní revue*]. Je l'ai alors attendue devant la maison, de bonne heure ; elle m'a plu, intelligente[1], franche, objective. Je ne lui ai pas dit grand-chose de plus que ce que j'ai télégraphié.

Avant-avant-hier, Jarmila est venue me voir au bureau, elle ne savait rien de toi depuis longtemps, ignorait tout de l'inondation et venait demander de tes nouvelles. Ça suffisait déjà. Elle n'est restée qu'un court moment. J'ai oublié de lui transmettre ta demande au sujet de sa lettre, je lui en ai parlé après coup, dans un petit mot.

Je n'ai pas encore bien lu tes lettres, je te récrirai.

Le télégramme vient d'arriver à son tour. C'est vrai ? C'est vrai ? Et tu ne cherches plus à me donner des coups ?

Non, tu ne peux pas être satisfaite, c'est impossible. C'est un télégramme du moment, comme le précédent ; la vérité ne se trouve pas plus ici que là ; parfois, en me réveillant de bonne heure, je me figure qu'elle est tout près de mon lit : et c'est une tombe ornée de quelques fleurs fanées, ouverte, prête à m'accueillir.

C'est à peine si j'ose lire tes lettres ; je n'y parviens qu'avec des répits ; je ne supporte pas la souffrance qu'elles me causent. Milena (à nouveau je fais une raie dans tes cheveux et je les écarte sur le côté), suis-je un si méchant animal ? méchant pour moi, non moins pour toi ? n'est-ce pas plutôt ce qui est derrière moi et me harcèle, qui est méchant ? Mais je n'ose même pas dire que c'est méchant ; c'est seulement lorsque je t'écris qu'il me semble que c'est ainsi et que je le dis.

Autrement, il en va vraiment comme je te l'ai dit. Quand

je t'écris, il ne saurait être question de dormir, ni avant ni
après ; quand je ne t'écris pas, je dors du moins quelques
heures (du sommeil le plus superficiel). Quand je ne t'écris
pas, je ne suis que fatigué, triste, pesant ; quand je t'écris,
l'inquiétude et la peur me déchirent. Nous nous demandons
réciproquement pitié, moi te suppliant de me permettre de
retourner maintenant dans mon trou, toi me suppliant à ton
tour... : qu'une telle situation soit possible c'est la plus
effroyable des absurdités.

Comment cela se peut-il ? demandes-tu. Ce que je veux ?
Ce que je fais ?

Voici à peu près ce qu'il en est : j'étais un animal des bois
qui, en ce temps-là, ne vivait presque jamais dans la forêt,
mais terré n'importe où dans un sale fossé (sale en raison de
ma seule présence, naturellement), lorsque je vis au grand
soleil la chose la plus merveilleuse que j'eusse jamais
aperçue ; je ne songeai plus à rien, je m'oubliai totalement ; je
me suis levé, je me suis approché, craintif, au sein de cette
liberté nouvelle qui me rappelait pourtant l'air natal, je me
suis approché malgré ma peur, et je suis arrivé jusqu'à toi.
Que tu étais bonne ! je me suis couché à tes pieds, comme si
j'en avais le droit, et j'ai posé mon visage dans tes mains, je
me suis senti heureux, fier, libre, puissant, chez moi ;
tellement chez moi ! (toujours, toujours tellement chez moi !).
Mais au fond j'étais resté la bête, je n'appartenais qu'à la
forêt, je ne vivais ici, au grand jour, que par ta grâce. Sans le
savoir (j'avais tout oublié) je lisais mon destin dans tes yeux.
Cela ne pouvait durer. Tu ne pouvais éviter, même en me
caressant de la main la plus bienveillante, de découvrir en
moi des singularités qui relevaient de la forêt, de cette
origine, de cette véritable patrie ; il a fallu te donner, fallu te
répéter ces explications sur la « peur » qui me torturaient [1]
(toi aussi, mais injustement) comme si j'avais les nerfs à nu ;
j'ai senti quelle plaie répugnante je représentais dans ta vie,
et quel obstacle universel ! Cette obsession n'a pas cessé de

grandir; la méprise avec Max a envenimé les choses; à Gmünd, le mal était déjà net; là-dessus, il y a eu les entretiens et la méprise Jarmila, et finalement l'histoire avec Vlasta (qui a fait éclater ma sottise, ma grossièreté, mon indifférence), sans compter mille détails[1] entre ces événements. Je me suis souvenu de ce que j'étais, je n'ai plus lu d'illusion dans tes yeux; j'ai eu peur, comme dans les rêves où l'on craint de se conduire comme chez soi dans un endroit où l'on se trouve en intrus; cette peur je l'ai éprouvée dans la réalité, j'ai dû retourner à mes ténèbres, je ne supportais pas le soleil; j'étais désespéré comme une bête égarée, je me suis mis à courir aussi vite que je pouvais, obsédé par l'idée : « Si je pouvais l'emporter! » et par celle qui s'y oppose : « Peut-il faire noir où elle se trouve? »

Tu me demandes[2] comment je vis : voilà comment.

(En marge, à gauche de la deuxième page :) Je pourrai réfuter en partie tes craintes au sujet de ton père; prochainement.

*

[Prague, 14 septembre 1920]

● Ma première lettre était déjà partie quand la tienne est arrivée. Indépendamment, de tout ce qu'il peut y avoir là-dessous — « peur », etc., — qui m'écœure, non parce que c'est écœurant, mais parce que j'ai l'estomac trop fragile, indépendamment de tout cela, c'est peut-être bien plus simple que tu ne dis. Voici peut-être une explication : l'imperfection, quand on est solitaire, on est forcé de la supporter à tout instant; l'imperfection à deux, on n'y est pas obligé. N'a-t-on pas deux yeux pour se les arracher et un cœur pour faire de même? Ce n'est pas tellement épouvantable, ce n'est que mensonge et exagération; tout est exagération, seul le désir est vrai, le désir passionné lui seul ne peut être exagéré. Mais même la vérité du désir exprime moins cette vérité que le mensonge de tout le reste. Cela paraît compliqué : c'est pourtant ainsi.

De même, quand je dis que tu es ce que j'aime le plus, ce n'est peut-être pas de l'amour à proprement parler ; l'amour, c'est que tu es le couteau que je retourne dans ma plaie.

D'ailleurs, tu le dis toi-même : *nemáte síly milovat*[a] ; cela ne suffirait-il pas à distinguer entre « l'homme » et la « bête » ?

*

[Prague, 15 septembre 1920]
Mercredi

• Il n'est pas de loi qui m'interdise de t'écrire encore pour te remercier de cette lettre, qui contient peut-être la plus belle de toutes les choses que tu pouvais me dire : ce « je sais que tu me... »

Autrement, depuis longtemps nous sommes du même avis : il ne faut plus que nous nous écrivions ; c'est un hasard si j'ai été le premier à le dire, c'eût aussi bien pu être toi. Et puisque nous pensons de même, il est superflu d'expliquer pourquoi le fait de ne pas écrire sera bon.

Ce qui est fâcheux, c'est que désormais (à partir de maintenant, ne va plus voir à la poste), je n'aurai plus de moyen de t'écrire, sinon en t'envoyant une carte sans texte ; elle signifierait qu'une lettre t'attend à la poste. *Il faut toujours m'écrire, s'il y a nécessité, cela va sans dire.*

•• Tu ne[1] mentionnes aucune lettre de Vlasta. Elle a pourtant dû t'écrire au nom de ton père pour te proposer d'aller passer quelques mois dans un sanatorium de ton choix (pourvu que ce soit en Tchécoslovaquie). Étant donné qu'on ne t'a pas demandé de leçons (ce qui n'a rien d'étonnant, l'intérêt pour le tchèque a vraisemblablement diminué maintenant), tu pourrais peut-être accepter cette proposition. Ce n'est pas un conseil que je te donne, je me contente de me réjouir à cette idée.

• Je m'y suis très mal pris avec Vlasta, la chose ne fait aucun doute, mais moins mal que tu ne l'as cru sous le choc du premier effroi. D'abord, je ne me suis pas présenté en quémandeur et surtout pas en ton nom. Je me suis présenté comme un étranger qui te connaissait bien, qui avait vu un peu la situation à Vienne et qui avait reçu de toi deux lettres tristes.

•• Je suis, il est vrai, allé voir Vlasta dans ton intérêt, mais tout autant pour le moins dans l'intérêt de ton père. L'idée essentielle de mon exposé, pas tout à fait explicite, mais toujours très claire, était celle-ci : ton père ne pourra pas maintenant obtenir une victoire qui consisterait à voir Milena lui revenir de son plein gré, humble et convaincue, il n'y faut pas penser ; mais, en revanche, il est très possible, je puis l'affirmer, qu'elle lui revienne dans trois mois gravement malade. Serait-ce là une victoire, est-ce vraiment là ce qui est souhaitable ?

C'était le premier point ; le second point concernait l'argent. J'ai exposé la situation exactement telle qu'elle m'apparaissait, en face des deux lettres qui m'avaient alors retiré toute possibilité de réflexion, il me semble que tout scrupule qui m'amènerait à falsifier mon récit auprès de Vlasta, ne ferait que t'enfoncer un peu plus à Vienne (Les choses ne se passèrent pas tout à fait de la sorte, c'est déjà un peu l'avocat juif qui parle ainsi, avec son éternel bagout — mais n'importe, cela allait dans ce sens-là). J'ai donc dit à peu près : « Le mari de Milena dépense tout son traitement pour lui-même. Il n'y a rien à lui reprocher, Milena ne voulait pas qu'il en aille autrement, elle l'aime ainsi et elle continue à ne pas vouloir qu'il en aille autrement, c'est même pour une part sa décision à elle. Quoi qu'il en soit, mis à part le déjeuner de son mari, elle doit subvenir à tout le reste, pour une part aussi aux dépenses de son mari qui, vu la terrible cherté de la vie à Vienne, ne peut pas s'en tirer, ne fût-ce que pour lui-même, avec son traitement. Elle pourrait, sans nul doute, s'acquitter de ces obligations et elle en serait heureuse; mais elle n'en est arrivée là que cette année; en venant de chez elle, c'était une enfant gâtée, inexpérimentée, sans véritable connaissance de ses forces et de ses capacités. Il lui a fallu deux ans — ce qui n'est pas bien long — avant de s'installer dans sa situation nouvelle, avant de pouvoir tenir toute seule et complètement son ménage; elle a donné des leçons particulières, elle a enseigné dans des écoles, elle a traduit, elle a écrit elle-même. Mais tout cela, je le répète, cette année seulement; les deux années précédentes, il a fallu faire des dettes; or, il lui est impossible de rembourser complètement ces dettes, qui à leur tour lui coûtent de l'argent, avec le seul produit de son travail; ces dettes l'écrasent, la mettent à la torture, elles lui interdisent de retrouver un équilibre, elles l'obligent à vendre ce qu'elle possède, l'obligent à s'épuiser au travail (je n'ai pas oublié de parler du bois et des valises que tu as portés, du pianini, etc.), l'obligent à tomber malade. Voilà les faits. »

● Je ne te dis pas adieu. Ce n'est pas un adieu, à moins que la pesanteur qui me guette, ne m'entraîne complètement au fond. Mais comment serait-ce possible, puisque tu vis ?

*

[Prague, 18 septembre 1920]

● Tu ne peux pas comprendre exactement de quoi il s'agit, Milena, ou de quoi il s'est agi; je ne le comprends pas moi-même; je ne puis que trembler quand se produit l'accès, me tourmenter à en devenir fou; mais ce que c'est, à quoi cela vise lointainement, je n'en sais rien. Je sais seulement ce que cela exige dans l'immédiat : le silence, le noir, se faire tout petit ; et je suis obligé de m'y plier, je ne peux pas faire autrement.

C'est un accès, une chose qui passe ; qui est déjà passée en partie, mais les forces qui la provoquent ne cessent de frémir en moi, avant et après ; que dis-je ? ma vie, mon existence sont faites de cette menace souterraine ; si elle cesse, je cesse aussi, c'est ma façon de participer à l'existence ; Si elle cesse, j'abandonne la vie aussi facilement et avec autant d'évidence que l'on ferme les yeux. *N'a-t-elle pas toujours été là, cette menace, depuis que nous nous connaissons, et aurais-tu jeté un seul coup d'œil sur moi si elle n'avait été là ?*

Il ne faut pas songer à dire : et maintenant c'est passé, je ne vais plus être que bonheur, tranquillité, reconnaissance dans notre nouvelle vie commune. Je n'ai pas le droit de le dire, encore que ce soit presque vrai (entièrement pour « reconnaissance », en un certain sens pour « bonheur » et jamais pour « tranquillité »), car je ne cesserai jamais de faire peur, surtout à moi.

Tu fais allusion à mes fiançailles et à d'autres choses du même genre ; cela a été très simple, certes ; non la souffrance, mais son effet. C'était comme si j'avais passé ma vie dans la débauche, et qu'on m'eût arrêté soudain pour me punir ; qu'on m'eût mis la tête dans un étau, une vis à la tempe droite, une vis à la tempe gauche, et qu'il eût fallu que je dise, pendant qu'on serrait lentement : « Oui, je persisterai dans ma vie de débauche », ou : « Non, j'y renonce. » Naturellement, je hurlais « non » à m'en faire éclater les poumons.

Tu as raison aussi quand tu mets ce que je viens de faire sur le même plan que le passé ; je ne peux qu'être toujours le même et revivre les mêmes tourments. Le seul changement est que maintenant j'ai l'expérience et que je n'attends plus pour crier qu'on serre les vis pour forcer mes aveux, je me mets à hurler sitôt qu'on les met en place, je crie même dès que j'entends remuer du plus loin, tant ma conscience est devenue hyperlucide. Et puis non, il s'en faut de beaucoup qu'elle le soit tout simplement assez. Mais[1] il existe encore une autre différence : à toi je peux dire la vérité comme à personne d'autre, et à mon sujet et au tien ; je peux même apprendre directement de toi quelle est ma vérité.

Mais quand tu me reproches amèrement, Milena, de t'avoir tant priée de ne pas m'abandonner, tu as tort. Quand je le faisais, je n'étais pas différent d'aujourd'hui. Je vivais de ton regard (ce n'était pas un bien grand fétichisme ; tout le monde peut vivre divinement dans un regard comme le tien) je n'avais pas sous mes pieds de sol vraiment à moi et cela me faisait grand-peur, sans que je le sache de façon certaine ; je ne me doutais pas de la hauteur à laquelle je planais[2] au-dessus de mon propre terrain. Ce n'était pas bon ; ni à mon sens, ni au tien. Il a suffi d'un mot de vérité, d'inéluctable vérité, pour me faire descendre un peu, d'un autre pour accentuer la chute, et finalement rien ne m'arrête plus, je tombe, et il me semble que c'est toujours trop lentement. Je ne cite pas d'exemple exprès de ces mots « vrais », cela ne ferait que compliquer et ne serait jamais[3] parfaitement exact.

Trouve-moi, je t'en prie, Milena, un autre moyen pour t'écrire. Des cartes truquées, c'est bête ; et quels livres dois-je t'envoyer ? je ne le sais pas encore non plus ; enfin[4] je ne supporte pas l'idée que tu puisses aller inutilement à la poste ; trouve autre chose, je t'en prie.

*

[Prague, 20 septembre 1920]
Lundi soir

● Mercredi, tu iras à la poste et tu n'y trouveras pas de lettre ; si pourtant, celle de samedi. Au bureau, je n'ai pas pu

239

t'écrire, parce que je voulais travailler, et je ne pouvais pas travailler parce que je pensais à nous. L'après-midi, je n'ai pas pu me lever, parce que j'étais, non pas trop fatigué, mais trop « pesant », toujours le même mot, c'est le seul qui me convienne, le comprends-tu vraiment ? Un peu la « pesanteur » d'un bateau qui a perdu son gouvernail et dit aux vagues : « Je suis trop lourd pour moi et trop léger pour vous. » Mais ce n'est pas tout à fait cela non plus, les comparaisons ne peuvent pas l'exprimer.

Mais au fond, si je ne t'ai pas écrit, c'est parce que j'éprouvais le sentiment confus que j'avais à te dire tant de choses, et des choses d'une telle importance que je n'aurais jamais de temps libre assez libre pour rassembler toutes les forces nécessaires... Et il en était bien ainsi.

Mais, si je suis impuissant à parler du présent, combien plus à parler de l'avenir ! C'est à peine, littéralement, si je sors de mon lit de malade (« lit de malade » d'un point de vue extérieur) ; je m'y cramponne encore et ne souhaite que d'y retourner, bien que je sache ce que signifie ce lit de malade.

Ce que tu m'as dit des gens, Milena, était juste *(nemáte síly milovat[a])*, même si en l'écrivant tu ne le croyais pas. Peut-être leur capacité d'aimer ne consiste-t-elle qu'à pouvoir être aimés. Et même en cela, ils font une distinction qui affaiblit encore la chose. Quand l'un d'eux dit à celle qu'il aime : « Je crois que tu m'aimes », c'est chose tout autre et bien moindre que lorsqu'il dit : « Je suis aimé de toi. » Mais ce ne sont plus, précisément, des amoureux, ce sont des grammairiens.

« L'imperfection à deux » t'a fait faire une méprise. J'entendais par là simplement que je vis dans ma crasse et que c'est mon affaire. T'y entraîner c'est une tout autre histoire, non pas seulement parce que ce serait te manquer (c'est accessoire, je ne crois pas que manquer à un autre, pour autant que la chose ne concerne que lui, risque de m'empêcher de dormir), ce n'est pas cela, le terrible est plutôt que je deviendrais par toi bien plus conscient de ma crasse et, surtout, qu'il me serait alors d'autant plus difficile d'en sortir ; non, pas « difficile », « impossible » (impossible, la chose l'étant de toute façon, mais d'une impossibilité accrue dans ce cas-là). Une sueur [1] d'angoisse m'en vient au front ; d'une faute de ta part, Milena, non, il ne saurait être question.

Mais j'ai eu tort, dans ma dernière lettre, et je m'en suis beaucoup repenti, de comparer avec le passé. Rayons cela d'un commun accord.

Tu n'es donc vraiment pas malade ?

*

[Prague, septembre 1920]

● Bien sûr, Milena, tu as ici, à Prague, une propriété ; personne d'ailleurs ne te la conteste, sinon la nuit, mais la nuit veut s'emparer de tout. Tu as une propriété, mais quelle ! Je ne la fais pas plus petite qu'elle n'est, elle n'est pas rien ; elle est même si grande qu'elle pourrait assombrir la pleine lune dans ta chambre. Et tu ne crains pas tant de ténèbres ? Les ténèbres sans la chaleur des ténèbres !

Pour que tu voies quelque chose de mes « occupations », je joins un dessin à cette lettre. Ce sont quatre poteaux ; dans les deux du milieu, on a passé des barres auxquelles les mains du « délinquant » sont attachées, dans les deux poteaux extérieurs, deux autres barres pour les pieds. Une fois l'homme ainsi fixé, on écarte lentement les barres jusqu'à ce qu'il éclate au milieu. A la colonne, c'est l'inventeur qui est adossé ; il croise les bras et les jambes pour se donner un air important, comme s'il avait découvert un procédé original, alors qu'il n'a fait que copier la façon dont le charcutier expose à son étal le cochon éventré.

241

Quand je te demande si tu n'auras pas peur, c'est parce que l'homme dont tu parles n'existe pas et n'a jamais existé ; celui de Vienne n'a jamais existé, celui de Gmünd non plus, mais celui de Gmünd peut-être un peu plus que l'autre et il y a tout lieu de le maudire. Il importe de le savoir parce que, si nous devions nous rencontrer, celui de Vienne, ou même celui de Gmünd, peuvent réapparaître en toute innocence, comme s'il ne s'était rien passé, tandis que le vrai, inconnu de tous et de lui-même et encore moins existant que les autres, mais plus réel que tout dans ses manifestations d'autorité (pourquoi ne sort-il pas enfin ? pourquoi ne se montre-t-il pas ?) menacera d'en bas et cassera encore tout.

*

[Prague, septembre 1920]

● Oui, Mizzi Kuh est venue, ça a été très bien. Mais je ne te parlerai plus jamais de tierces personnes s'il y a moyen ; c'est son intrusion dans notre correspondance qui a tout amené. Ce n'est [1] pourtant pas pour cela que je ne parlerai plus des autres (en fait, ils ne sont responsables de rien, ils n'ont fait que faciliter le triomphe de la vérité et de ses conséquences), je n'entends pas [2] du tout les punir, en admettant que mon silence puisse être envisagé comme une punition ; non, il me semble seulement que leur place n'est plus ici. Ici, il fait noir ; c'est un sombre logis où ne peuvent se retrouver que les indigènes, et ceux-là même avec difficulté.

Si je savais que cela passerait ? Je sais que cela ne passera pas.

Enfant, quand j'avais fait quelque chose de très mal, non pas de mal ou de vraiment trop mal au sens que tout le monde donne au mot, mais à mon sens particulier (que ce ne fût pas le mal, au sens public du mot, ce n'était pas mon mérite personnel, mais cécité, sommeil du monde), j'étais extrêmement surpris que le train des choses ne change pas ; que les grandes personnes continuent à évoluer autour de moi, un peu assombries à vrai dire, mais sans autre transformation, et que leur bouche, dont j'avais toujours admiré d'en bas dès l'âge le plus tendre combien elle était calme et naturellement close, continue à rester [1] fermée. De tout cela, je concluais, après l'avoir observé un instant, que je ne pouvais visiblement avoir rien fait de mal, en aucun sens du mot, que c'était une erreur enfantine de le croire, et que je n'avais par conséquent qu'à recommencer au point où j'en étais resté dans le premier saisissement de l'effroi.

Ce point de vue sur mon entourage s'est modifié petit à petit par la suite. D'abord, j'ai commencé à penser que les autres remarquent fort bien tout ce qu'on fait, qu'ils expriment même leur opinion assez clairement et que c'était moi qui n'avais pas su le voir encore, faute d'un flair que j'acquis dès lors rapidement. Et secondement, leur imperturbabilité, si tant était qu'elle existât vraiment, ne m'est plus apparue, sans cesser de m'étonner, comme une preuve en ma faveur. Bon. Ils ne remarquaient donc rien ; rien de ce que j'étais ne transpirait dans leur monde ; j'étais irréprochable à leurs yeux ; la voie de mon existence, ma voie, passait en dehors de chez eux ; si mon existence était un fleuve, il y en avait au moins un bras fort important qui ne traversait pas leur pays.

Non, Milena, je t'en supplie, trouve-moi un autre moyen de t'écrire. Il ne faut pas que tu ailles à la poste inutilement, ni même ton petit facteur — où est-il ? —; il ne faut même pas que la demoiselle de la poste risque d'être questionnée inutilement. Si tu ne trouves pas d'autre moyen, il faudra bien s'en accommoder, mais fais au moins une tentative.

Hier j'ai rêvé de toi. Le détail m'en échappe ; ce que je me rappelle seulement, c'est que nous ne cessions de nous transformer l'un en l'autre ; j'étais toi, tu étais moi. Finalement tu as pris feu, je ne sais comment ; je me suis rappelé qu'on étouffe les flammes avec des chiffons, j'ai pris une vieille veste et je t'ai battue avec. Mais alors les métamorphoses ont recommencé, si bien qu'au bout du compte tu ne te trouvais plus là, c'était moi qui brûlais, c'était moi en même temps qui frappais avec cette veste. Mais cela n'avançait à rien et ne faisait que confirmer la crainte que j'avais toujours eue que de tels procédés ne pussent rien contre le feu. Cependant, les pompiers étaient venus et tu te trouvas sauve. Mais tu étais devenue différente, spectrale, dessinée à la craie dans le noir, et tu me tombas dans les bras, inanimée ou peut-être seulement évanouie de joie d'être sauve. Mais là encore, le jeu des métamorphoses a introduit l'incertitude, c'était peut-être moi qui tombais dans les bras de je ne sais qui.

Paul Adler sort d'ici, le connais-tu ? Si seulement toutes ces visites pouvaient cesser ! Les gens n'en finissent pas de vivre, ils sont réellement immortels ! non sans doute qu'ils aillent dans la direction de la vraie immortalité, mais vers le fond de leur vie du moment. Ils me font peur. De peur, je voudrais lire dans leurs yeux jusqu'au moindre désir et, de reconnaissance, leur embrasser les pieds, s'ils consentaient à s'en aller sans me demander de leur rendre leur visite. Seul, je parviens encore à vivre ; mais, s'il m'arrive un visiteur, il me tue littéralement pour pouvoir me ranimer ensuite grâce à sa force propre ; malheureusement, il n'a pas cette puissance. Je dois aller le voir lundi, j'en ai déjà la tête malade.

*

244

• Pourquoi me parler, Milena, d'un avenir commun qui ne sera jamais ? Est-ce précisément parce qu'il ne sera pas ? A Vienne, déjà, le soir où nous avions effleuré ce sujet, j'avais eu l'impression que les choses se passaient comme si nous cherchions quelqu'un que nous connaissions bien, qui nous manquait beaucoup et que pour cette raison nous appelions des plus beaux noms, mais qu'il ne nous venait pas de réponse ; comment aurait-il pu répondre, puisqu'il n'était pas là, si loin qu'on pût songer ?

Peu de choses sont sûres, mais l'une d'entre elles, c'est que nous ne vivrons jamais ensemble, dans la même maison, coude à coude, à la même table, jamais ; pas même dans la même ville. J'ai failli dire que cela me paraît aussi sûr que de ne pas me lever demain matin (c'est à moi seul de me soulever ! Ensuite, je me vois sous moi, écrasé sur le ventre, comme[1] sous une lourde croix, il me faut un énorme travail avant de pouvoir me mettre à genoux et soulever un peu le cadavre qui est sur moi) ; j'ai failli dire que cela me paraît aussi sûr que de ne pas aller demain matin au bureau[2]. Oui, c'est bien vrai, je ne me lèverai certainement pas ; pourtant, le geste dépasse à peine la force humaine ; soit, j'y arriverai, je la dépasserai juste assez.

Ne prends pas[3] trop à la lettre cette histoire de lever ; ce n'est pas si grave que je le dis ; de toute façon, il y a plus de chances pour que je me lève qu'il n'y a, et de bien loin, de possibilités pour que nous vivions jamais ensemble. D'ailleurs, toi-même, Milena tu ne penses sûrement pas autrement lorsque tu t'examines et moi, et la « mer » entre « Vienne » et « Prague », avec ses hautes vagues à perte de vue.

Quant à ma crasse, pourquoi ne l'étalerais-je pas sans cesse ? (Elle est ma seule propriété ! la seule propriété de tout

245

homme, mais cela je le sais moins bien.) Par modestie? Ce serait la seule raison défendable.

Tu as peur quand tu penses à la mort? Je n'ai qu'une effroyable peur de souffrir. C'est mauvais signe. Vouloir la mort sans la souffrance est mauvais signe. Autrement, je peux oser la mort. J'ai été envoyé comme la colombe de la Bible, je n'ai rien trouvé de vert, je rentre dans l'Arche[1] obscure.

J'ai reçu les prospectus de deux sanatoriums. Ils ne pouvaient pas me réserver de surprise, sauf pour les prix, et pour la distance à laquelle ils se trouvent de Vienne. A ces deux égards ils se valent. Follement chers, plus de 400 couronnes par jour, disons 500, et sans engagement. Trois heures de chemin de fer de Vienne, et une demi-heure de voiture, par conséquent très loin aussi; à peu près comme Gmünd, mais par train omnibus. Grimmenstein serait peut-être un peu meilleur marché; ce serait donc lui en cas de nécessité, — en cas de nécessité seulement! — que je choisirais.

Vois, Milena, comme je ne pense jamais qu'à moi, ou plutôt à l'étroit domaine qui nous est commun, l'étroit domaine qui, selon mon sentiment et ma volonté, est décisif pour nous, et comme je néglige tout le reste! Je ne t'ai même pas remerciée encore du *Kmen* et de la *Tribuna*, bien que l'envoi en ait été fait comme toujours avec une gentillesse particulière. Je t'enverrai[2] mon exemplaire, je l'ai ici dans mon tiroir, mais peut-être veux-tu que j'y ajoute quelques. remarques? il faudrait que je le relise, et ce n'est pas facile. Que j'aime tes traductions d'écrivains étrangers! L'entretien de Tolstoï était-il traduit du russe?

Une pièce jointe. Pour que, pour une fois, tu reçoives de moi quelque chose qui te fasse rire : « *Je, ona neví, co je biják ? Kinďásek.* »^a

*

[Prague, septembre 1920]

• Ainsi, tu as eu la grippe! Je n'ai pas, en ce qui me concerne, à me reprocher d'avoir passé le temps trop gaiement. (Il y a des moments où je ne comprends pas comment les hommes ont découvert l'idée de « gaîté »; ils ne l'ont conçue probablement que par opposition à la tristesse.)

J'étais convaincu que tu ne m'écrirais plus, mais je n'en étais ni triste ni surpris. Je n'en étais pas triste, parce que la chose me paraissait trop nécessaire pour que je ne passe pas sur la tristesse et parce qu'il n'y a sans doute pas au monde assez de poids pour faire contrepoids à mon pauvre petit poids personnel; pas surpris, parce qu'au fond jamais je n'aurais été surpris, avant, si tu m'avais dit : « Jusqu'ici j'ai été gentille avec toi, mais maintenant c'est fini, je m'en vais. » Il n'y a que des choses étonnantes, mais ç'eût été l'une de celles qui le sont le moins; qu'il l'est davantage, par exemple, qu'on se lève chaque matin! (Malheureusement, ce n'est pas là de ces prodiges qui vous encouragent; c'est même parfois une nauséeuse curiosité.)

Si tu mérites¹ une bonne parole, Milena ? C'est moi qui ne mérite sans doute pas de te la dire; autrement rien ne s'y opposerait.

Nous nous verrons plus tôt que je ne pense? J'écris « verrons »; tu écris « vivrons en commun ». Je crois (et j'en vois partout la confirmation, partout, à des choses sans aucun rapport avec celle-ci, car toutes les choses en parlent) que nous ne vivrons et ne pourrons jamais vivre en commun; et « plus tôt » que « jamais », c'est quand même jamais.

247

Grimmenstein est tout de même mieux. La différence de prix est bien d'une cinquantaine de couronnes par jour ; de plus, à l'autre sanatorium, il faut apporter tout le matériel pour la cure couchée (fourrure pour les pieds ; oreillers, couvertures, etc., et je n'ai rien de tout cela), à Grimmenstein on vous les prête ; au *Wiener Wald* il faut déposer une grosse caution, pas à Grimmenstein ; et puis Grimmenstein est plus haut, etc. D'ailleurs, je ne pars pas encore. J'ai bien passé une semaine assez mauvaise (un peu de fièvre, et tant d'essoufflement que j'appréhendais de me lever de table ; beaucoup de toux aussi), mais ce n'était sans doute que le contre-coup d'une grande promenade pendant laquelle j'avais un peu parlé ; maintenant je vais mieux, de sorte que le sanatorium est redevenu secondaire.

J'ai ici tous les prospectus : au *Wiener Wald* on ne peut avoir de chambre au midi avec balcon *qu'à partir de 380 couronnes* ; à Grimmenstein la chambre la plus chère ne dépasse pas 360 couronnes. La différence est excessive, si affreusement chers que soient les deux. Enfin, il faut payer la possibilité de se faire faire des piqûres, qu'il faut ensuite payer en plus. J'aimerais aller à la campagne, et encore plus, rester à Prague ; j'y apprendrais volontiers un métier ; c'est le sanatorium qui me dit le moins. Qu'irais-je y faire ? Me faire coincer entre les genoux du médecin-chef pour qu'il m'étouffe avec les boulettes de viande qu'il me fourrera dans la bouche et m'enfoncera tout le long de la gorge avec des doigts qui sentiront le phénol ?

●● Je reviens maintenant de chez le directeur, il m'a fait appeler, Ottla était allée le voir la semaine dernière contre mon gré ; j'ai été, contre mon gré, examiné par le médecin de l'Institut, et je vais, contre mon gré, recevoir un congé.

Kupec[a] est sans faute. Tu crois y trouver des fautes, manifestement parce que tu ne peux pas imaginer que le texte est aussi misérablement mauvais que tu l'as sous les yeux. Mais il est aussi mauvais que ce que tu as sous les yeux.

Seulement pour que tu voies que je l'ai lu pour y chercher les fautes : au lieu de *bolí uvnitř v čele a v špancích — uvnitř na* [a] ; ou quelque chose d'analogue — on pense que, de même que des griffes peuvent attaquer le front du dehors, cela peut aussi avoir lieu par le dedans ; *potírajíce se* signifie s'enchevêtrer, s'entrecroiser ? [b] — aussitôt après, au lieu de *volné místo* peut-être plutôt *náměsti* [c] ; *pronássledujte jen* [d], je ne sais pas si le *nur* du texte allemand est ici *jen*, ce *nur* est en effet un *nur* du jargon juif de Prague, il indique une invitation, quelque chose comme « ne vous gênez seulement pas pour le faire » ; les derniers mots ne sont pas traduits littéralement. Tu sépares la bonne et le commerçant, alors qu'en allemand, ils se confondent. *Bubácke dopisy* [e] — tu as raison. Mais c'en sont des vrais, ils ne se contentent pas de porter des linceuls.

*

[Prague, septembre 1920]

● Voilà deux heures que je viens de passer allongé sur le canapé sans presque penser à rien d'autre qu'à toi. Tu oublies, Milena, que nous sommes côte à côte et que nous regardons à terre cet être qui est moi ; moi qui regarde, je n'ai donc plus d'être.

D'ailleurs [1] l'automne aussi se joue de moi ; j'ai chaud, j'ai froid, d'une façon suspecte ; mais je n'y fais pas attention ; ce ne sera pas bien grave. J'ai déjà pensé moi aussi, effectivement, à passer par Vienne, mais seulement parce que j'ai le poumon plus malade que cet été — ce qui est d'ailleurs tout naturel — ; j'éprouve des difficultés à parler au grand air, les conséquences en sont désagréables [2]. Si je dois quitter cette chambre, je veux aller me jeter le plus vite possible sur une

249

chaise-longue à Grimmenstein. Au surplus, le voyage lui-même me fera peut-être du bien et l'air viennois, qui m'a fait l'impression d'être l'air même de la vie.

Le *Wiener Wald* a beau être plus près, la différence n'est pas bien grande entre les distances : le sanatorium n'est pas à Leobersdorf mais au-delà, et de la station au sanatorium il faut encore compter une demi-heure. S'il est facile d'aller de ce sanatorium à Baden — le règlement s'y oppose certainement — il ne le sera pas moins d'aller, disons de Grimmenstein à Wiener-Neustadt ; cela ne fera pas grande différence, ni pour toi ni pour moi.

Comment se fait-il, Milena, que je ne te fasse pas encore peur ou horreur, ou quelque chose de ce genre ? Que ton sérieux et que ta force vont profond !

Je lis un livre chinois *(bubácká kniha[a])*, c'est ce qui m'y fait songer, il ne parle que de la mort. On y voit un homme à l'agonie qui dit, avec la liberté que donne l'approche du trépas : « J'ai passé ma vie à me défendre du plaisir de mettre fin à ma vie », et un élève[1] qui se moque d'un maître qui ne parle que de la mort, en lui disant : « Tu parles toujours d'elle et tu ne meurs jamais. — Je vais pourtant mourir, répond le maître. Ce que je dis est précisément mon dernier chant. Le chant de l'un est plus long, celui de l'autre est plus court. La différence ne peut jamais être que de quelques mots. »

C'est exact ; on a tort de sourire du héros qui gît en scène, blessé à mort, et qui chante un air, au théâtre. Nous passons des années à chanter en gisant !

Oui, j'ai lu[2] *Spiegelmensch*. Quelle richesse de vie ! Il n'y a qu'un endroit un peu souffreteux, mais tout le reste en est d'autant plus luxuriant, la maladie même y est exubérante. Je l'ai lu jusqu'au bout avidement, en une seule après-midi.

Qu'est-ce qui te tourmente maintenant « là-bas ? » Autrefois je pensais toujours que j'étais impuissant là-contre, mais c'est maintenant seulement que je le suis. Et puis, tu es si souvent malade !

*

[Prague, 22 octobre 1920]

●● Milena, j'ai reçu cette lettre destinée à Vlasta. C'est peut-être une erreur, un petit accident, destiné manifestement à utiliser toutes les possibilités et pour que je tourmente encore de cette manière. J'ai voulu tout d'abord donner rapidement la lettre à Vlasta, mais ç'aurait été extraordinairement stupide, car elle aurait immédiatement reconnu, si cela avait été le cas, que c'est elle qui avait ma lettre. Quoi qu'il en soit, il a été extraordinairement malin de ne pas l'avoir fait ou plutôt pas si malin que cela, car au début, seule la complication de l'opération m'a empêché de le faire. En tout cas, tout cela n'est pas bien grave — ce n'est qu'une petite rubrique sur le compte de mes dettes.

J'ai reçu aujourd'hui vendredi la lettre ci-jointe d'Illový — en soi, c'est sans grande importance, mais cela représente cependant une petite immixtion dans nos affaires et je l'aurais empêché si je l'avais appris plus tôt (Illový — un homme paisible, exagérément modeste — *i ten maly Illový* [a], pouvait-on lire dernièrement dans *Červen* — lorsqu'on a recensé les Juifs du parti de droite — a été mon condisciple dans plusieurs classes de lycée ; je ne lui ai plus parlé depuis de nombreuses années et ceci est la première lettre que j'aie jamais reçue de lui).

Il est maintenant presque sûr que je vais partir. Ma toux et mes difficultés de respiration m'y obligent. Je séjournerai aussi certainement à Vienne et nous nous verrons.

*

251

● Ton horaire m'a fait plaisir. Je l'étudie comme une carte géographique. Voilà du moins une chose sur quoi l'on peut faire fond. Mais je ne viendrai certainement pas avant quinze jours ; plus tard probablement. Différentes choses m'en empêchent encore au bureau ; le sanatorium, qui m'avait écrit avec empressement, s'est tu soudain, sur une question végétarienne ; pour le voyage, je me dresse comme un peuple, littéralement ; la résolution manque toujours, ici ou là, il faut[1] encore encourager l'un, remonter l'autre, finalement tout le monde attend et on ne peut pas partir parce qu'il y a un enfant qui pleure. Et puis j'ai presque peur de voyager : qui me supportera dans un hôtel, si je ne cesse de tousser, par exemple comme hier de 9 h 1/4 à 11 heures (j'étais au lit à 9 h 1/4, comme cela ne m'arrive plus depuis des années) ; qui me supportera si, m'étant endormi, je recommence encore à tousser à minuit, pour m'être retourné de gauche à droite, et si je tousse jusqu'à 1 heure ? Je n'oserais certainement plus voyager en wagon-lit, comme je le faisais encore sans difficulté l'an dernier.

Est-ce que je lis bien ? Littya ? Je ne connais pas ce nom-là. là.]

Ce n'est pas tout à fait cela, Milena. Tu connais de Merano celui qui t'écrit maintenant. Ensuite, nous n'avons plus fait qu'un, il n'était plus[2] question de se connaître, puis nous avons été de nouveau séparés.

J'aurais encore quelque chose à te dire à ce sujet, mais cela ne peut sortir de ma gorge serrée.

●● *Ale snad máš pravdu, snad to jiní přelóží lépe*[a]. Je répète cette phrase uniquement pour éviter qu'elle ne se perde.

J'ai reçu la lettre d'Illový vendredi, et voilà curieusement que paraît dimanche « Devant la loi ».

Je ne suis pas responsable, ou du moins pas très responsable, si l'annonce n'a pas paru dimanche dans le journal. C'est aujourd'hui mercredi ; il y a eu hier huit jours que j'ai remis l'annonce à l'agence (il est vrai que j'avais reçu la lettre la veille) ; si l'agence avait expédié l'annonce aussitôt, comme on me l'avait promis, elle aurait été jeudi à Vienne et dimanche dans le journal. J'étais presque malheureux lundi de ne pas l'y trouver. Ils m'ont montré hier la carte de la presse, disant que c'était arrivé trop tard. Comme cela doit paraître le dimanche, il était probablement trop tard pour ce dimanche-ci et cela ne paraîtra que dimanche prochain.

*

[Prague, mi-novembre 1920]

•• Oui, il y a eu un petit retard, manifestement dû au fait qu'une lettre de toi s'est perdue.

L'annonce a donc enfin paru hier. Tu voulais manifestement que le mot « Tchèque » figure seul, en haut et au milieu, mais c'était malheureusement impossible à obtenir, ils ont préféré une séparation absurde entre « Professeur » et « active ». J'ai d'ailleurs été injuste envers l'agence, j'en reviens et je dois te le raconter, la psychologie des gens est difficile.

J'ai fait quatre reproches aux femmes qui étaient là-bas :

1) Bien que j'aie remis là-bas une quantité d'annonces, elles continuent à exiger des arrhes manifestement très supérieures au tarif exact, qu'elles prétendent ne pas connaître et il est impossible d'obtenir d'elles qu'elles fassent un calcul correct.

2) Elles sont responsables du retard subi par cette annonce.

3) Elles ne m'ont donné aucun reçu du dernier paiement,

donc du paiement qui concerne une annonce constamment différée et déjà à demi oubliée.

4) Elles n'ont pas tenu compte de l'ordre que je leur ai donné il y a 15 jours de faire paraître l'annonce au plus tard le 8 novembre et en caractères gras. Il est vrai que la boutique était ce jour-là pleine de monde.

J'y suis donc allé aujourd'hui, convaincu que l'annonce n'avait pas paru, que je serais obligé d'expliquer ce paiement qui n'avait pas obtenu de reçu, sans qu'on me croie et que je serais finalement obligé d'aller dans une autre agence, où on m'escroquera encore davantage.

Au lieu de cela : l'annonce a paru, correctement, presque comme je le voulais, et quand je commandai d'autres annonces, la jeune fille me dit que je n'avais provisoirement rien à payer, qu'elle ferait ses comptes avec moi après la publication. Est-ce que ce n'est pas merveilleux ? On décide, après cela, de vivre encore un peu, au moins un après-midi, jusqu'à ce qu'on ait oublié cette affaire.

*

[Prague, mi-novembre 1920]

● Pardonne-moi, Milena, je t'ai peut-être écrit trop succinctement ces temps derniers, agité par cette chambre à retenir d'avance (ce qui ne s'est pas fait finalement, comme l'événement vient de le prouver). Je veux pourtant aller à Gr. mais il y a là encore de petites causes de retard qu'un homme de force moyenne eût éliminées depuis longtemps (il est vrai qu'un tel homme n'aurait pas eu à aller là-bas), moi non. De plus, je viens d'apprendre que, contrairement aux affirmations du sanatorium, il me faut un permis de séjour du gouvernement du pays ; c'est une pièce qui sera probablement accordée, mais pas tant qu'on n'a pas envoyé la demande.

Tous les après-midi, maintenant, je me promène dans les rues; on y baigne dans la haine antisémite. Je viens d'y entendre traiter les Juifs de *Prašivé plemeno*[a]. N'est-il pas naturel qu'on parte d'un endroit où l'on vous hait tant? (Nul besoin pour cela de sionisme ou de racisme). L'héroïsme[1] qui consiste à rester quand même ressemble à celui des cafards qu'on n'arrive pas à chasser des salles de bain.

Je viens de regarder par la fenêtre : police montée, gendarmes baïonnette au canon, foule qui se disperse en hurlant, et ici, à ma fenêtre, l'horrible honte de vivre toujours sous protection.

Ma lettre était là depuis un moment, mais je n'ai pas pu l'expédier tant j'étais absorbé en moi; et puis j'imagine toujours la même raison, quand je ne reçois rien de toi.

J'ai déjà envoyé ma demande au gouvernement du pays; dès que j'aurai l'autorisation, le reste (passeport, et chambre à retenir) ira vite, et j'arrive après. Ma sœur veut m'accompagner à Vienne et peut-être le fera-t-elle; elle aimerait y passer un ou deux jours, pour faire encore un petit voyage avant l'arrivée de son bébé (qui en est déjà au quatrième mois).

Ehrenstein, si j'en juge par ce qu'il t'a écrit, a plus de flair que je ne pensais. Je ne demanderais pas mieux que de réviser en conséquence l'impression qu'il m'avait produite, mais, comme je ne peux plus le voir, c'est impossible. Je m'étais senti très bien chez lui — il est vrai que je n'y étais pas resté plus d'un quart d'heure — pas du tout étranger; à vrai dire, pas non plus dans une patrie supérieure; c'était le genre de bien-être et de chez soi que je goûtais, disons à l'école à côté de mon voisin de banc. Je l'aimais bien, je ne pouvais me passer[2] de lui, nous nous comportions en alliés en face de toutes les menaces scolaires, je me cachais de lui moins que de tout autre, mais quel pauvre lien c'était au fond! Rien qui pénètre, qui soulève; comme avec E. Il est[3] très bien intentionné, parle très bien et se donne beaucoup de mal, mais, si on rencontrait à chaque coin de rue de pareils interlocuteurs, ils ne rapprocheraient peut-être pas le jour du Jugement dernier, mais ils rendraient les jours d'ici-bas encore plus insupportables. Connais-tu dans *Tanja*[a] le dialogue entre le pope et Tanja ? C'est, involontairement d'ailleurs, un modèle de ce genre de secours désespérants ; Tanja meurt très certainement de ce cauchemar de consolation.

En soi[1] E. est sûrement très fort, ce qu'il a lu hier était extrêmement beau (à l'exception, pourtant, de certains passages du livre sur Kraus). Et, encore une fois, il a du flair. D'ailleurs, il est devenu presque gros ; massif en tous les cas (et beau ; comment peux-tu ne pas le voir !), et il ne sait guère plus des maigres que leur maigreur. Il est vrai qu'avec la plupart, moi par exemple, c'est une connaissance qui suffit[2].

Les revues ont eu du retard, je te dirai pourquoi à l'occasion, mais elles viendront.

Non, Milena, nous n'avons pas la possibilité commune que nous pensions avoir à Vienne, pas du tout ; nous ne l'avions pas alors non plus, j'avais été indiscret, « j'avais regardé par-dessus mon mur » ; je ne m'y étais accroché que par les mains, j'en suis retombé avec les doigts sanglants. Sans doute existe-t-il d'autres moyens, mais je[3] ne les connais pas encore.

*

[Prague, mi-novembre 1920]

• Je suis comme toi. Je pense souvent qu'il faut que je t'écrive une chose, et ensuite je n'y parviens pas. Peut-être est-ce l'adjudant Perkins[b] qui me retient la main à moi aussi ; et je ne peux griffonner un mot, hâtivement et en cachette, que quand il la lâche un moment ?

Il faut qu'il y ait similitude de goûts entre nous, pour que tu aies traduit précisément ce passage. Oui, la torture m'est de grande importance, je ne m'occupe pas d'autre chose que de la subir ou de l'infliger. Pourquoi ? Pour un motif semblable à celui de Perkins, et pareillement irréfléchi, machinal et traditionnel : apprendre le maudit mot de la maudite bouche. J'ai exprimé [1] une fois ainsi la sottise qu'il y a là-dedans (il ne sert à rien de la reconnaître) : « La bête arrache le fouet au maître et se fouette elle-même pour devenir maître, et ne sait pas que ce n'est là qu'un fantasme produit par un nouveau nœud dans la lanière du maître. »

Naturellement, la torture a aussi un côté pitoyable. Alexandre n'a pas torturé le nœud gordien quand il n'a pas voulu se dénouer

D'ailleurs, il doit y avoir encore une tradition juive à l'origine de ça. Le *Venkov,* qui écrit beaucoup en ce moment contre les Juifs, a prouvé récemment dans un éditorial qu'ils gâtent et détruisent tout : ils auraient même gâté au moyen âge la pratique des Flagellants. Malheureusement, l'éditorial n'en disait pas plus, il se contentait de citer un ouvrage anglais. Je suis trop « pesant » pour aller à la bibliothèque de l'Université, mais j'aimerais savoir ce que les Juifs peuvent avoir eu à faire avec un mouvement qui (au moyen âge) leur était si étranger. Peut-être as-tu parmi tes amis un érudit qui le saurait.

Je t'ai envoyé les livres. Je déclare expressément que cela ne m'a pas agacé, pas du tout, que c'est tout au contraire la seule chose un peu raisonnable que j'ai faite depuis longtemps. Aleš est épuisé, il ne reparaîtra qu'aux environs de Noël ; je l'ai remplacé par Tchekhov. *Babička,* à vrai dire, est si mal imprimé qu'il est à peu près illisible ; tu ne l'aurais peut-être pas acheté, si tu l'avais vu. Mais moi, j'étais chargé de mission.

Le livre rimé sur l'orthographe t'es envoyé provisoirement, faute de mieux ; je me renseigne sur un bon livre d'orthographe et de dictée. *Tu as bien reçu la lettre dans laquelle je t'expliquais le retard de l'annonce ?*

As-tu eu de nouveaux détails sur l'incendie du sanatorium ? De toute façon, Grimmenstein, maintenant, sera surpeuplé et prétentieux. Comment[1] H. pourrait-il venir m'y voir ? Ne m'écrivais-tu pas qu'il est à Merano ?

Tu ne peux pas souhaiter plus fort que moi que je ne rencontre pas ton mari. Mais, à moins qu'il ne vienne exprès me voir — ce qu'il ne fera probablement pas — il est à peu près impossible que nous nous rencontrions.

Le voyage est un peu retardé parce que j'ai à faire au bureau. J'écris, comme tu vois, que « j'ai à faire » sans rougir. Ce pourrait être évidemment un travail pareil à tout autre ; pour moi c'est un demi-sommeil, aussi proche de la mort que le sommeil lui-même. Le *Venkov* a grandement raison. Il faut émigrer, Milena, émigrer.

*

[Prague, novembre 1920]

• Je me dis, Milena que tu ne comprends pas la chose. Essaie de la comprendre en l'appelant maladie. C'est un de ces innombrables mystères que les psychanalystes croient avoir découverts. Je ne l'appelle pas maladie, et je vois une erreur sans remède dans[2] la partie thérapeutique de la psychanalyse. Toutes ces prétendues maladies, si tristes qu'elles paraissent, sont des questions de croyance : l'homme en détresse s'ancre dans n'importe quel sol maternel ; aussi la psychanalyse ne trouve-t-elle à l'origine des religions que ce qui est à la base, selon elle, des maladies de l'individu. A vrai dire, de nos jours, chez nous, la communauté[1] religieuse est la plupart du temps absente. Il y a des sectes innombrables, limitées à quelques individus ; mais peut-être n'en est-il ainsi que pour l'œil troublé par l'actualité.

Quand l'homme s'ancre au contraire dans un terrain réel, il ne s'agit plus d'une position universelle et remplaçable, mais d'une chose préfigurée dans sa structure et qui continue après coup à le travailler (même dans son corps) toujours dans la même direction. On veut guérir ces histoires-là ?

Dans mon cas on peut voir trois cercles[2] : A au centre, puis B, puis C. A, le noyau, explique à B pourquoi cet homme est obligé de se torturer et de se défier de lui-même, pourquoi il doit renoncer (ce n'est pas renoncement, ce serait très difficile, c'est l'obligation de renoncer), pourquoi[3] il ne peut vivre. (A cet égard, Diogène, par exemple, n'était-il pas gravement malade ? Qui de nous n'eût été heureux de figurer sous ce regard rayonnant d'Alexandre qui s'abaissait enfin sur lui ? Diogène, lui, supplia désespérément Alexandre de lui laisser son soleil, ce terrible soleil grec, qui brûle sans répit et rend fou. Ce tonneau était plein de fantômes.) A C, l'homme agissant, rien n'est plus expliqué, B se contente de lui donner des ordres. C agit sous une pression implacable et dans la sueur de l'angoisse (existe-t-il pire sueur que la sienne ? elle lui jaillit du front, des joues, des tempes, du cuir chevelu, du crâne entier). C agit donc par crainte plus que par intelligence ; il fait confiance, il croit qu'A a tout expliqué à B, et que B a tout compris et transmis comme il faut.

*

259

● Je ne suis pas insincère Milena, (il est vrai cependant, que j'éprouve l'impression d'avoir écrit en d'autres temps plus clairement, plus franchement, n'est-ce pas?), je suis aussi sincère que le permet le « règlement de la prison », et c'est beaucoup; d'ailleurs, le « règlement de la prison » devient de plus en plus libéral. Mais je ne peux pas « venir avec ça »; « venir avec ça » est impossible. J'ai une particularité qui me distingue très fortement (quantitativement, non essentiellement), de tous les gens que je connais. Nous connaissons tous les deux à foison des exemplaires typiques de Juifs occidentaux; de tous je suis, autant que je le sache, le plus Juif occidental, c'est-à-dire, en exagérant, que je n'ai pas une seconde de paix, que rien ne m'est donné, qu'il me faut tout acquérir, non seulement le présent et l'avenir, mais encore le passé, cette chose que tout homme reçoit gratuitement en partage; cela aussi je dois l'acquérir, c'est peut-être la plus dure besogne; si la terre tourne à droite — je ne sais si elle le fait — je dois tourner à gauche pour rattraper le passé. Or, je n'ai pas la moindre force pour satisfaire à ces obligations, je ne peux pas porter le monde sur mes épaules, c'est à peine si elles supportent le poids de ma veste d'hiver. Ce manque de force ne doit d'ailleurs pas être nécessairement regretté; quelles forces pourraient suffire à de telles tâches? C'est une folie que de vouloir s'en tirer par ses propres forces et cela se paye par de la folie. C'est pourquoi il est impossible de « venir avec ça », comme tu me l'écris. Je ne peux pas par mes propres forces suivre la route que je voudrais, je ne peux même pas vouloir la suivre, je ne puis que rester immobile, je ne puis rien vouloir d'autre, et ne veux rien d'autre non plus.

Tout se passe à peu près pour moi comme pour quelqu'un qui, chaque fois qu'il sortirait, devrait non seulement se laver, se peigner, etc. — ce qui est déjà assez fatigant — mais encore, comme il lui manque à chaque fois le nécessaire, se coudre un vêtement, se fabriquer des chaussures, se confectionner un chapeau, se tailler une canne, etc. Naturellement, il ne pourrait tout réussir, les choses tiendraient sur le parcours d'une ou deux rues, et puis au Graben, par exemple, tout s'effondrerait d'un seul coup, il se trouverait soudain tout nu au milieu de lambeaux et de fragments. Quel supplice, dans ces conditions, de revenir à l'Altstädter Ring! Finalement, dans l'Eisengasse, il tomberait sur un rassemblement en train de faire la chasse aux Juifs.

Ne me comprends pas mal, Milena, je ne dis pas que cet homme serait perdu; pas du tout; mais il le serait, s'il allait au Graben; il s'y déshonorerait, et le monde avec lui.

J'ai reçu ta lettre lundi et je t'ai répondu le même jour immédiatement.

Ton mari aurait dit ici qu'il voulait s'installer à Paris. S'agit-il d'une innovation au sein des anciens projets?

*

[Prague, novembre 1920]

● Aujourd'hui j'ai reçu deux lettres. Évidemment, tu as raison, Milena. J'ose à peine ouvrir tes réponses, tellement j'ai honte de mes lettres. Et cependant, elles sont vraies ou du moins sur la voie de la vérité; que serait-ce, si elles étaient menteuses? La réponse est facile : je deviendrais fou. Cette sincérité n'a donc pas grand mérite; et elle porte sur si peu de chose! Je cherche toujours à communiquer quelque chose

261

d'incommunicable, à expliquer quelque chose d'inexplicable, à dire quelque chose de ce que j'ai dans la moelle des os et qui ne saurait être vécu que par elle. Ce n'est[1] peut-être rien d'autre au fond que cette fameuse peur dont je parle si souvent, mais étendue à tout : peur du plus grand comme du plus petit ; peur convulsive de dire un seul mot. Peut-être pourtant, à vrai dire, cette peur n'est-elle pas uniquement peur, mais aussi désir passionné de quelque chose de plus grand que tout ce qui la provoque.

O mně rozbil[a], dis-tu. C'est entièrement absurde. Toute la faute est à moi : trop peu de vérité de ma part, voilà ma faute ; toujours trop peu de vérité, toujours un tissu de mensonges, de mensonges causés par la crainte, crainte de moi et crainte des hommes ! Cette cruche[2] était déjà brisée longtemps avant d'aller à l'eau. Et maintenant je ferme la bouche afin de rester un peu vrai. Mentir est effayant, il n'est pas pire tourment de l'esprit. C'est pourquoi, je t'en prie, permets-moi de me taire, dans mes lettres maintenant, dans mes paroles à Vienne.

Tu écris : *O mně rozbil* ; moi je constate seulement que tu te tourmentes, que tu ne trouves, tu me l'écris, de paix que dans la rue, alors que je suis assis dans une chambre bien chaude, en robe de chambre et en pantoufles, aussi tranquille que me le permet mon « ressort de montre » (car, je le concède, je ne puis m'empêcher de « marquer l'heure »).

Je ne pourrai te dire quand je partirai qu'une fois reçu le permis de séjour. Au-dessus de trois jours, il faut maintenant une autorisation spéciale du gouvernement du pays. Je l'ai demandée il y a une semaine. ●● Pourquoi n'as-tu plus besoin des revues ? J'ai envoyé les cahiers et aussi un petit volume de Čapek [...]. D'où connais-tu la jeune fille ? Je connais cette maladie pour l'avoir vue chez deux de mes parents, chez les deux elle s'est atténuée, sans toutefois disparaître. Bien sûr, si la jeune fille est dans le besoin, c'est pire. (A Grimmenstein, il existe un département pour les maladies de cette espèce.)

• Je pense encore à ton *o mně rozbil ;* c'est aussi faux que d'imaginer la possibilité contraire.

Il n'y a là ni de ma faute ni de la faute des hommes. J'appartiens au profond silence, c'est le climat qui me convient[1].

J'ai découpé l'histoire pour toi. Leviné a bien été exécuté à Munich, n'est-ce pas ?

*

[Prague, novembre 1920]

• Aujourd'hui c'est jeudi. Jusqu'à mardi, j'étais fermement décidé à aller à Gr. Je sentais bien, parfois, une menace intérieure quand j'y songeais ; je me rendais compte aussi que c'était pour une part cette menace qui provoquait mes temporisations, mais je pensais pouvoir surmonter tout cela facilement. Mardi à midi, quelqu'un m'a dit qu'il n'était pas nécessaire d'attendre à Prague le permis de séjour, qu'on pouvait très probablement l'avoir à Vienne. Par conséquent, la voie était libre. J'ai passé un après-midi à me tourmenter sur mon canapé ; le soir je t'ai écrit une lettre, mais je ne l'ai pas expédiée, je croyais encore pouvoir surmonter mes obstacles, mais j'ai passé une nuit d'insomnie à me tordre littéralement de tourment. Les deux morceaux de moi, celui qui voulait partir et celui qui avait peur de le faire, fragments de moi seulement tous deux, mais tous deux également fripouilles probablement, se prenaient aux cheveux. Je me suis[2] levé de grand matin, comme à la pire époque.

Je n'ai plus la force de partir ; je ne puis supporter à

l'avance l'idée de me trouver devant toi, c'est une tension du cerveau que je ne peux pas endurer.

•• Ta lettre déjà exprime l'immense, l'irrésistible déception que je te fais éprouver et maintenant ceci encore. Tu m'écris que tu n'as plus d'espoir, mais que tu as l'espoir de pouvoir t'éloigner de moi tout à fait.

• Je ne puis faire comprendre, à toi ni à personne, ce qui se passe en moi. Comment pourrais-je faire comprendre pourquoi c'est ainsi? je ne peux même pas me le rendre intelligible à moi-même. L'essentiel n'est d'ailleurs pas là; l'essentiel est bien clair : il est impossible de vivre humainement dans mon entourage; tu le vois et ne veux pas le croire encore?

*

[Prague, novembre 1920]
Samedi soir

• Je n'ai pas encore reçu ta lettre jaune, je te la retournerai sans l'ouvrir.

S'il n'est pas bon que nous cessions de nous écrire, c'est que je me trompe fort. Mais je ne me trompe pas, Milena.

Je ne veux pas parler de toi, non parce que ce n'est pas mon affaire, c'est mon affaire, mais je ne veux pas parler de toi.

Donc de moi seulement : ce que tu es pour moi, Milena, ce que tu es pour moi au-delà de ce monde où nous vivons, n'est pas écrit sur les chiffons de papier que je t'ai envoyés chaque jour. Ces lettres, telles qu'elles sont, ne peuvent être bonnes qu'à torturer; et si elles ne torturent pas, c'est encore pire. Elles ne peuvent être bonnes à rien qu'à produire quelque jour un Gmünd, à susciter des malentendus et de la honte, une honte presque ineffaçable. Je veux te voir aussi nettement que la première fois, dans la rue; mais les lettres m'en

264

empêchent bien plus que la Lerchenfelderstrasse avec tout son bruit.

Mais ce n'est même pas là la raison essentielle ; la vraie raison, c'est l'impuissance, qui va s'accentuant dans nos lettres, de sortir de ces lettres mêmes, pour toi aussi bien que pour moi ; mille lettres de toi, mille désirs de moi ne changeront rien à la chose ; la grande raison, c'est *cette voix irrésistible, c'est ta voix, oui littéralement,* qui me donne l'ordre de me taire. Et maintenant rien de ce qui te concerne n'a été encore dit ; cela se trouve la plupart du temps dans tes lettres bien sûr (dans la jaune peut-être aussi, ou plus exactement : dans le télégramme par lequel tu me demandes, légitimement d'ailleurs, de te la renvoyer) ; souvent dans les passages que je redoute, dans les passages que j'évite comme le diable évite les lieux consacrés.

C'est curieux, moi aussi, je voulais te télégraphier (j'ai joué longtemps avec cette idée, au lit l'après-midi, au Belvédère le soir), mais il ne s'agissait de rien d'autre que de ce texte : « Demande réponse formelle et approbative aux passages soulignés dans ma dernière lettre » ; finalement, j'ai vu là-dedans une méfiance sordide et sans fondement, et je n'ai pas télégraphié.

Je viens donc de passer tout mon temps sur cette lettre, sans rien faire d'autre, jusqu'à une heure et demie du matin ; je l'ai regardée, et toi à travers elle. Parfois (ce n'est pas en rêve), voici ce que je vois : tes cheveux cachent ton visage, je réussis à les partager et à les rejeter sur la droite et la gauche, ton visage apparaît alors, je promène mes doigts sur ton front et tes tempes et je le tiens entre mes mains.

Lundi.

• Je voulais déchirer cette lettre, ne pas l'envoyer, ne pas répondre au télégramme, — les télégrammes sont si ambigus —, et voilà que ta carte et ta lettre sont là ; cette carte-ci, cette lettre-là. Mais, même en face d'elles, Milena, et quand je devrais couper avec mes dents cette langue qui voudrait tant parler..., comment pourrais-je croire que tu aies besoin de ces lettres, quand tu n'as besoin maintenant que de repos, comme tu l'as dit si souvent en ne t'en rendant compte qu'à moitié ? Ces lettres ne sont que tourment, *elles viennent d'un tourment incurable, elles ne peuvent produire qu'incurable tourment.* A quoi cela nous avancera-t-il cet hiver ? Et cela ne fait qu'empirer. Le seul moyen de vivre est de nous taire, ici et à Vienne. Le deuil au cœur, soit ; et puis ? La tristesse rend le sommeil plus enfantin et plus profond. Mais le tourment, c'est une charrue dont on laboure toutes ses nuits et tous ses jours, ce n'est pas une chose supportable.

(En marge, à droite de la troisième page :) Si je vais dans un sanatorium, je te l'écrirai, naturellement.

*

[Prague, début avril 1922]

● Voilà déjà bien longtemps Madame Milena, que je ne vous ai plus écrit, et, aujourd'hui encore, je ne le fais que par suite d'un hasard. Je n'aurais pas au fond à excuser mon silence, vous savez comme je hais les lettres. Tout le malheur de ma vie — je ne le dis pas pour me plaindre mais pour en tirer une leçon d'intérêt général — vient, si l'on veut, des lettres ou de la possibilité d'en écrire. Je n'ai pour ainsi dire jamais été trompé par les gens, par des lettres toujours ; et cette fois ce n'est pas par celles des autres mais par les miennes. Il y a là en ce qui me concerne un désagrément personnel sur lequel [1] je ne veux pas m'étendre, mais c'est aussi un malheur général. La grande facilité d'écrire des lettres doit avoir introduit dans le monde — du point de vue

266

purement théorique — un terrible désordre des âmes : c'est un commerce avec des fantômes, non seulement avec celui du destinataire, mais encore avec le sien propre ; le fantôme grandit sous la main qui écrit, dans la lettre qu'elle rédige, à plus forte raison dans une suite de lettres où l'une corrobore l'autre et peut l'appeler à témoin. Comment a pu naître l'idée que des lettres donneraient aux hommes le moyen de communiquer ? On peut penser à un être lointain, on peut saisir un être proche : le reste passe la force humaine. Écrire des lettres, c'est se mettre nu devant les fantômes ; ils attendent ce moment avidement. Les baisers écrits ne parviennent pas à destination, les fantômes les boivent en route. C'est grâce à cette copieuse nourriture qu'ils se multiplient si fabuleusement. L'humanité le sent et lutte contre le péril ; elle a cherché à éliminer le plus qu'elle pouvait le fantomatique entre les hommes, elle a cherché à obtenir entre eux des relations naturelles, à restaurer la paix des âmes en inventant le chemin de fer, l'auto, l'aéroplane ; mais cela ne sert plus de rien (ces inventions ont été faites une fois la chute déclenchée) ; l'adversaire est tellement plus calme, tellement plus fort ; après la poste, il a inventé le télégraphe, le téléphone, la télégraphie sans fil. Les esprits ne mourront pas de faim, mais nous, nous périrons.

Je m'étonne que vous n'ayez encore rien publié à ce sujet ; non pour empêcher, par exemple, ou pour obtenir, quelque chose en faisant éditer vos considérations ; il est trop tard ; mais pour « leur » montrer que du moins on les a reconnus.

L'exception peut d'ailleurs aussi permettre de les identifier ; ils laissent parfois [1], en effet, passer une lettre sans obstacle, elle vient se poser dans votre main, légère, affectueuse comme la main d'un ami. Attention ! Ce n'est encore là vraisemblablement qu'apparence. De tels cas sont peut-être les plus dangereux, ceux dont il faut se méfier le plus ! Mais, du moins, si c'est une illusion, elle est parfaite.

Il m'est arrivé aujourd'hui une aventure de ce genre, c'est

elle qui me pousse à vous écrire ; j'ai reçu la lettre d'un ami, que vous connaissez, vous aussi : il y a longtemps que nous ne nous écrivons plus, ce qui est extrêmement raisonnable : les lettres, vous avez vu plus haut ce que j'en disais, sont en effet un prodigieux antisomnifère. En quel état n'arrivent-elles pas ! Desséchées, vides et irritantes, joies de l'instant, que suit une longue souffrance. Tandis qu'on s'oublie à les lire, le peu de sommeil qu'on a se lève et s'envole par la fenêtre ouverte ; il ne reviendra pas de sitôt. Aussi ne nous écrivons-nous pas. Mais je pense souvent à cet ami, bien que trop fugitivement : ma pensée tout entière est bien trop fugitive. Pourtant, hier soir, j'ai songé à lui pendant des heures ; ces heures de nuit qui me sont si précieuses à cause de leur hostilité, je les ai employées à lui écrire dans ma tête une lettre où je ne cessais de lui répéter sans fin avec les mêmes mots des choses qui me paraissaient d'une extrême importance. Et, de fait, j'ai reçu de lui une lettre ce matin ; elle disait que depuis un mois il avait l'impression qu'il devait venir me voir, ou plus exactement qu'il avait eu ce sentiment il y a un mois, et cette remarque coïncide singulièrement avec des choses que j'ai vécues.

Cette histoire de lettre m'a incité à en écrire une, et maintenant que c'est chose faite, comment ne pas vous écrire à vous aussi, Madame Milena, qui êtes peut-être la personne du monde à qui j'aime le mieux écrire (pour autant qu'on puisse aimer cette occupation ; mais je n'entends parler ici que pour les fantômes qui assiègent ma table avec concupiscence).

●● Voici longtemps que je n'ai plus rien trouvé de vous dans les journaux, sauf les articles sur la mode qui, quelques exceptions mises à part, m'ont paru, ces derniers temps, calmes et gais, surtout le dernier article du printemps. Il est vrai que je venais de passer trois semaines sans lire la *Tribuna*

(mais je vais chercher à me la procurer), j'étais à Spindel-
mühle.

*

Chère Madame Milena,

● Je dois avouer qu'un jour j'ai beaucoup envié quelqu'un : il était aimé, bien gardé, par la force et par la raison,
paisiblement étendu sous des fleurs. Je suis toujours prompt
à l'envie.

J'ai cru [1] pouvoir conclure de la *Tribuna,* que je n'ai pas lue
toujours, mais quelquefois cependant, que vous avez bien
passé l'été. Je l'ai eue un jour à la gare de Planá ; une dame
qui villégiaturait la tenait derrière son dos en conversant
avec d'autres femmes ; on aurait dit qu'elle me la présentait ;
ma sœur lui a demandé de me la prêter. Vous y aviez écrit, si
je ne me trompe, un article très gai contre les villes d'eaux
allemandes. Une autre fois, vous avez parlé du bonheur des
villégiatures qui se trouvent loin du chemin de fer : c'était
très beau aussi ; mais peut-être était-ce dans le même article ?
je ne crois pas. Quant à l'étude sur les vitrines : grandiose,
supérieure, comme toujours lorsque vous vous montrez dans
la *Národní Listy* et que vous oubliez l'école (de modes) juive.
Ensuite [2], vous avez traduit l'article sur les cuisiniers,
pourquoi ? Votre tante a des propos curieux : tantôt elle
parle des lettres qu'il faut affranchir convenablement, tantôt
de l'argent qu'il ne faut pas jeter par les fenêtres ; autant de
causes inattaquables, autant de combats sans espoir ; il lui
échappe pourtant parfois, si l'on veut faire bien attention, un
mot gentil, bon et touchant ; mais elle devrait haïr un peu
moins les Allemands ; les Allemands sont et restent magnifiques. Connaissez-vous le poème d'Eichendorff : *O Täler weit,
o Höhen !* ou celui de Justinus Körner sur la scie ? Si vous ne
les connaissez pas, je vous les copierai un jour.

Sur Planá j'aurais des choses à raconter, mais elles sont déjà passées. Ottla a été très gentille pour moi, bien qu'elle ait encore un autre enfant. Mon poumon, du moins au grand air, ne s'est pas trop mal comporté ; je suis déjà ici depuis quinze jours et je n'ai pas encore vu le médecin ; mais ça ne peut pas être très grave puisqu'il m'est arrivé par exemple — ô sainte vanité ! — de fendre du bois une heure et plus, dehors, sans être fatigué, et d'être même heureux par moments. Le reste, le sommeil et l'insomnie correspondante, ont été quelquefois pires.

Et votre poumon, cet organe tourmenté ? cette fière et forte créature ? cet inébranlable guerrier ?

●● Je viens de recevoir de votre ami Mareš la charmante lettre ci-jointe. Il y a quelques mois, dans un transport soudain, il m'a demandé dans la rue, nos relations sont en effet tout à fait épisodiques, s'il pouvait m'envoyer ses livres ; ému de cette offre, je le priai de le faire. Le lendemain arriva son recueil de vers avec la belle dédicace : *dlouholetému příteli* [a], mais, quelques jours plus tard, je reçus un autre livre avec un coupon postal pour le paiement. J'ai fait ce qu'il y avait de plus facile à faire, je n'ai ni remercié ni payé (le second livre *Policejní štára* [b] est d'ailleurs très bon, le voulez-vous ?) et voici qu'arriva une invitation à vrai dire pressante. Je lui envoie l'argent avec quelques mots sur le coupon postal, qui vont, j'espère, l'inciter à me renvoyer le double montant. Il faut un chat sur l'image ? Pourquoi donc ? Il suffit d'un éclat de bois sous la tête.

Votre K.

*

[Prague, janvier-février 1923]

Chère Madame Milena,

● Je crois qu'il vaut mieux ne pas trop parler de la protection des arrières et de ce qui s'y rattache, comme on

270

évite de trop parler de haute trahison en temps de guerre. Ce sont des choses que je ne puis comprendre tout à fait, que je ne puis même en dernier ressort que deviner, en face desquelles je ne suis que « peuple ». J'ai de l'influence sur les événements, car nulle guerre ne peut être faite sans le peuple, j'en tire le droit de dire mon mot, mais les choses[1] ne se jugent et se décident vraiment que dans la hiérarchie infinie des instances. Et s'il m'arrive une fois en passant d'influencer les événements par la parole, il n'en résulte que dégât, car cette parole est sans compétence, sans maîtrise, un balbutiement de dormeur, et le monde[2] est plein d'espions aux écoutes. Le mieux à cet égard est de rester calme, digne, insensible aux provocations. Or, tout ici est provocation, jusqu'à l'herbe sur laquelle vous vous asseyez au bord du long canal (de façon tout à fait irresponsable d'ailleurs, en un temps où je me gèle sous les draps avec un poêle chauffé, un lit de plumes, une bouillotte et deux couvertures). On ne peut juger finalement que de l'effet que produit sur le monde l'apparence extérieure, et sur ce point, avec la maladie, je possède l'avantage sur vous avec vos effrayantes promenades. Car si je parle de la maladie sur cet autre ton, personne ne me croira et je ne fais d'ailleurs que plaisanter.

Je m'apprête à commencer bientôt la lecture de *Donadieu*, mais je ferais peut-être mieux de vous envoyer l'ouvrage avant ; je sais ce que représente ce genre d'envie, on en veut par la suite à celui qui vous a privé du précieux livre. Je suis resté longtemps prévenu par exemple contre des gens [dont je soupçonnais chacun, sans pouvoir le prouver], de détenir *Nachsommer*, et le fils d'Oscar Baum est revenu à Francfort, de l'école en forêt où il était alors, en toute hâte, principalement[3] parce que ses livres lui manquaient, surtout ce *Stalky et Cº*, son préféré (de Rudyard Kipling), qu'il a lu, je crois, soixante-quinze fois. Si la *Donadieu* est pour vous un livre de cette importance, je vous la renverrai donc, mais j'aimerais bien la lire. ●● Si j'avais les feuilletons, je ne lirais peut-être pas les articles de mode (que sont-ils devenus, ce dimanche?). Si vous m'indiquiez les dates, vous me feriez un grand plaisir. J'irai chercher le « Diable » quand je pourrai, pour l'instant j'ai encore quelques douleurs.

• De Georg Kaiser je ne connais pas grand-chose, et je n'ai pas eu envie d'en connaître davantage; à vrai dire, je n'ai jamais rien vu jouer de lui. Son procès, il y a deux ans, m'a fait impression (j'en lisais les comptes rendus dans les Tatras), surtout le grand plaidoyer où il déclarait incontestable son droit de prendre chez autrui ce qui lui convenait, où il comparait à celle de Luther sa position dans l'histoire de l'Allemagne et réclamait, s'il était condamné, qu'on mette en berne tous les drapeaux. Ici, au chevet de mon lit, il a surtout parlé de son fils aîné (il a trois enfants), un garçon de dix ans, qu'il ne laisse pas aller à l'école et auquel il ne donne aucune autre instruction, qui ne sait par conséquent ni lire ni écrire, mais qui dessine joliment et passe toutes ses journées dans la forêt et sur le lac (ils habitent une maison de campagne isolée, à Grünhaide près de Berlin). Quand j'ai dit à Kaiser, en prenant congé de lui : « De toute façon c'est là une grande entreprise », il m'a dit : « C'est la seule, l'autre est plutôt miteuse. » Il est[1] curieux et assez peu plaisant, de le voir ainsi devant soi, moitié insouciant et joyeux, avec un air de commerçant berlinois, et moitié fou. Il n'a pas l'air complètement toqué, mais sur certains points il déraille beaucoup; ce seraient seulement les tropiques, paraît-il, qui lui auraient joué ce tour (il était employé en Amérique du Sud dans sa jeunesse; à son retour, malade, il est resté huit ans chez lui inactif, couché sur un divan, et il a repris vie dans une maison de santé). Cette double nature s'exprime d'ailleurs sur son visage : une figure plate, avec des yeux bleu clair, étonnamment vides, qui tressaillent tout à coup, comme d'ailleurs aussi mainte autre partie du visage[2], tandis que le reste a l'air en bois, paralysé. Au demeurant, Max a de lui une toute autre impression que moi, il le trouve tonique :

c'est sans doute pour cette raison qu'il l'a obligé dans son amitié à venir me voir. Et voilà maintenant qu'il occupe toute ma lettre. J'avais d'autres choses à dire. Ce sera la prochaine fois.

*

[Prague, janvier-février 1923]

●● Chère Madame Milena, j'ai lu le « Diable », c'est admirable, même pas tellement tout d'abord à cause de ce qu'il enseigne, même pas à cause de ce qu'il découvre, mais à cause de la présence d'un être inconcevablement courageux et, pour augmenter encore ce caractère inconcevable, d'un être qui, comme le montre la phrase finale, connaît aussi d'autres choses que le courage, sans pour autant cesser d'être courageux. Je ne formule pas volontiers cette comparaison, mais elle s'impose vraiment trop : ce qu'on lit ici est en soi déjà un mariage ou l'enfant né d'un mariage entre un judaïsme parvenu au bord de l'auto-destruction et, à ce moment, il est saisi par la forte main d'un ange — d'un ange qui, maintenant que le mariage l'a terni d'une lumière terrestre, n'est plus exactement visible, mais qu'auparavant il eût été ici-bas tout à fait impossible de voir, car il est trop grand pour des yeux humains — donc par la forte main d'un ange qui, pour ne pas laisser périr ce judaïsme, tant il l'aime, s'unit à lui par le mariage. Et le voici maintenant, l'enfant né de ce mariage et il regarde autour de lui et la première chose qu'il voit, c'est le diable dans le foyer, une vision terrible et pourtant une chose qui n'existait pas avant la naissance de cet enfant. Les parents, en tout cas, ne le connaissaient pas. Le judaïsme, parvenu — j'aurais presque dit : heureusement parvenu — à sa fin ne connaissait pas ce diable, il n'avait plus la capacité de faire la différence parmi les choses diaboliques, le monde entier était pour lui un diable et lui

273

l'œuvre du diable — et cet ange? Qu'est-ce qu'un ange, tant qu'il n'est pas déchu, a de commun avec le diable? Mais l'enfant voit maintenant très nettement le diable dans le foyer. Et maintenant commence dans l'enfant le combat des parents, le combat entre les convictions de ses parents pour savoir comment avoir raison du diable. L'ange ne cesse de soulever le judaïsme vers les hauteurs, là où il doit prêter résistance et le judaïsme ne cesse pas de retomber et l'ange doit retomber avec lui, s'il ne veut pas le laisser complètement s'abîmer. Et on ne peut faire de reproche ni à l'un ni à l'autre, tous deux sont comme ils sont, l'un juif, l'autre angélique. Simplement, ce dernier commence à oublier sa haute origine et le premier devient arrogant, parce qu'il se croit pour l'instant à l'abri. On peut sans doute résumer le dialogue infini qui se déroule entre eux par les phrases suivantes, dans lesquelles il n'est pas évitable que le judaïsme reprenne éventuellement des phrases angéliques, quitte à les déformer quand sa bouche les prononce :

Judaïsme : Mstí-li se něco na tomto světě, jsou to účty a cifry v dušesevních zaležitostech. [a]

L'Ange : Dva lidé mohou mít jen jediný rozumný důvod proto aby se vzali, a to je ten že se nemohou nevzít. [b]

Judaïsme : Bon, voici donc mon calcul.

L'Ange : Calcul?

ou bien

Judaïsme : v hloubce člověk klame, ale na povrchu ho poznáš. [c]

L'Ange : Proč si lidé neslibují, že nebudou třeba křičet, když se spálí pečeně atd. [d]

Judaïsme : Il lui faut donc mentir à la surface aussi! Ce n'est d'ailleurs pas la peine de l'exiger, il l'aurait fait spontanément depuis longtemps, s'il le pouvait

ou bien

Judaïsme : Tu as tout à fait raison : *Proč si neslibují, že si vzájemně ponechají svobodu mlčeni, svobodu samoty, svobodu volného prostoru?* [e]

L'Ange : Ai-je dit cela ? Je n'ai jamais dit cela, ce serait supprimer tout ce que j'ai dit.

ou bien

L'Ange : buď přijmout svůj osud... pokorně... anebo hledat svůj osud... [a]

Judaïsme :... na hledání je zapotřebi víry ! [b]

Et maintenant enfin, enfin, juste ciel, l'ange repousse le judaïsme et se libère.

Un merveilleux et émouvant article, où le caractère fulgurant de votre pensée frappe et touche. Celui qui n'est pas déjà frappé — ce sera bien sûr, le cas du plus grand nombre — se terre, celui qui est déjà frappé à mort s'allonge à nouveau en rêve. Et en rêve il se dit : Si terrestres que soient ces exigences, elles ne sont pas assez terrestres. Il n'existe pas de mariages malheureux, il n'y a que des mariages prématurés et ils sont prématurés, parce que ceux qui les ont conclus n'étaient pas encore mûrs, parce que c'étaient des gens arrêtés au milieu de leur développement, des gens qu'il faut arracher du champ avant la récolte. Envoyer dans le mariage des gens de cette espèce, c'est comme si on enseignait l'algèbre en classe élémentaire à l'école primaire. Dans la classe supérieure convenable, l'algèbre est plus facile qu'au début la table de multiplication, c'est même la véritable table de multiplication, mais c'est impossible et ne peut apporter que la confusion dans le monde de l'enfance et peut-être dans d'autres mondes encore. Mais on dirait que c'est le judaïsme qui parle ici et mieux vaut lui fermer la bouche.

• Ensuite j'ai reçu votre lettre. Écrire est devenu pour moi une occupation bien étrange : soyez patiente, il le faut (mais quand ne l'a-t-il pas fallu ?). Depuis des années, je n'ai écrit à personne ; j'étais comme mort à cet égard ; le besoin de communiquer me manquait totalement ; on aurait dit, pendant tout ce temps, que je ne faisais qu'accessoirement tout ce qu'on exigeait de moi, occupé seulement d'attendre qu'on m'appelle, jusqu'au jour où la maladie m'a appelé de la chambre voisine ; j'ai accouru et je lui ai appartenu de plus en plus. Mais il fait noir dans cette chambre, et on ne sait pas du tout si c'est la maladie.

En tout cas, penser et écrire me sont devenus très difficiles ; ma main court parfois sur le papier sans rien tracer, même maintenant ; quant à penser, n'en parlons pas (vous, c'est l'éclair : je ne cesse d'être étonné de votre rapidité : vous faites une boule d'une poignée de phrases, la foudre frappe) ; en tout cas, il vous faut avoir de la patience ; ce bouton s'ouvre lentement, ce n'est bien qu'un bouton puisqu'on appelle ainsi ce qui se referme sur soi.

J'ai commencé [1] la *Donadieu* mais n'en ai encore lu que très peu ; j'y entre encore mal, et le peu que j'ai lu de lui ne m'a pas profondément touché. On vante sa simplicité, mais en Allemagne et en Russie la simplicité est chez elle ; le grand-père est gentil, mais il n'a pas la force d'empêcher qu'on l'oublie à la lecture. Le plus beau de ce que j'ai déjà lu (j'en suis encore à Lyon) me paraît plus caractéristique de la France que de Philippe ; un reflet de Flaubert ; ce serait peut-être cette joie subite à un coin de rue (vous rappelez-vous le paragraphe ?) La traduction a l'air d'être faite par deux personnes, parfois très bonne, parfois mauvaise au point d'être incompréhensible (Wolff doit en sortir une nouvelle). En tout cas, je lis cela avec beaucoup de plaisir ; je suis devenu un lecteur passable, mais très lent. Avec ce livre je suis gêné par ma faiblesse personnelle : l'embarras où me mettent les jeunes filles. Cela va si loin que je ne crois pas à celles de l'auteur, parce que je ne peux pas croire qu'il ait osé les approcher. Il me semble, disons, qu'il a fait une poupée et l'a appelée Donadieu, rien que pour détourner l'attention du lecteur de la véritable Donadieu, qui serait bien autre et bien ailleurs. A travers ces années d'enfance de la fillette, je découvre malgré leur agrément une espèce de schéma rigide, comme si ce qui s'y trouve raconté n'était pas vraiment arrivé, mais seulement ce qui suivra et que ce fût seulement inventé après coup et adapté à la réalité selon des règles immuables pour pouvoir servir d'ouverture. Il y a des livres avec lesquels ce sentiment[1] persiste jusqu'au bout.

Je ne connais pas *Na velké cestĕ*[a]. Mais j'aime beaucoup, parfois follement, Tchekhov. *Will von der Mühle* non plus, je ne le connais pas ; et je ne sais rien de Stevenson, sinon qu'il est votre préféré.

Je vous enverrai *Franzi*. Mais, à quelques petites exceptions près, cela ne vous plaira certainement pas. Cela s'explique par ma théorie, selon laquelle les écrivains vivants restent en rapport vivant avec leurs ouvrages. Ils combattent pour ou contre, du seul fait qu'ils sont là. La vraie vie autonome du livre commence seulement à leur mort, ou plus exactement un certain temps après leur mort, car ces hommes zélés continuent à se battre pour leur ouvrage quelque temps encore après leur mort. Mais ensuite l'ouvrage est seul et ne peut plus compter que sur la force de sa propre vitalité. C'est pourquoi Meyerbeer fit preuve d'un grand bon sens quand il voulut soutenir le pouls de ses opéras en laissant à chacun un legs, proportionné peut-être à son degré de confiance. Mais il y aurait[2] autre chose à dire à ce sujet (ce serait d'ailleurs de peu d'importance). Appliqué à *Franzi,* cela signifie que le livre de l'auteur vivant est vraiment la chambre à coucher au bout de son appartement, adorable s'il est adorable, odieuse dans le cas contraire. Ce n'est pas, ou à peine, un jugement sur l'ouvrage, si je dis que je l'aime bien, ce n'en est pas un non plus si vous dites le contraire ; mais peut-être ne le dites-vous pas.

Aujourd'hui, j'ai lu un assez grand passage de la *Donadieu* mais je ne m'en tire pas bien. (Ni non plus aujourd'hui de l'explication car, dans la cuisine à côté, ma sœur fait la conversation avec la cuisinière ; je pourrais la faire cesser rien qu'en toussant un peu, mais je ne veux pas : cette petite —

nous ne l'avons que depuis quelques jours, elle a dix-neuf ans, un colosse — dit qu'elle est l'être le plus malheureux de la terre ; sans raison, elle n'est malheureuse que parce qu'elle est malheureuse, et elle a besoin de se faire consoler par ma sœur, qui d'ailleurs « adore rester avec la bonne », comme dit toujours mon père. Quoi que je reproche au livre en surface, ce sera injuste, car toutes mes objections viennent de mon fond, et non du sien ; lorsque[1] quelqu'un a commis un meurtre la veille — et quand cette veille saurait-elle jamais devenir ne fût-ce que l'avant-veille ? — il ne peut souffrir d'histoire de meurtre le lendemain. Il les trouve toutes[2] pénibles, ennuyeuses et irritantes. Cette simplicité affectée de l'ouvrage, cette fausse naïveté, cette ironie admirative, je ne puis rien souffrir de tout cela. Quand Raphaël séduit la Donadieu, c'est une chose très importante pour elle, mais qu'a à faire l'auteur dans cette chambre d'étudiant ? et le lecteur ? donc quatre personnes. Ce bout de chambre finit par prendre les proportions d'un amphithéâtre de médecine ou de psychologie. Et puis ce livre manque trop de tout ce qui n'est pas désespoir[3].

Je pense encore souvent à votre article. Je crois en effet, chose curieuse, — pour convertir en dialogue réel (ô judaïsme ! judaïsme !) ces dialogues imaginaires — qu'il peut exister des mariages qui ne se laissent pas ramener au désespoir de la solitude, de nobles et conscientes unions, et je crois qu'au fond l'ange le croit aussi. Car ces gens qui se marient par désespoir... qu'y gagnent-ils ? Ajouter de l'isolement à de l'isolement ne peut jamais créer une patrie, mais au contraire un Katorga. Chacune des deux solitudes se reflète dans l'autre, même dans la nuit la plus profonde et la plus noire. Et si on ajoute un isolement à une assurance, c'est encore bien pis pour l'isolement (à moins qu'il ne s'agisse d'un isolement inconscient, d'une tendre solitude virginale). Se marier suppose au contraire, très strictement : que l'on est sûr.

Le pire[1] en ce moment — je ne m'y serais pas attendu moi-même — c'est que je ne peux pas continuer à écrire ces lettres, même pas ces lettres importantes. La sorcellerie épistolaire se remet en branle et recommence à ravager mes nuits[2], qui se ravagent déjà d'elles-mêmes. Il faut que je cesse, je ne peux plus écrire. Ah! votre insomnie n'est pas la même que la mienne. Ne m'écrivez plus, s'il vous plaît.

*

Cachet postal : Dobřichovice, 9/V/23
Adresse : Mme Milena Pollak
Wien VII
Lerchenfelderstrasse 113/5

Merci beaucoup de vos amitiés. En ce qui me concerne, je suis venu ici pour quelques jours ; à Prague, ça n'allait plus bien. Mais ce n'est pas un vrai voyage ; seulement un petit frétillement d'ailes, des ailes qui ne sont pas du tout celles qu'il faudrait[3].

K.

*

Cachet postal : Dobřichovice, 9/V/23
Adresse : Mme Milena Pollak
Wien VII
Lerchenfelderstrasse 113/5

Chère Madame Milena,

Vous avez dû recevoir ma carte de Dobřichovice. Je suis encore ici, mais je vais rentrer dans deux ou trois jours ; c'est

279

trop cher (et on rend aussi très mal la monnaie, une fois c'est trop, une autre fois trop peu, impossible de s'en rendre compte, le maître d'hôtel est si leste), je dors trop mal, etc., autrement, bien sûr, c'est de toute beauté. Quant à d'autres voyages, peut-être celui-ci m'en a-t-il rendu un peu plus capable, même s'il s'agit d'aller à une demi-heure plus loin de Prague. Je crains seulement, d'abord les frais (ici, c'est si cher que je ne pourrais y passer que mes derniers jours avant la mort ; on s'en va les poches vides), et deuxièmement, — deuxièmement —, le ciel et l'enfer. A part quoi le monde est à moi.

Amicalement.

Votre K.

C'est la troisième fois d'ailleurs, depuis que nous nous connaissons, que vous m'avertissez subitement par quelques lignes, ou m'apaisez (appelez cela comme vous voudrez) à un dernier moment précis. [1]

*

[Berlin, octobre 1923]

Lorsque tu as disparu soudain (mais non de façon surprenante) après notre dernière rencontre, je n'ai plus rien su de toi jusqu'au début de septembre, où j'ai appris de tes nouvelles d'une désagréable façon.

Entre-temps, il m'était arrivé en juillet quelque chose de grandiose — que de choses grandioses il existe, en ce monde ! — : j'étais allé à Müritz au bord de la Baltique, avec l'aide de ma sœur aînée. Loin de Prague en tout cas, loin de ma chambre fermée ! Les premiers temps, je m'y suis trouvé très mal. Ensuite, la possibilité Berlin s'est accrue dans ce Müritz invraisemblablement. Je voulais aller au mois d'octobre en Palestine [2], nous en parlions ; naturellement nous n'y serions jamais allés, c'était une fantaisie comme peut en avoir quelqu'un qui est convaincu qu'il ne quittera jamais son lit. Quitte à ne pas quitter mon lit, pourquoi ne pas aller au moins en Palestine ? Or, à Müritz, j'ai rencontré la colonie de vacances d'un Foyer juif de Berlin ; surtout des Juifs de l'Est. J'étais très attiré, c'était sur mon chemin. Je me suis mis à envisager la possibilité de m'installer à Berlin. Cette possibilité n'était pas beaucoup plus grande à ce moment-là que nos chances pour la Palestine, mais elle a grandi par la suite. Vivre seul à Berlin était chose impossible, à tous égards, évidemment ; et pas seulement à Berlin ; n'importe où. Sur ce point aussi, j'ai trouvé à Müritz une aide en son genre tout à fait inattendue. Ensuite, au milieu d'août, je suis rentré à Prague, et j'ai encore passé, après, plus d'un mois chez ma sœur cadette, à Schelesen. Là-bas, j'ai appris par hasard l'histoire de la lettre brûlée ; j'en ai été au désespoir ; je t'ai écrit immédiatement, pour me soulager un peu, mais je n'ai pas expédié ma lettre, puisque je ne savais rien de toi, et j'ai fini par la brûler aussi avant de partir pour Berlin. Des trois autres lettres dont tu parles, j'ignore tout jusqu'à ce jour. J'étais désespéré de je ne sais quel honteux affront qui avait été fait à quelqu'un, sans savoir trop auquel des trois intéressés. Mais[1] bien sûr, de toute façon, je n'aurais pas évité le désespoir — il eût seulement été d'une autre nature — si j'avais reçu régulièrement la lettre à Müritz.

A la fin de septembre, ensuite, je me suis rendu à Berlin ; j'ai eu le temps, avant de partir, de recevoir ta lettre d'Italie. Quant au départ je l'ai exécuté avec les dernières miettes de forces que j'ai pu encore me trouver, ou plutôt sans forces du tout, funèbrement.

Et maintenant me voilà ici ; jusqu'à présent cela va moins mal à Berlin que tu ne sembles croire ; je vis presque à la campagne, dans une petite villa avec jardin ; il me semble que je n'avais encore jamais eu un si beau logement ; je ne tarderai sûrement pas à le perdre, il est beaucoup trop beau

281

pour moi, c'est d'ailleurs le deuxième que j'occupe ici ; la nourriture n'est pas essentiellement différente de celle de Prague jusqu'à présent ; je ne parle bien sûr que de la mienne. De même mon état de santé. C'est tout. De la suite je n'ose rien dire, ce que j'ai dit est déjà de trop, les esprits aériens l'absorbent gloutonnement de leurs insatiables gosiers. Et tu en dis toi-même encore moins dans ta lettre. Ton état général est-il bon, supportable ? Je ne parviens pas à le déchiffrer. Évidemment ! On ne peut même pas déchiffrer le sien. La « peur » n'est pas autre chose.

F.

*

Carte postale. Tampon de la poste : Berlin-Steglitz. 23.12.23
Adresse : Mme Milena Pollak
Wien VII
Lerchenfelderstrasse 113/5

Chère Milena,

Voilà longtemps qu'il y a ici un morceau de lettre prêt pour vous, mais qui attend toujours sa suite, car mes vieux maux sont venus me retrouver ici encore, m'attaquer et m'abattre un peu ; tout me coûte une peine affreuse, le moindre mot, tout ce que j'écris me paraît démesuré quand je considère ma faiblesse, et lorsque j'écris « amitiés », ces amitiés auront-elles vraiment la force d'arriver jusqu'à votre Lerchenfelderstrasse, si bruyante, si tumultueuse, et si grise et si citadine ? où je ne pourrais respirer, non plus que ce qui est à moi. C'est pourquoi [1] je n'écris pas du tout, attendant de meilleurs temps, ou de pires, au reste bien et tendrement gardé jusqu'aux limites du possible d'ici-bas. Du monde, je n'apprends rien sinon (mais de la façon la plus éloquente) par le renchérissement de la vie ; je ne reçois pas les journaux de Prague, ceux de Berlin sont trop chers pour moi ; que diriez-vous de m'envoyer de temps en temps une coupure des *Národní Listy,* du genre de celles qui m'avaient tant fait plaisir autrefois ? Depuis quelques semaines, mon adresse est Steglitz, Grunewaldstrasse 13, chez M. Seifert. Là-dessus, malgré ce qui précède, mes meilleures amitiés. Qu'importe si elles sont destinées à tomber dès la porte de votre jardin ? Peut-être n'en sont-elles que plus fortes [1].

Votre K.

Appendice

Aucune lettre de Milena Jesenská à Kafka, on le sait, n'a été conservée : il s'agit donc d'un drame à une voix. Mais le hasard a voulu que quelques lettres de Milena à Max Brod fussent sauvées. Max Brod les avait publiées dans la troisième édition de sa Biographie de Kafka (1954). Nous en donnons ici les passages directement relatifs à Kafka, ainsi que l'article nécrologique écrit par Milena en 1924 à la mort de l'écrivain. Ainsi pourra-t-on entendre un peu l'écho de ces lettres passionnées.

*

1. La première lettre (datée par Max Brod du 21 juillet 1920) est écrite en allemand, dans une langue d'ailleurs incorrecte. Il y est question, pour l'essentiel, de Karl Pribřam, qui avait été interné dans la même maison de santé qu'autrefois Milena. A la fin de la lettre figure cependant le paragraphe suivant ·.

●● J'ai encore une grande prière à vous adresser, Monsieur le docteur. Vous savez que Frank ne veut jamais me dire comment il va, il répond toujours : merveilleusement, le cher homme, sa santé est plus que bonne, il est plus que tranquille, etc. Je voudrais vous demander, vraiment vous demander, vous *prier* de me dire — si vous voyez, si vous avez l'impression qu'il souffre, je ne lui dirai pas que je l'ai appris par vous et je me sentirai un peu plus tranquille si vous me faites cette promesse. Je ne sais pas comment je pourrai l'aider, mais je sais que je l'aiderai très certainement. Frank dit qu'il faut vous aimer, qu'il faut être fier de vous, vous admirer : je fais tout cela et je vous remercie mille fois d'avance — déjà du fait que je peux me reposer sur vous.

*

2. *Max Brod avait répondu à la lettre précédente en demandant à Milena de ménager davantage le malade. Milena lui écrit à nouveau (dans une lettre en allemand datée par Max Brod du 29 juillet 1920) :*

●● J'ai été vraiment très effrayée, je ne savais pas que la maladie de Frank était si grave, ici, il était vraiment comme en bonne santé, je ne l'ai jamais entendu tousser une seule fois, il était gai et alerte et il dormait bien. Vous me remerciez, mon cher, cher Max, vous me remerciez au lieu de me reprocher de n'être pas depuis longtemps auprès de lui, de rester ici et de me contenter de lui écrire des lettres. Je vous en prie, je vous en supplie — ne croyez pas que je sois mauvaise et que je prenne les choses à la légère. Je suis torturée, désespérée (ne pas le dire à Frank !), je ne sais où donner de la tête et comment m'en tirer. Quand vous m'écrivez que j'apporte quelque chose à Frank, quelque chose de bon, Max, c'est vraiment pour moi le plus grand bonheur possible. Frank va certainement s'en aller quelque part, je ferai tout ce que je pourrai pour cela et, si ce n'est pas possible autrement, je viendrai moi-même à Prague en automne et nous le ferons partir, n'est-ce pas, et j'espère bien qu'il y sera au calme et en bon état moral ; pour moi, dois-je le dire, je ferai tout ce que je pourrai pour cela.

L'histoire de mon mariage et de mon amour pour mon mari est trop compliquée pour être racontée ici. Les choses en sont au point qu'il m'est impossible de partir maintenant et peut-être jamais, moi — non, les mots sont trop bêtes. Mais je n'arrête pas de chercher une issue pour moi, une solution, je cherche toujours à trouver ce qui est bien et juste. Je vous en prie, Max, soyez convaincu que je ne fais pas souffrir Frank, croyez bien qu'il n'y a rien au monde qui soit plus important pour moi.

Bon, vous êtes maintenant près de lui et vous me direz s'il y a quelque chose à lui dire, vous serez sévère avec moi et vous me direz la vérité, n'est-ce pas, je me sens aujourd'hui un peu plus légère, parce que je vous ai, parce que je ne suis plus aussi entièrement seule.

S'il vous plaît, quand vous reviendrez, indiquez-moi les conditions extérieures du voyage (au bureau, par exemple), et dites-moi bien tout ce qui est nécessaire, et surtout : si le médecin laisse un espoir de guérison. Mais tout cela n'a aucune importance, pourquoi vous écrire cela ? Le principal, c'est qu'il s'en aille et il le fera, j'en suis sûre.

Je vous remercie mille fois. Je vous suis vraiment profondément reconnaissante, vous avez été si bon avec moi dans votre lettre. Pardonnez-moi de vous appeler Max, c'est comme cela que Franz vous appelle et j'en ai déjà l'habitude.

Toutes mes salutations
Milena P.

*

3. *Lettre d'août 1920, rédigée en tchèque et traduite par Max Brod.*

•• Je pourrais répondre à votre lettre pendant des jours et des nuits. Vous demandez comment il se fait que Frank ait peur de l'amour et qu'il n'ait pas peur de la vie ? Mais je pense qu'il en va autrement. Pour lui, la vie est tout à fait différente de ce qu'elle est pour les autres gens, pour lui, l'argent, la Bourse, le contrôle des devises, une machine à écrire sont des choses tout à fait mystiques (et elles le sont bien, en effet, c'est seulement pour nous qu'elles ne le sont pas), ce sont pour lui les énigmes les plus étranges, vis-à-vis desquelles il n'a pas du tout le même rapport que nous. Son travail de fonctionnaire, par exemple, est-il pour lui l'exécution d'un service ordinaire ? Une fonction — à commencer par la sienne — est une chose aussi énigmatique, aussi admirable qu'une locomotive l'est pour un petit enfant. Il est incapable de comprendre les choses du monde les plus simples. Avez-vous déjà été avec lui dans un bureau de poste ? Quand il rédige un télégramme et cherche en hochant la tête la petite fenêtre du guichet qui lui plaît le mieux, quand ensuite on le promène d'un guichet à l'autre, sans qu'il comprenne le moins du monde pourquoi et en vertu de quoi, jusqu'à ce qu'il arrive au bon guichet, qu'il paye et reçoive sa monnaie, qu'il vérifie ce qu'on lui a rendu, qu'il trouve qu'on lui a donné une couronne de trop et qu'il rende la couronne à l'employée qui est derrière le guichet. Puis, il s'en va lentement, compte à nouveau et, arrivé à la dernière marche en bas, il s'aperçoit que la couronne qu'il a rendue lui appartenait. Vous voilà maintenant désemparé à côté de lui, il s'appuie sur un pied, puis sur l'autre et réfléchit à ce qu'il faut faire. Retourner sur ses pas n'est pas facile, tout une foule de gens se presse là-haut. « Tant pis pour la couronne », lui dis-je. Il me regarde consterné. Comment peut-on dire : tant pis ? Non pas qu'il se soucie aucunement d'une couronne. Mais ce n'est pas comme il faut. Il manque une couronne. Comment laisser la chose en l'état ? Il a parlé très longuement de ce sujet. Il était très mécontent de moi. Et il en allait de même dans toutes les boutiques, dans tous les restaurants, avec toutes les mendiantes, chaque fois avec quelques variations. Une fois, il a donné deux couronnes à une mendiante et voulait qu'elle lui en rende une. Elle lui dit qu'elle n'avait rien. Nous sommes restés deux bonnes minutes à réfléchir à la solution du problème. Il se dit soudain qu'il pouvait lui laisser les deux couronnes. Mais, à peine a-t-il fait quelques pas qu'il se sent de mauvaise humeur. Et c'est le même homme qui pourrait à l'instant même, dans l'enthousiasme et la joie, me donner vingt mille couronnes. Mais si je lui demandais vingt mille et une couronnes et qu'il fallût changer de l'argent quelque part et que nous ne sussions pas où, il pourrait gravement réfléchir à ce que nous devrions faire pour cette couronne qui ne me revenait pas. Sa gêne envers l'argent est presque la même que celle qu'il éprouve envers les femmes. De même sa peur du bureau. Je lui ai un jour télégraphié, téléphoné, écrit, je l'ai conjuré par tous les dieux de venir me rejoindre pour une journée. J'en avais à ce moment-là un besoin absolu. Je l'ai maudit corps et âme. Il n'a pas pu dormir pendant des nuits, il s'est torturé, il a écrit des lettres suicidaires, mais il n'est pas venu. Pourquoi? Il n'a pas voulu demander un congé. Il ne pouvait pourtant pas dire au Directeur, à ce même Directeur qu'il admire de toute son âme (sérieusement!) parce qu'il tape si vite à la machine — il ne pouvait pourtant pas lui dire que c'était moi qu'il venait voir. Et dire autre chose? — à nouveau une lettre épouvantée — comment cela? Mentir? Dire un mensonge au Directeur? Impossible. Quand vous lui demandez pour quelle raison il a aimé sa première fiancée, il répond : parce qu'elle s'entendait si bien en affaires et son visage se met à rayonner de respect.

Ah non! le monde entier est et reste pour lui un mystère. Un secret mystique. Une chose qu'il n'est pas capable d'accomplir et à laquelle par pure naïveté il voue une touchante estime, parce qu' « elle s'y entend en affaires ». Lorsque je lui parlais de mon mari, qui m'est infidèle cent fois par an, qui me tient sous sa coupe en même temps que beaucoup d'autres femmes, son visage s'éclairait du même respect qu'auparavant quand il me parlait de son Directeur qui tapait si vite à la machine et qui était donc un homme remarquable, de même que, quand il me parlait de sa fiancée, qui « s'entendait si bien en affaires ». Tout cela lui restait étranger. Un homme qui tape vite à la machine à écrire et un homme qui a quatre petites amies, tout cela lui paraît tout aussi incompréhensible que la couronne au bureau de poste ou la couronne de la mendiante, incompréhensible pour la raison que ce sont des choses vivantes. Mais Frank ne peut pas vivre. Frank n'a pas la capacité de vivre. Frank ne sera jamais en bonne santé. Frank va bientôt mourir.

Il est certain que la chose se présente ainsi : nous sommes tous en apparence capables de vivre parce que nous avons eu un jour ou l'autre recours au mensonge, à l'aveuglement, à l'enthousiasme, à l'optimisme, à une conviction ou à une autre, au pessimisme ou à quoi que ce soit. Mais lui est incapable de mentir, tout comme il est incapable de s'enivrer. Il est sans le moindre refuge, sans asile. C'est pourquoi il est exposé là où nous sommes protégés. Il est comme un homme nu au milieu de gens habillés. Ce qu'il dit, ce qu'il est, ce qu'il vit n'est même pas la vérité. C'est une manière d'être qui est déterminée, qui existe en elle-même, débarrassée de tout l'accessoire, de tout ce qui pourrait l'aider à qualifier la vie — beauté ou misère, peu importe. Et son ascétisme est totalement dépourvu d'héroïsme, ce qui le rend, à vrai dire, plus grand et plus noble. Tout « héroïsme » est mensonge et lâcheté. Ce n'est pas un homme qui construit son ascétisme comme un moyen d'accéder à un but, c'est un homme qui est contraint à l'ascétisme par sa terrible lucidité, par sa pureté, par son incapacité à accepter le compromis.

Il existe des gens très intelligents, qui refusent, eux aussi, le compromis. Mais ils mettent des lunettes magiques, qui leur font voir le monde autrement. C'est pourquoi ils n'ont pas besoin de compromis. C'est pourquoi ils peuvent taper vite à la machine et avoir des femmes. Lui reste à côté d'eux, il les regarde avec étonnement, ces gens-là, et aussi cette machine à écrire et ces femmes. Jamais il ne comprendra.

Ses livres sont étonnants. Lui-même est bien plus étonnant. Je vous remercie mille fois pour tout. Tous mes vœux. J'aurai le droit de vous rendre visite, n'est-ce pas? quand je viendrai à Prague? Je vous salue très cordialement

*

4. *(probablement début janvier 1921). Écrit en tchèque et traduit en allemand par Max Brod.*

Cher Monsieur le docteur,

●● Excusez-moi de ne pas pouvoir vous écrire en allemand. Peut-être savez-vous assez le tchèque pour me comprendre; excusez-moi de vous importuner. Je ne sais tout bonnement plus où donner de la tête, mon cerveau ne tolère plus aucune impression ni aucune idée, ne peut plus en accueillir aucune, je ne sais rien, je ne sens rien, je ne comprends rien, il me semble qu'il m'est arrivé, ces derniers mois, une chose épouvantable, mais je ne sais presque rien à ce sujet. Je ne connais plus rien du monde, je sens seulement que je me tuerais, si je pouvais prendre conscience d'une manière ou de l'autre de ce qui précisément se refuse à ma conscience.

Je pourrais vous raconter comment, pourquoi et de quelle manière tout s'est passé; je pourrais tout vous raconter sur moi, sur ma vie, mais à quoi bon? — et puis : je ne sais plus rien, je tiens seulement à la main la lettre que Frank m'a envoyé du Tatra, une prière mortelle, qui est aussi un ordre : « Ne pas écrire et éviter que nous nous rencontrions; exécute seulement cette prière sans rien dire, elle seule peut me permettre de continuer un peu à vivre, tout le reste ne peut que continuer à me détruire ». Je n'ose pas envoyer de lettre, pas poser de question; je ne sais pas non plus ce que je veux savoir de vous. Je ne sais pas, non, je ne sais pas ce que je veux savoir. Jésus, je voudrais enfoncer mes tempes à l'intérieur de mon cerveau. Dites-moi une seule chose, vous avez été avec lui ces derniers temps, vous le savez : suis-je coupable ou ne suis-je pas coupable ? Je vous en prie, par le ciel, ne m'envoyez pas de consolation, ne m'écrivez pas que personne n'est coupable, ne m'envoyez pas de psychanalyse. Tout, vous m'entendez bien, tout ce que vous pourriez m'écrire, je le sais. J'ai confiance en vous, Max, à l'heure qui est peut-être la plus grave de ma vie. Dieu sait ; je vous en prie, ayez confiance, vous aussi. Je vous en prie, comprenez ce que je veux. Je sais qui est Frank ; je sais ce qui est arrivé et je ne sais pas ce qui est arrivé, je suis au bord de la folie, je me suis efforcée d'agir correctement, de vivre, de penser, de sentir conformément à ma conscience, mais *quelque part,* une faute a été commise. Voilà ce que je veux entendre. Je ne sais évidemment pas si vous pouvez me comprendre. Je veux savoir si je suis ainsi faite que Frank souffre et a souffert avec moi comme avec toutes les autres femmes, au point que sa maladie s'est aggravée et qu'il a dû chercher refuge dans son angoisse et que je dois maintenant disparaître à mon tour ; je veux savoir si c'est moi qui suis coupable ou si c'est une conséquence de sa propre nature. Ce que je dis est-il clair ? Il *faut* que je le sache. Vous êtes le seul qui sachiez peut-être quelque chose. Je vous en prie, répondez-moi, répondez-moi la vérité entière, la vérité nue, simple et certainement brutale, c'est-à-dire ce que vous pensez vraiment. Je vous serai très reconnaissante si vous me répondez. C'est un point de départ certain pour moi. Et aussi, donnez-moi des nouvelles, dites-moi comment il va. Depuis des mois, je ne sais rien de lui. Mon adresse : M. K., Wien VIII, Postamt 65, Bennogasse. Excusez-moi ; il ne m'est pas possible de rédiger cette lettre autrement, je ne peux même pas la lire. Je vous remercie

Milena

*

5. *(Janvier/février 1921). Écrit en tchèque et traduit par Max Brod.*

•• Je vous remercie de votre amabilité. J'ai un peu repris mes esprits entre-temps. Je peux à nouveau réfléchir. Ce qui d'ailleurs ne me rend pas les choses plus faciles. Que je n'écrirai pas à Frank est absolument évident. Comment le pourrais-je ?

S'il est vrai que les hommes ont une tâche à accomplir sur la terre, j'ai bien mal accompli ma tâche envers lui. Comment pourrais-je être assez immodeste et lui nuire, alors que je ne suis pas parvenue à l'aider ?

Ce qu'est sa peur, je le sais jusqu'à la dernière fibre. Elle existait bien longtemps avant moi, avant qu'il ne me connaisse. J'ai connu sa peur avant de le connaître lui-même. Je me suis cuirassée contre elle en la comprenant. Durant les quatre jours que Frank a passés à mon côté, il l'a perdue. Nous nous sommes moqués d'elle. Je sais avec certitude qu'aucun sanatorium ne parviendra à le guérir. Il ne se portera jamais bien, Max, aussi longtemps qu'il aura cette peur. Et aucun réconfort physique ne peut vaincre cette peur, car la peur interdit le réconfort. Cette peur ne se rapporte pas à moi seulement, elle se rapporte à tout ce qui vit sans pudeur, par exemple la chair. La chair est trop dénuée de voile, il ne supporte pas de la voir. J'ai réussi à mettre ces choses de côté. Quand il ressentait cette peur, il me regardait dans les yeux, nous avons attendu un moment, comme si nous ne retrouvions pas notre souffle ou comme si les pieds nous faisaient mal et après un moment, c'était passé. Il n'y avait pas besoin du moindre effort, tout était simple et clair, je l'ai traîné derrière moi sur les collines qui se trouvent derrière Vienne, je marchais la première, car il

295

avançait lentement, il venait derrière moi en martelant ses pas et, quand je ferme les yeux, je vois encore sa chemise blanche et son cou hâlé et l'effort qu'il faisait. Il a marché toute la journée, il est monté, il est descendu, il est resté au soleil, il n'a pas toussé une seule fois, il a mangé terriblement et dormi comme un loir ; tout bonnement, il se portait bien ; sa maladie, ces jours-là, ressemblait au plus à un petit rhume de cerveau. Si j'étais allée à Prague avec lui à ce moment-là, je serais restée pour lui celle que j'étais alors. Mais j'avais les deux pieds sur terre, je suis fermement attachée à cette terre, je n'étais pas en mesure d'abandonner mon mari et peut-être étais-je trop femme pour avoir la force de me soumettre à cette vie, dont je savais qu'elle signifierait pour toujours l'ascétisme le plus austère. Mais il y a en moi le désir irrésistible, le furieux désir d'une vie toute différente de celle que je mène et que sans doute je mènerai toujours, une vie avec un enfant, une vie proche de la terre. Et c'est sans doute ce qui l'a emporté sur tout le reste, qui l'a emporté sur l'amour, sur l'amour de l'envol, sur l'admiration et une fois encore sur l'amour. On peut d'ailleurs à ce propos dire ce qu'on veut, on ne dit jamais que des mensonges. Et ce mensonge-là était peut-être le plus anodin. Et d'ailleurs, il était déjà trop tard. Et puis, ce combat que je menais à l'intérieur de moi est devenu trop clairement visible et cela lui a fait peur. C'est précisément ce contre quoi il a lutté sa vie entière, de l'autre côté. Il a pu trouver auprès de moi un moment de repos. Mais ensuite, cela a commencé à le persécuter, même auprès de moi. Contre ma volonté. J'ai très bien su qu'il était arrivé quelque chose que rien ne permettait plus d'écarter. J'étais trop faible pour faire et accomplir ce dont je savais que c'était la seule chose qui aurait pu l'aider et qui n'aurait pu aider que lui seul. Voilà quelle est ma faute. Et vous aussi savez que c'est ma faute. Ce qu'on impute à la non-normalité de Frank est cela même qui fait sa valeur. Les femmes qu'il a fréquentées étaient des femmes ordinaires et n'ont pas su vivre autrement que précisément en tant que femmes. Je crois plutôt que c'est nous tous, le monde entier et tous les êtres qui sommes malades et que lui est le seul à être sain, à comprendre et à sentir les choses comme elles sont, le seul à être pur. Je sais que ce n'est pas contre la *vie* qu'il se met en défense, mais seulement contre une certaine *façon de vivre*. Si j'avais pu prendre sur moi d'aller avec lui, il aurait pu vivre heureux avec moi. Mais tout cela, je ne le sais qu'aujourd'hui. J'étais alors une femme ordinaire comme toutes les femmes au monde, une petite femelle dirigée par l'instinct. Et c'est de là qu'est venue sa peur. Elle était dans le vrai. Est-il possible que cet homme-là ait ressenti quelque chose qui n'eût pas été juste? Il en sait sur le monde dix mille fois plus que tous les hommes du monde. La peur qu'il avait était juste. Et vous vous trompez, Frank ne m'écrira pas de lui-même. Il n'y a rien qu'il puisse m'écrire. Il n'y a effectivement aucun mot qu'il puisse me dire à l'intérieur de cette peur. Je sais qu'il m'aime. Il est trop bon et trop pudique pour pouvoir cesser de m'aimer. Il considérerait cela comme une faute. Il se considère toujours comme le coupable et celui qui est faible. Et cependant il n'y a pas au monde un deuxième être qui ait la force immense qui est la sienne, cette nécessité absolue et irrévocable d'atteindre la perfection, la pureté, la vérité. C'est ainsi. Jusqu'à la dernière goutte de mon sang, je saurai qu'il en est ainsi. Seulement, je ne parviens pas à en prendre entièrement conscience. Quand cela arrivera, ce sera terrible. Je cours par les rues, je reste assise des nuits entières à la fenêtre, les idées bondissent quelquefois à l'intérieur de moi comme les petites étincelles lorsqu'on affûte un couteau et j'ai le cœur suspendu comme à un hameçon, vous savez, un tout petit hameçon, qui finit par céder avec une toute petite douleur, épouvantablement aiguë.

En ce qui concerne ma santé, je suis à bout et si quelque chose me retient encore à la surface, ce n'est que contre mon gré et c'est sans doute ce qui m'a toujours retenue jusqu'à présent, quelque chose de très inconscient, un amour involontaire de la vie. J'ai récemment trouvé, tout à coup, quelque part, à l'autre bout de Vienne, des voies de chemin de fer, vous savez, imaginez-vous des rues sur des kilomètres, une sorte de fosse cubique et en bas des rails, des lumières rouges, des locomotives, des viaducs, des wagons, c'était tout un horrible organisme noirâtre, je me suis assise à côté et j'avais l'impression que cela respirait. J'ai pensé que j'allais devenir folle à force de souffrance, de nostalgie et d'un terrible amour de la vie. Je suis seule comme le sont les muets, et si je vous parle ainsi de moi, c'est parce que je vomis mes paroles, elles se précipitent tout à fait contre ma volonté, au point que je ne peux plus rester silencieuse. Pardonnez-moi. Je n'écrirai pas à Frank, pas une ligne et je ne sais pas ce qui va se passer désormais. Je viendrai à Prague au printemps et je vous rendrai visite. Et si vous m'écrivez de temps en temps comment il va — je vais tous les jours à la poste, je ne peux pas en perdre l'habitude — je serai très heureuse. Je vous remercie encore.

M. P.

Encore une prière : une prière très ridicule. Ma traduction des ouvrages *Verdict, Métamorphose, Soutier, Regard* va paraître chez Neumann — aux éditions Cerven — sous la même forme que le *Bubu* de Charles-Louis Philippe. Vous connaissez sans doute le livre.

Je viens de finir — cela m'a dévoré le cerveau et le cœur au cours des derniers mois, c'était horrible d'être ainsi abandonnée et de travailler sur ses livres —, mais Neumann attend de moi que « je fasse précéder le livre de quelques mots sur lui, à l'intention du public tchèque. » Jésus ! écrire par-dessus le marché quelque chose sur lui pour les gens ? — Et puis : je ne m'en sens tout bonnement pas capable. Ne voulez-vous pas faire cela pour moi ? Je ne sais pas si vous avez des objections politiques contre cela — Cerven est communiste mais la collection est neutre. — Neumann met tant de cœur et de bonne volonté à publier ce petit livre et il se réjouit de le voir paraître bientôt — bien entendu, votre nom figurerait — cela vous gêne-t-il ? Si ce n'est pas le cas, je vous en prierai vivement. Trois ou quatre pages environ, je les traduirai et je les joindrai comme préface. J'ai lu une fois quelque chose de vous du même genre — une introduction à Laforgue — une très très belle chose. Voulez-vous faire cela pour moi ? Cela me ferait plaisir. Il faut que le livre soit magnifique, n'est-ce pas ? La traduction est *vraiment* bonne. Et une introduction de vous serait certainement bonne. Je vous en prie, si vous n'avez pas d'objections politiques, faites-le pour moi. Ce doit être évidemment une sorte d'information pour les lecteurs tchèques. Mais n'écrivez pas cela pour les gens, écrivez-le pour vous, comme vous l'avez fait pour la préface de Laforgue. Lorsque vous aimez bien les gens, vous êtes sincère et très lucide. Et alors tout ce que vous dites est très très beau. Il faudra cela pour bientôt, Max et, je vous en prie, faites cela pour moi. J'aimerais bien paraître aux yeux du monde avec un livre aussi parfait que nos forces le permettent — voyez-vous, j'ai le sentiment de devoir défendre, justifier quelque chose. Je vous en prie.

Et ne dites rien à F. Nous allons lui faire la surprise, d'accord ? Peut-être, peut-être cela lui donnera-t-il un peu de plaisir.

*

6. (Printemps/été 1921)
Écrit en tchèque et traduit en allemand par Max Brod.

Très honoré Monsieur le docteur,

●● Excusez-moi de vous répondre si tard. Je suis sortie du lit hier pour la première fois ; mes poumons sont à bout, le médecin ne me donne plus que quelques mois, si je ne pars pas tout de suite. J'écris en même temps à mon père ; s'il m'envoie de l'argent, je pars, je ne sais encore ni où ni quand. Mais auparavant, je passerai certainement par Prague et je me permettrai de venir vous voir pour avoir de Frank des nouvelles plus précises. Je vous écrirai encore pour vous dire quand j'arriverai. Mais je vous demande instamment de ne rien dire à F. de ma maladie.

Je ne sais pas du tout quand le livre paraîtra, sans doute en hiver. Il sera édité par K. St. Neumann, aux éditions Borovy, dans un fascicule de la collection Cerven, Stefansgasse 37 — peut-être pouvez-vous lui demander, si la préface peut paraître séparément avant la publication du livre. Il n'y a pas beaucoup de papier et pas beaucoup d'argent, tout cela dure longtemps, je n'ai rien voulu retirer de votre préface (elle est si belle).

J'ai l'impression que vous vous irritez un peu à mon sujet ? Je ne sais pas pourquoi j'ai cette impression, par exemple en lisant votre lettre. Pardonnez-moi mes « analyses » de Frank, c'est honteux et j'ai honte de m'être permis cela, mais j'ai quelquefois l'impression de devoir écraser mon cerveau entre les paumes de mes mains pour qu'il n'éclate pas.

Je vous remercie pour tout. Au revoir

Votre M. P.

*

7. (Probablement mi-juillet 1924). Écrit en allemand.

Cher Monsieur le docteur,

●● Je vous renvoie le livre avec mes remerciements, excusez-moi, je vous prie, de ne pas vous rendre visite. Je ne crois pas être en état de parler maintenant de Franz et vous-même n'avez certainement pas envie de parler de lui ma.ntenant avec moi. Je vous ferai savoir, si vous le permettez, quand je viendrai à Prague en septembre. Je vous prie de garder de moi un souvenir amical et je vous demande de transmettre mes cordiales pensées à votre femme, envers laquelle j'ai sans doute commis une fois une injustice sans le vouloir. Si vous en avez l'occasion, veillez à ce que les lettres que Franz avait de moi soient jetées au feu, je vous les confie tranquillement, ce n'est d'ailleurs pas important. Ses manuscrits et ses journaux (qui ne m'étaient du tout destinés, mais dataient d'une époque où il ne me connaissait pas encore, environ quinze gros cahiers) sont chez moi et je les tiens à votre disposition, au cas où vous en auriez besoin. J'agis selon sa volonté, il m'a demandé de ne les montrer qu'à vous et seulement à sa mort. Peut-être les connaissez-vous déjà partiellement.

Je vous adresse mes cordiales pensées et reste très amicalement

                                        votre Milena Pollak.

                        *

8. (Daté par Max Brod du 27 juillet 1924). Écrit en allemand.

Cher Monsieur le docteur,

•• Je n'ai pas pu venir à Prague pour vous remettre les manuscrits, bien que j'eusse beaucoup voulu le faire. Je n'ai non plus trouvé personne à qui les confier et j'ose encore moins les envoyer par la poste. Je vais essayer de repousser mon voyage à Prague jusqu'en octobre ; j'espère que vous serez alors de retour et que je pourrai tout vous donner personnellement. Je vous prie aussi d'aller chercher mes lettres dans la famille de Kafka, vous me rendriez ainsi un grand service. Je ne veux pas les leur demander personnellement, je n'ai jamais été en bons termes avec eux.

Je vous remercie mille fois. Au revoir à Prague après le 1er octobre. Si vous ne deviez pas être à Prague à ce moment-là, écrivez-moi, s'il vous plaît, à Vienne quand vous reviendrez d'Italie.

Sincèrement vôtre
Milena Pollak

*

Milena annonce la mort de Franz Kafka

Avant-hier est mort au sanatorium de Kierling près de Klosterneuburg, à côté de Vienne, le Dr. Franz Kafka, un écrivain allemand qui vivait à Prague. Peu de gens le connaissaient ici, car il allait seul son chemin, plein de vérité, effrayé par le monde ; depuis bien des années, il souffrait d'une maladie des poumons, et s'il la soignait, il la nourrissait aussi consciemment et l'entretenait dans sa pensée. Lorsque l'âme et le cœur ne peuvent plus supporter leur fardeau, le poumon prend sur lui la moitié de la charge, ainsi la charge est au moins également répartie, a-t-il écrit une fois dans une lettre, et sa maladie était de cette espèce. Elle lui conférait une fragilité presque incroyable et un raffinement intellectuel sans compromis presque terrifiant ; mais lui, en tant qu'homme, avait déposé toute son angoisse intellectuelle sur les épaules de sa maladie. Il était timide, inquiet, doux et bon, mais les livres qu'il a écrits sont cruels et douloureux. Il voyait le monde plein de démons invisibles qui déchirent et anéantissent l'homme sans défense. Il était trop lucide, trop sage pour pouvoir vivre, trop faible pour combattre, faible comme le sont des êtres beaux et nobles, qui sont incapables d'engager le combat avec la peur qu'ils ont de l'incompréhension, de l'absence de bonté, du mensonge intellectuel, parce qu'ils savent d'avance que ce combat est vain et que l'ennemi vaincu couvre encore de honte son vainqueur. Il connaissait les hommes, comme seul peut les connaître quelqu'un de grande sensibilité nerveuse, quelqu'un qui est solitaire et qui reconnaît autrui à un simple éclair dans son regard. Il connaissait le monde d'une manière insolite et profonde, lui-même était un monde insolite et profond. Il a écrit les livres les plus importants de toute la jeune littérature allemande ; toutes les luttes de la génération d'aujourd'hui dans le monde entier y sont incluses, encore que sans esprit de doctrine. Ils sont vrais, nus et douloureux, si bien que, même lorsqu'ils s'expriment de manière symbolique, ils sont presque naturalistes. Ils sont pleins de l'ironie sèche et de la vision sensible d'un homme qui voyait le monde si clairement qu'il ne pouvait pas le supporter et qu'il lui fallait mourir, s'il ne voulait pas faire de concessions comme les autres et chercher recours dans les diverses erreurs de la raison et de l'inconscient, même les plus nobles. Franz Kafka a écrit le fragment *Le Soutier* (paru en tchèque dans *Cerven*, chez Neumann), le premier chapitre d'un merveilleux roman encore inédit, *Le Verdict*, conflit de deux générations, *La Métamorphose*, le livre le plus fort de la littérature allemande moderne, *La Colonie pénitentiaire* et les esquisses *Regard* et *Médecin de Campagne*. Le dernier roman, *Devant la loi*, attend depuis des années en manuscrit. C'est un de ces livres qui, quand on les a lus jusqu'au bout, laissent l'impression d'un monde si parfaitement compris qu'il rend inutile le moindre commentaire. Tous ses livres décrivent l'horreur de l'incompréhension, de la faute innocente parmi les hommes. C'était un artiste et un homme d'une conscience si sensible qu'il entendait encore là où les sourds se croyaient faussement en sûreté.

Národní listy, 7 juin 1924

Notes

Page 9

1. Vous aussi, si mon impression est exacte (une brève rencontre isolée et à demi muette n'est assurément pas un souvenir sur lequel on puisse faire fond), vous avez été satisfaite de trouver l'étranger à Vienne; par la suite, il est possible que cette satisfaction ait été troublée par la situation générale, mais aimez-vous, vous aussi, l'étranger en tant que tel (ce ne serait d'ailleurs peut-être pas bon signe et j'espère que ce n'est pas le cas)?/Ici

Page 10

1. le second, je n'ai pas de conseil à vous donner — comment pourrais-je donner des conseils? — je vous

Page 11

1. inquiétude; cela vaut également, je suppose, pour votre mari et je forme tous mes vœux pour vous deux. Je me rappelle

Page 12

1. votre mari qui, guère plus flambant que moi, venait à ma rencontre : deux spécialistes des maux de tête, chacun, il est vrai, de manière fort différente. Je ne sais plus si nous avons ensuite fait route ensemble ou si nous nous sommes seulement croisés, la différence entre ces deux possibilités ne peut pas avoir été bien grande

2. car, pour une raison particulière, je comprenais peu à peu qu'après trois et presque quatre années d'insomnie, j'allais, pourvu que l'hémorragie s'arrête, pouvoir dormir pour

Page 13

1. dévouée, mais tout à fait terre à terre, qui vit
2. infligés. Il a dit : « j'abandonne; mais s'il y a encore quelqu'un qui

s'intéresse un peu à la conservation de l'ensemble, qu'il supporte donc une partie de mon fardeau, et les choses pourront durer encore un petit moment ». C'est alors que le poumon

3. Ce n'est probablement rien, pourvu qu'on vous surveille un peu. Mais qu'il faille vous surveiller un peu, c'est ce que devrait comprendre toute personne qui vous aime, le reste ne devrait passer qu'après. Donc une libération, de ce côté-là aussi ? je dirais oui — mais non, je ne veux pas plaisanter, je ne suis pas gai

a. Monsieur le docteur, vous n'irez pas loin

Page 15

1. nous deux ? Jusqu'au moment où j'ai pensé qu'elle avait servi d'intermédiaire entre nous. D'ailleurs, je trouve incompréhensible que vous ayez pris une telle peine et profondément touchant que vous l'ayez fait avec tant de fidélité, phrase après phrase ; je n'aurais pas soupçonné qu'une fidélité comme celle dont vous démontrez la possibilité et que vous justifiez avec une si belle évidence, fût réalisable en tchèque. L'allemand

2. par ligne, si la répugnance que j'éprouverais à le faire n'était plus forte que toute ma démonstration. Le fait que vous aimiez mon histoire lui donne naturellement de la valeur, mais ternit un peu pour moi l'image du monde

3. le maîtriser, c'est lui qui s'incline spontanément devant vous, c'est alors que c'est le mieux ; car un Allemand n'ose pas espérer de sa langue de tels effets, il n'ose

4. Mais je voudrais vous lire en tchèque, parce que c'est là que vous êtes chez vous, c'est là que se trouve Milena tout entière (votre traduction le confirme), alors qu'en allemand ce n'est malgré tout que la Milena de Vienne ou celle qui se prépare à y aller. Donc en tchèque

Page 16

1. La deuxième continue encore, mais sans perspective de mariage ; autrement dit, elle ne continue pas, ou plutôt elle continue à vivre d'une vie autonome, au détriment des protagonistes. J'ai découvert, dans ce cas-là et ailleurs, que, dans l'ensemble, les hommes souffrent davantage ou

2. mais que les femmes souffrent sans être fautives, non pas seulement parce qu' « elles n'y peuvent rien », mais dans le sens le plus véritable de ce mot, qui finalement se ramène peut-être après tout au premier.

Page 17

1. Vous avez dormi tranquillement ; « bizarrement », il est vrai et hier encore, « vous ne vous sentiez pas vous-même », mais enfin vous avez dormi tranquillement. Quand

2. à cause de ce nom illustre, car une histoire qui se serait passée moins

loin et même beaucoup plus près d'ici, aurait la même signification. Au demeurant

Page 18

1. pas ! » On raconte même que D se promit de suivre leur exemple, mais ce n'est plus qu'une fioriture, l'image de l'invincible jeunesse qui tient à avoir le dernier mot, cela

Page 19

1. sérieux et ils considèrent que rien n'est impossible ; dix échecs
2. Les enfants sont inquiétants, dès qu'on prête à leurs paroles et à leurs intentions le savoir des adultes.

Page 20

1. alors que l'aimable père de famille et la douce, la jolie, la replète mère de famille (près du landau de son quatrième) vous sourient de loin et ne songent pas à vous venir en aide, alors on se sent à peu près perdu et il est presque impossible de dire
2. rédigé cette histoire, sur laquelle j'avais souvent médité en relation avec vous, mais quand j'eus terminé, j'avais les tempes tellement serrées à droite et à gauche que je ne discernais
3. et puis il y avait toute la masse de choses que j'avais voulu vous dire dans ma chaise longue sur le balcon, qui restait là, informe et je n'avais plus d'autre ressource que de me référer à mon sentiment profond ; je ne puis

Page 21

1. déjà plus ; ce n'était donc pas un accident, me dis-je, mais une agonie, j'assistais au rare spectacle de la mort naturelle d'un animal ; mais le lézard

Page 22

1. vous en faisait un reproche, essayez de compenser l'offense par ma gratitude.
2. Chère Madame Milena (oui, cette appellation devient fastidieuse, mais, dans ce monde incertain, c'est un de ces points d'appui auxquels les malades peuvent se retenir et quand ils trouvent que ces points d'appui sont fastidieux, ce n'est pas encore une preuve de guérison), je n'ai jamais vécu au milieu du peuple allemand ; l'allemand est ma langue maternelle, il m'est donc naturel, mais le tchèque est plus près de mon cœur, mais votre lettre
3. cruelle et comme une distinction destinée à durer toujours, c'est l'expérience
a. (c'est moi qui paie les frais)

Page 23

1. qu'une expérience faite en cours de route et la route est infinie. Mais
2. connaître et, ce qui est plus important encore que ce bonheur, de la
possibilité de me mesurer à vous. Vous n'aviez
   a. véritable épouvante.

Page 24

1. Milena, alors que celle qui était encore plus vraie était restée
2. Me tromperais-je? Les petits textes de prose y seraient-ils pour
quelque chose? Ou bien avez-vous tant d'empire sur vous-même et donc
aussi sur les choses? Que se passe-t-il?/Vous commencez sur le ton d'un
juge; je le dis
   a. ou bien pas tout à fait raison.

Page 25

1. Si je vivais entièrement et constamment comme je vous l'ai écrit, je
n'aurais pu tenir sur ma chaise longue en dépit de tous les obstacles et
j'aurais été dans votre chambre dès le lendemain. Ç'eût été la seule preuve
que je disais vrai; tout le reste est discours, ceci compris. De même toutes les
références au sentiment profond : celui-là reste muet et garde les mains
2. (La légende de Pâris rend l'affaire un peu moins claire, mais Pâris lui-
même ne fait que décider de quelle déesse le jugement ultime est le plus
fort). Les ridicules ne seraient pas l'essentiel, ce ne seraient que des ridicules
de l'instant qui, vus dans l'ensemble, se retrouveraient sérieux et bons : est-
ce cet espoir
3. amour. Pourtant, ces ridicules ne sont rien d'autre que la course en
zigzag que font les chiens, alors que le maître va droit devant lui, peut-être
pas juste au milieu, mais exactement là où mène le chemin.
4. et pour appuyer un seulement des sens possibles que j'y aperçois, il me
revient à l'esprit un mot
   a. bien intentionné.

Page 26

1. sur lequel on avance avec de plus en plus de bonheur, jusqu'à ce qu'on
s'aperçoive dans un moment de lucidité qu'en fait on n'avance pas du tout,
mais qu'on ne fait que tourner en rond dans son propre labyrinthe, avec
seulement un peu plus d'agitation et de trouble. Quoi qu'il en soit
2. la passion, le charme et surtout par la lucidité de l'intelligence. Serait-
ce

Page 27

1. la particularité qu'il avait de se faire appeler le soir dans tous les cafés
plusieurs fois au téléphone. J'imaginais

310

1. par exemple quand vous m'avez écrit au sujet de Werfel : il y avait bien aussi de l'amour dans votre lettre et peut-être seulement cela, mais c'était un amour

2. car, si on néglige tout ce qu'est Werfel et qu'on s'en tienne au reproche de l'embonpoint (qui me semble d'ailleurs injustifié, d'année en année, je trouve

3. me demandez-vous si j'appartiens au judaïsme peureux, comme

1. luthérien. » Là, Meissner ne trouva plus rien à répondre. En tout cas, vous ne paraissez pas avoir peur du judaïsme. Quand on considère ce qu'est le judaïsme d'aujourd'hui ou d'hier dans nos villes, c'est quelque chose d'héroïque et — je ne plaisante pas — quand

2. hommes) suffirait à faire comprendre qu'ils ne peuvent croire posséder ce qu'ils tiennent en main ou entre les dents

3. et que ce qu'il leur arrive de perdre est à tout jamais perdu, s'en va benoîtement loin d'eux au fil de l'eau. Des horizons

1. votre élève et je vois sans cesse votre index, avec lequel vous faites vos critiques, aller et venir au-dessus de moi ; est-ce bien

2. à travers les horribles souterrains, bas et ténébreux, de mon histoire, presque

1. encore d'anxiété, elle me donnera un coup de poing dans la poitrine ou bien elle me demandera : *jste žid ?*, ce qui en tchèque représente le même mouvement et le même bruit. Ne voyez-vous

2. surtout cette fermeture des lèvres à la fin qui interdit à l'interlocuteur d'ajouter quoi que ce soit qui serait une objection. Ce qui peut d'ailleurs avoir du bon quand l'interlocuteur, par exemple

a. Merci

b. Êtes-vous juif?

c. Je ne comprends pas

1. que j'aimerais avoir demain de vos nouvelles, les derniers

1. la première, uniquement parce que je ne pouvais pas devenir, grâce à elle (qui se serait peut-être sacrifiée si je l'avais voulu) constamment joyeux,

paisible, résolu, mariable, bien que je le lui aie spontanément affirmé maintes fois, bien que je l'aie quelquefois aimée à la folie, bien que rien ne me parût plus désirable en soi que le mariage

2. heureusement, il n'était pas possible de la briser, c'était un mélange judéo-prussien, un robuste mélange fait pour la victoire. Je n'avais pas autant de force ; il est vrai qu'elle avait seulement à souffrir, alors que moi, à la fois, je donnais les coups *et* je souffrais /. En fin de compte

3. expliquer, bien que je n'en sois qu'au début, je ne peux plus décrire la maladie mentale, ni invoquer les autres raisons pour lesquelles je ne viendrai pas ; un télégramme vient d'arriver : « Rendez-vous

4. ouvert, ce fut pour moi une vision horrible, bien que, derrière ce télégramme se tienne l'être le plus désintéressé, le plus paisible, le plus modeste et bien que tout cela ne soit finalement qu'un effet de ma propre volonté.

a. Kafka fait ici allusion à Julie Wohryzek, une jeune fille de petite naissance, qu'il avait fréquentée en 1919-20 et qu'il avait un moment voulu épouser.

Page 34

1. moi, la puissance secrète que je suis. Il franchit cependant le seuil en sautillant, fait

2. j'émiette à nouveau un peu de pain pour lui faciliter les choses et si je ne l'avais pas chassée — volontairement et involontairement à la fois, comme font les puissances secrètes — en faisant un léger mouvement, elle serait venue chercher le pain. / Mon congé

3. main, et certains signes me font craindre d'avoir écrit

Page 37

1. fatigué comme un vieillard ne l'est sans doute pas. Ou plutôt

Page 38

1. de pièges à loup, aussi restes-tu toujours les deux pieds en l'air, tu n'es pas fatigué, mais tu as peur de l'immense fatigue qui suivra cette immense inquiétude, et, dans le meilleur des cas, tu dois ressembler

2. entraîner plus bas avec toi un autre être, une brave et bonne jeune fille, désintéressée jusqu'à l'abnégation ; tu ne pouvais tomber plus bas ; il ne restait aucune issue, même vers le bas. / Voilà

Page 39

1. comme la mer qui déferle de toute la masse de ses eaux et de toute sa force et pourtant se méprend, car seule la lune le veut ainsi, la lune morte et lointaine. Elle ne

Page 41

1. épouvanté, exactement comme vous me l'écrivez aujourd'hui, par ce dont « le destin venait de me gratifier », épouvanté comme on dit que l'ont été les Prophètes, qui étaient de faibles enfants (restés enfants ou revenus à l'enfance, peu importe), et quand ils entendaient la voix qui les appelait et qu'ils étaient épouvantés et résistaient et enfonçaient les pieds dans le sol et avaient une angoisse qui leur déchirait le cerveau

2. C'est objectivement fort douteux et, pour plus de sûreté, mieux vaut strictement le nier d'avance, tel

Page 42

1. de quoi, il fait exactement la même chose à sa propre porte, il arrive même qu'ils soient tous les deux derrière les portes et que la belle chambre reste

2. plaignez de quelques-unes de mes lettres, qu'on peut tourner et retourner en tous sens sans qu'il en tombe rien et pourtant ce sont, si je ne me trompe, celles où j'étais si près

3. que l'on ne pouvait rien dire d'autre que, par exemple : on voit le ciel à travers les arbres, c'était tout

4. folies, ces folies-là ne sont pas en moi (je ne parle pas de l'autre folie, celle que je n'ai que trop) et, si je suis à genoux, je ne le découvre qu'en voyant

a. Pas un seul mot qui ne soit soigneusement pesé

Page 43

1. Il n'est pas très facile, après avoir lu cette lettre terrible, même si elle n'est pas du tout aussi terrible quand on la lit jusqu'au fond, de vous remercier du plaisir que j'ai eu à la recevoir. C'est

2. restait une sorte de lourd silence, qui cependant n'était pas triste du tout à votre endroit ; vous étiez, en effet, si forte dans votre dernière lettre que je vous regardais comme je regarderais de ma chaise longue grimper des alpinistes, si je pouvais d'ici les reconnaître là-haut dans la neige. Et voilà que votre lettre arrive

3. ma poche, comme les mains aiment à jouer avec une lettre ; on s'amuse à les regarder faire, comme on ferait avec des enfants. Je ne reconnaissais

a. Littéralement : « Change, change, petit arbre » : il s'agit d'un jeu d'enfants en Tchécoslovaquie, un peu analogue au jeu des quatre coins.

Page 44

1. rarement encore ; le repas (je m'étais remis à déjeuner après n'avoir rien mangé la veille) ne me gêna guère, lui non plus ; dans les jeux d'arithmétique dont il fut question après le repas, le bref énoncé des

problèmes me parut beaucoup plus clair que les longues solutions, pendant lesquelles on pouvait, il est vrai, regarder

2. lisible. Au demeurant, c'est précisément ce lundi-là que j'ai essayé (peut-être avec quelque chance de succès) de secouer un peu mes méninges. / Et maintenant

Page 45

1. n'est que « papier à lettres couvert d'écriture ». Que mon
2. différent et ce sera à nouveau différent une autre fois. Une phrase
3. instants-là, l'en avoir précisément délivré, faute de quoi

Page 46

1. Dieu. Et il ne pouvait exorciser les démons que pour ceux qui le suivaient. Encore n'était-ce pas pour toujours, car, dès qu'ils se détournaient de lui, il perdait, lui aussi, son efficacité et son « sens ». A vrai
2. étiez ici, Milena et moi avec ma pauvre tête incapable de former une idée ! Et cependant,

Page 48

1. c'est moi qui ai fait cela et c'est à vous que je l'ai fait ; c'est un discours aussi pur et aussi fier que si l'on avait atteint, non pas un cœur, mais de l'acier et

   a. cela m'a fait mal

Page 49

1. votre lettre contient beaucoup de choses et une consolation merveilleuse, mais elle est, malgré tout une unité, au milieu de laquelle ces deux pages font rage, alors que le télégramme existe à part et ignore tout cela. Or,
2. ce discours (qui, loin de manquer son but, m'atteint, et à bon droit, sinon entièrement, du moins très fortement) — et, d'une manière ou d'une autre, il fallait absolument qu'il fût tenu, sinon en paroles, du moins en pensée, ou contenu dans un regard, un tressaillement ou, à tout le moins, sous-entendu — je me serais effondré soudain de tout mon long
3. deux lettres tout à fait différentes, la première faite pour être dégustée jusqu'à

Page 50

1. qu'elle réunit les deux, l'asile de fous et l'école primaire, elle contient heureusement encore un peu d'école primaire. Je suis, en effet, resté incompréhensif chaque fois que quelqu'un s'est laissé prendre à mes filets et j'ai détruit bien des relations humaines (p. ex. celle avec Weiss) par un état d'esprit logique

2. je serai éventuellement digne d'un regard (d'un regard de moi, pour ne rien dire du regard d'un autre!) (ce n'est pas

3. prouver (à Dostoïevski non plus personne n'aurait pu le prouver, cette nuit-là, et ma vie ne dure qu'une nuit), moi seul je pourrais le prouver, je puis imaginer que j'en serais capable (de même que vous avez pu vous imaginer un jour l'homme étendu sur sa chaise longue), mais je ne parviens pas à me croire moi-même. Aussi

Page 51

1. au maître, par fatigue ou par désir d'être compris, de se laisser volontairement tromper par une réponse juste de l'élève et de croire que celui-ci a vraiment compris, alors qu'en réalité il ne connaît la réponse que par quelque raison accidentelle et qu'il est impossible qu'il la connaisse en profondeur, car le seul qui puisse la lui faire connaître en profondeur, c'est le maître lui-même. Or, ce

2. vous lui avez témoigné le plus grand bienfait. Je ne peux pas imaginer de quelle autre manière elle aurait pu se détacher de moi. Elle avait eu, il est vrai, un certain pressentiment douloureux, mais elle ne pouvait pas comprendre le moins du monde ce qui donnait sa chaleur (suspecte, mais pas pour elle) à la petite place qu'elle avait trouvée à mon côté. Je me rappelle

3. elle ne s'était prêtée d'abord que craintivement et à contrecœur à cette idée; mais ensuite, naturellement, elle avait vécu dans cette perspective. Quand je songe à nouveau à cette scène

4. cas-là, l'aveuglement avait été aussi le mien pendant des mois, encore que, de mon côté, il n'y eût pas seulement de l'aveuglement, mais aussi d'autres considérations, il aurait pu sortir de là un mariage

Page 52

1. votre maladie, sa nervosité (ce sera pour lui aussi un soulagement), enfin

Page 53

1. Le jour, on se promène la tête vide — il y a par ici de si belles ruines partout dans la montagne, on imagine qu'on va devenir soi-même aussi beau — mais, au lit, au lieu de trouver le sommeil, on trouve les plus magnifiques idées. Aujourd'hui

2. cette abominable bête, qui sait au besoin se faire toute petite — je saurai la tenir en bride, votre mari

Page 54

1. à cet égard, un paysage peu mouvementé, à peine de la moyenne montagne, voilà ce que je préfère — avec des forêts et des lacs./Vous vous méprenez sur l'effet

2. mardi aussi a son aiguillon et il sait se frayer son chemin dans la chair, mais c'est toi qui le diriges et — ce n'est là

3. mais il reste malheureusement malgré tout beaucoup de choses auxquelles vous ne répondez pas, par exemple

a. J'ai seulement peur pour vous.

Page 55

1. lettre, sinon l'Administration des Finances aurait à subir un dommage considérable. J'espérais

2. supporté de les vivre avec toi (alors qu'il y a sept ans encore, j'étais capable de supporter n'importe quoi) ; je suis

a. Faire attendre quelqu'un

Page 56

1. immédiatement ; et si, malgré cela, je l'ai dévorée quatre fois d'affilée, je ne peux pas, à tout le moins, dire tout de suite ce que j'en pense. De toute façon

2. Il faut que cessent ces allées et venues dans notre correspondance, Milena

3. mais je fais mon trou dans tes lettres entre les paroles et le rire, je n'entends plus alors que les paroles — et d'ailleurs mon être tout entier n'est que peur. / Voudras-tu

a. « A vrai dire, j'aimerais mieux m'échapper par un troisième chemin, qui me mènerait n'importe où dans la solitude, ni vers toi ni avec lui. »

Page 57

1. m'arrive est prodigieux, mon monde s'écroule, mon monde s'édifie, examine (c'est à moi que je parle), examine comment survivre. Je ne me plains pas que mon monde s'écroule, il s'écroulait déjà ; je me plains de ce monde qui s'édifie, je me plains de mes faibles forces, je me plains de naître, je me plains de la lumière du soleil. / Comment allons-nous vivre désormais ? Si tu dis

Page 58

1. En ce qui concerne le commissionnaire de Prague, ton plan n'est pas bon. Tu ne trouveras qu'une maison vide. C'est mon bureau. Entre-temps, je serai 6 Altstädter Ring au 3ᵉ étage à ma table de travail, le visage dans les mains

Page 59

1. qui détonne, n'arrive-t-il pas que ton nom rebondisse loin de toi ? Ou bien n'est-ce peut-être que le saut de joie que tu fais toi-même avec ton fardeau ?) Tu m'écris

316

2. l'oreille, mais ce n'est pourtant pas la distinction essentielle, ta dernière

Page 60

1. tort (je ne parviens pas à y penser), mais
2. supérieur. Sais-tu, Milena, qu'en allant vers lui, tu as quitté ton niveau et fait un grand pas vers le bas, mais qu'en venant vers moi, tu te précipiterais dans l'abîme. Sais-tu cela ?
a. Jeu de mots sur l'adjectif *ernst* (sérieux) et *Ernst* (Pollak), le nom du mari de Milena.

Page 61

1. santé ; il est vrai que toutes deux, l'une comme l'autre, sont contenues en toi.

Page 62

1. te rencontrer. Par chance (mais j'en éprouvais en même temps une impression d'importunité), un petit groupe de gens m'accompagnait, parmi lesquels une jeune fille

Page 63

1. à nouveau la veille au soir, tu étais dans la rue avec moi, toi sur le trottoir, moi un pied sur la chaussée, je te tenais
2. le milieu n'était qu'une torture qu'il est impossible de décrire. / Au lieu
3. brûle-pourpoint, à cause de quelque détail dans tes propos : « Tu t'étais fait une autre image de moi » ; tu répondais
4. phrases (à ce propos, j'y pense tout à coup : sais-tu que je suis entièrement fermé à la musique, selon mon expérience, bien plus entièrement fermé à la musique que quiconque ?), au fond, tout était dit, que pouvait-on ajouter encore ? Mais c'est alors que commençaient les négociations au sujet d'un nouveau rendez-vous, en termes extrêmement vagues de ton côté, et de mon côté, sous forme de questions pressantes, qui se succédaient sans arrêt. / Mes compagnons intervenaient alors ; on essayait de donner à penser que j'étais venu aussi à Vienne pour suivre les cours d'une école d'agriculture du voisinage et qu'il semblait qu'il fût temps d'y penser ; on voulait manifestement m'éloigner par charité. Je comprenais leur intention, mais je les suivais cependant à la gare, sans doute parce que i'espérais qu'un projet de départ aussi sérieux ferait impression sur toi. Nous arrivâmes tous à la gare

Page 64

1. pas venir. Que pourrais-tu gagner à ce que je vienne malgré tout ? ») Mais je ne parvenais pas à savoir quand tu aurais ces quarante minutes de

317

liberté. Tu ne le savais pas; en dépit de la réflexion apparemment la plus intense, tu ne pouvais

a. Je n'ai que deux habits, j'ai pourtant l'air mignonne

Page 65

1. la poste. L'adresse que tu avais écrite après ma première remarque était magnifique, un modèle de splendides caractères d'écriture en tous genres, mais à vrai dire pas particulièrement lisibles. Si la poste

Page 66

1. de feu, qui passe au-dessus de la terre. En ce moment, elle me tient embrassé. Mais elle ne guide pas ceux qu'elle étreint, elle guide ceux qui voient ». A toi

Page 68

1. étais là (par quoi je ne fais pas seulement allusion à une présence physique) ma tête sur tes genoux. C'est

Page 69

1. ensuite par la rue du Tyn, puis, en traversant une sorte de porche voûté, nous débouchions dans la rue du Marché à la viande et de là nous descendions jusqu'au marché à la viande. Et chaque matin, la même scène se répétait et cela dura bien un an

2. au maître que je n'avais pas été gentil à la maison. Je ne devais probablement pas être très polisson, mais malgré tout j'étais assez entêté, bon à rien, maussade, malicieux, bien assez en tout cas pour qu'on pût fabriquer un assez joli tableau à l'intention du maître. Je le savais

3. pas extrêmement longs, cette pusillanimité et cette gravité cadavérique; d'autre part, je doutais, aussi longtemps du moins que nous étions sur l'Altstädter Ring que la cuisinière, qui était bien une personne respectable, mais seulement dans le cadre domestique, osât vraiment parler au maître, personne respectable de caractère universel. Il pouvait peut-être même m'arriver de formuler quelque chose de ce genre; la cuisinière me répondait d'ordinaire brièvement, de ses lèvres minces et impitoyables, que je n'étais pas obligé de la croire, mais qu'en tout cas elle parlerait. A hauteur

4. entrée de la rue du Marché à la Viande — c'est une chose qui garde encore pour moi une petite signification historique (où as-tu

Page 70

1. et voilà que la cuisinière voulait encore aggraver cela. Je commençais à supplier, elle secouait la tête

2. courir, être en retard était ce que je redoutais par-dessus tout, il fallait que nous nous mettions à courir, nous aussi

318

3. jamais, mais la possibilité demeurait et même une possibilité apparemment toujours croissante (hier, je n'ai rien dit, mais aujourd'hui, je le dirai certainement) et elle n'en démordait pas. Parfois

4. Milena, de colère contre moi, elle trépignait en pleine rue et quelquefois une marchande de charbon était là, qui regardait. Que de sottises, Milena, et comme je t'appartiens avec toutes ces cuisinières et toutes ces menaces et toute la formidable poussière

Page 71

1. Au lit comme à la torture, toute la nuit je te répondais, je me lamentais auprès de toi, je cherchais à t'éloigner de moi, je me maudissais.

2. s'interposer, en même temps que tant de paysages entre toi et moi, car je n'avais pas moi-même la tête à moi. Jusqu'à

3. extirpé, comme un étranger extirpe du lit un autre étranger et j'ai

a. Jamais vraiment belle, certes non, mais peut-être jolie quelquefois

Page 72

1. sincère autant que le permet ma faculté de penser et de m'exprimer (je l'étais déjà auparavant, mais c'est toi la première à m'avoir aidé, par ton regard véridique). Ce que je redoute, les yeux écarquillés et en m'abîmant dans l'angoisse jusqu'à en perdre le sens (si je pouvais dormir comme je m'abîme dans l'angoisse,

Page 73

1. cette lettre est par trop orientée vers son but particulier), cette conjuration se fonde sur le fait que moi qui, sur le grand échiquier, ne suis pas même le pion d'un pion, il s'en faut de beaucoup, je veux maintenant en dépit de toutes les règles et pour brouiller tout le jeu, occuper aussi la place de la reine — moi, le pion d'un pion, c'est-à-dire une pièce qui n'existe même pas, qui n'a pas à prendre part au jeu, et peut-être que je veux tout de suite occuper la place du roi en personne, sinon même l'échiquier tout entier — et que, si je voulais vraiment cela, cela ne pourrait se produire que d'une autre manière, bien plus inhumaine.

2. pour toi. C'est pour l'instant la chose indubitable, intacte, celle qui apporte à coup sûr le bonheur. / Voilà

Page 74

a. Il s'agit ici du récit de Gustav Meyrink intitulé « La malédiction du crapaud-malédiction du crapaud ». La traduction de ce texte en tchèque par Milena venait de paraître dans la revue *Tribuna* le 15 juin 1920 et elle l'avait envoyée à Kafka.

Page 75

a. Notre langage. Revue pour l'étude et la défense de la langue tchèque, éditée par l'Académie tchèque de science et d'art.

1. à Vienne, sauf empêchements internes ou externes. Il serait raisonnable

2. vide, attendant le moment, mardi, à telle heure, où je mettrai le pied sur lui. Existe-t-il

1. jours — et encore, du mardi et du dimanche un morceau seulement et on lui

2. tu es étendue sur ce lit misérable dans un profond sommeil de bonne origine

1. si, au lieu d'un commissionnaire, j'y trouvais un lit, un lit inaccessible pour m'y blottir, sans tous ces cheminements souterrains qui mènent à Vienne ! Je dis cela pour me prouver combien est aisée la tâche difficile qui m'attend.

2. parc. / Aucun résultat, bien que tout soit clair et que je l'aie dit très clairement.

3. mot. A force de clarté, j'en oubliais même la pitié. Tout ce que je pouvais dire et qui était conforme à la vérité, c'était que rien n'avait changé entre elle et moi et que rien ne changerait, simplement... non, rien

1. se faire que je veuille malgré tout la faire lire par mon père. Si possible, ne la laisse lire par personne.

2. parce qu'il nous a regardés de son haut au Volksgarten (il *nous* a regardés, tu marchais à côté

a. *Der arme Spielmann*, célèbre récit de Franz Grillparzer, que Kafka avait un moment fort admiré. Une statue du Volksgarten de Vienne représente le héros de cette histoire.

1. à cause de son contenu que parce qu'elle est périmée, tout cela s'en est allé, la forêt, le faubourg, la promenade en voiture, tout cela que nous possédions ensemble. A vrai dire, rien n'est passé, rien ne passera jamais, la promenade en voiture que nous avons faite ensemble, au départ tout droit par la rue pavée, au retour

2. des salutations chez le directeur (on ne m'a pas mis à la porte) et aussi à droite et à gauche, tout cela accompagné d'une clochette

3. « Elle ne t'abandonnera pas », mais la petite clochette continue à sonner dans mon oreille. Et voilà qu'arrive ta lettre de la nuit ; comment

comprendre que la poitrine puisse se dilater et se contracter assez pour
respirer l'air que m'apporte cette lettre, comment comprendre que je sois
4. autrichien était à vrai dire (et à mal dire!) périmé depuis déjà deux

Page 83

1. que le mien; c'était, ô merveille, encore toi qui me l'envoyais, ange des
Juifs que tu es. Mais les forces adverses sont encore plus puissantes. Le
grand

Page 84

1. à la première heure, par l'omnibus, lorsqu'il sera seul au bureau et
nous

Page 85

1. reste. Dans mon aveuglement, je crois reconnaître ta main

Page 86

1. mais il a fallu pour cela payer un prix élevé : j'ai dû lui permettre de
t'écrire

Page 87

1. beaucoup. Tu trouveras un signe de la crainte que j'éprouve pour toi
dans le télégramme que j'ai mis aujourd'hui à la poste pour toi (« Petite va
t'écrire réponds gentiment et (j'aurais aimé

2. même si les choses restent inchangées, tout le reste disparaît et se
réduit à rien. Elle a posé

3. chasses-tu? (Il y a quelque chose d'abominable, tout orgueil mis à
part, à te raconter cela, mais je le raconte à cause de la crainte que j'éprouve
pour toi. Que ne ferais-je pas à cause de cette crainte? Regarde comme elle
est étrange, cette crainte nouvelle). J'ai répondu

4. et moi, dans le souci que je me fais pour elle et dans la confiance

Page 88

1. si le bonheur peut maintenir en vie un homme condamné à mourir,
alors

2. Une autre raison pour laquelle je lui ai permis de t'écrire. Elle voulait
voir des lettres que tu m'as adressées. Mais je ne peux pas les montrer.

3. Voilà qui me porte un petit coup : un télégramme

a. La Tchécoslovaquie célébrait le 6 juillet l'anniversaire du supplice de
Jean Hus, brûlé en 1415 à Constance.

b L'oncle Alfred Löwy, directeur des chemins de fer à Madrid.

Page 89

1. Il y a beaucoup de choses que je voudrais différentes, quant au bureau,
je préférerais qu'il n'existât pas, sur quoi

2. Je ne puis plus guère t'écrire que ce qui, dans la cohue de ce monde, nous concerne directement, nous deux seuls. Tout ce qui ne nous concerne pas m'est étranger. Quelle injustice! Quelle injustice! Mais

Page 90

1. fermée entre tes mains, tout entière de même que je me suis moi-même tout entier remis entre ces mêmes mains. / Il fait encore assez mauvais temps à Prague

Page 91

1. ma raison affaiblie par notre séparation : peu importe si tu ne lui réponds pas, il faudra bien dans ce cas-là trouver une solution. Ne te fais pas de soucis à ce sujet. Je suis seulement fatigué par ces promenades; aujourd'hui sur la colline de Vyscherad, voilà ce qu'il en est. Et demain, mon oncle arrive; je serai rarement seul.

Page 92

1. et accueille ce soir tout ensemble, pour te souhaiter la bonne nuit. tout ce que je suis

Page 93

1. appartement une condition — *provisoire, s'entend* — une condition du bonheur (une condition qui n'est pas suffisante, car à quoi me servirait un appartement, si je ne vivais pas, si je n'avais une terre natale où me reposer, par exemple deux yeux bleus lumineux qui brillent
2. comme dans les logements en commun le bruit
3. minutes, car j'étais perdu dans ta lettre et absent du monde.

Page 94

1. connu, vu les relations réciproques qui nous unissent tous les trois; aussi
2. l'obscurcir par les expériences que d'autres ont pu faire (cadavres — souffrance à trois, à deux — disparaître d'une façon ou d'une autre). Je ne suis pas
3. domaine. La conclusion de cela, c'est que notre situation n'est pas seulement une situation qu'il faut garder secrète, elle n'est pas non plus faite seulement de tourment, de peur, de souffrance, de souci
4. m'a soudain arraché à la relative quiétude qui provenait encore de notre rencontre et qui va peut-être être entraînée à nouveau maintenant dans le tourbillon de Merano, encore qu'il existe de puissants obstacles pour m'empêcher de retomber dans l'état où j'étais alors — non, c'est une situation à trois, une situation au grand jour et tout à fait claire, même si tu dois encore garder le silence un petit moment. Moi

5. du tout pour supputer toutes les éventualités — je ne suis pas pour cela parce que je t'ai ; si j'étais seul, rien ne pourrait m'empêcher de me livrer à mes supputations — ce serait faire

Page 95

1. Ecrire me paraît inutile et l'est en effet. Le mieux serait sans doute que j'aille à Vienne et que je te ramène ; peut-être
2. Libešic. Méfiant comme le veut le vieux tempérament juif, je me suis faufilé hier auprès de Jílovský, juste
3. lettres, jette tout cela ; la réalité qui s'annonce maintenant est plus importante et elle vaut mieux. Il ne faut

Page 96

1. Il avait assumé une tâche gigantesque ; en ce qui concerne l'essentiel, il s'en est partiellement acquitté et peut-être honorablement si on considère l'ensemble, mais il ne me paraît pas capable de continuer, non que les forces lui manquent (que sont
2. m'attend, gentil comme toujours, mais aujourd'hui un peu importun. Voilà
a. Il a tiré cela de Kafka.

Page 97

1. mais je te promets de ne jamais te faire souffrir avec elle ; c'est moi seul, moi seul qui souffrirai. Il me semble qu'il y a pourtant un malentendu ; tu ne
a. Vivre avec Kafka.

Page 100

1. la sympathie, la serviabilité, c'est un adulte et un adulte très sérieux. On n'arrive pas à sortir de cette contradiction et si on ne se disait pas tout le temps
2. du côté de la maison, puis en face, rien ; ces maisons-là sont bien plus malignes que ceux
a. Une vitrine où étaient exposés les ouvrages édités par Josef Florian et Staša Jílovskà.

Page 102

1. à jeter, dans un accès de colère que tout le monde partagera, et moi le premier, l'histoire et tout ce qu'elle a en magasin, jusqu'à ce que l'histoire, qui ne mérite pas mieux, périsse de ses propres éléments.
2. qui nous joue cette histoire sur son violon de la moins musicale façon, merveilleusement récompensé, et bien à l'excès, par les larmes que versent tes yeux.

Page 103
1. (mais les animaux ne sont pas si stupides), en leur
2. Que ferais-je avec toi si je ne savais pas cela ? De même

Page 105
a. Oui, tu as raison, je l'aime bien. Mais F., toi aussi je t'aime bien.

Page 106
1. ensemble, il ne nous restera plus qu'à nous coucher un jour, comme il faut, satisfaits, l'un à côté de l'autre pour mourir.

Page 107
1. les troupes défilent en revenant de la revue. Ce spectacle a — pour moi qui vis dans tes lettres — quelque chose de grandiose. Pas la pompe, pas la musique, pas le défilé, pas le vieux Français en pantalon rouge et en tunique bleue — qui marche en tête de son détachement et qui semble sorti d'un musée (allemand) de figures de cire — mais je ne sais

2. abîme : « En dépit de tout, vous qui défilez sans mot dire, qui vous laissez entraîner confiants jusqu'à la frénésie, en dépit de tout, nous ne vous abandonnerons pas, même dans vos plus grandes bêtises, surtout dans vos plus grandes bêtises. » Et on regarde les yeux fermés dans ces profondeurs et on s'abîme en toi presque totalement. / On m'a enfin apporté la pile de dossiers qui s'était accumulée à mon intention.

3. six lettres professionnelles et on tolère cela. A cause de la paresse du service, qui l'avait conservé pour moi, je n'avais pas encore reçu tout le travail qui m'attend — à ma grande satisfaction, d'ailleurs. Mais maintenant, il est là. Et c'est

Page 108
1. tu livres cet atroce combat, mais ce n'est pas possible, c'est ma place, il s'agit de mon propre combat. Peut-être

2. l'effet merveilleux de ta présence physique, qui m'apporte à la fois la paix et l'inquiétude, se dissipe

3. la peur ; accrochés l'un dans l'autre, nous roulons à travers les nuits. C'est vraiment

Page 109
1. mais qu'il ne s'agisse pas ici des choses dernières, me paraît fort douteux, car cette peur, malgré tout, n'est pas seulement une peur privée — elle l'est aussi, bien sûr, et de façon terrible — mais c'est tout autant la peur qui accompagne toute croyance depuis toujours. / Rien que de t'avoir écrit cela, je me sens la tête moins brûlante. / A toi

324

Page 110

a. Il s'agit du mariage de la plus jeune sœur de Kafka, Ottla Davidová.

Page 112

1. sujet ? On dirait que sa tête va éclater. Aussi
2. heureux ! Un client est arrivé ; j'ai des clients, moi aussi, imagine-toi. Cet homme m'a interrompu pendant que je t'écrivais ; j'étais furieux ; mais il avait une figure ronde et aimable, une bonne figure correcte d'Allemand du Reich, il a bien voulu prendre mes plaisanteries pour des décisions officielles

Page 113

1. une lettre pour l'année entière, une lettre pour l'éternité
a. Cette traduction littérale risque de rester inintelligible en français. Kafka veut dire qu'il se confond tellement avec Milena que tous les sentiments qu'il éprouve à son endroit — en particulier sa « peur » — s'appliquent tout autant à lui-même. Peut-être vaudrait-il mieux traduire ici en atténuant le texte : « la crainte de m'infliger à moi-même une souillure ».

Page 114

1. force ; pour la définir brièvement et de façon peu claire, c'est mon manque de sens musical. Elle ne va pas cependant jusqu'à me permettre de continuer cette lettre pour l'instant. Je ne sais quel flot de souffrance et d'amour se saisit de moi et m'entraîne loin d'elle.

Page 115

1. dans la relation que tu as envers moi). Dans l'atmosphère de votre vie en commun, je suis vraiment comme la souris dans le « grand train de maison », à laquelle
2. Mais ce n'est pas encore le point culminant de ce qui est étonnant. Le point culminant, c'est que, si tu voulais venir à moi, si tu voulais — pour parler « en musicien » — renoncer
a. « Je ne m'arrête pas devant — même pas devant — même pas devant. » Kafka reprend manifestement des expressions de Milena dans une de ses lettres.

Page 116

1. si bas que, de l'endroit où tu te trouves aujourd'hui, non seulement on ne verrait presque plus rien, mais même on ne verrait plus rien du tout — tu serais obligée — c'est cela qui est étrange, tout à fait étrange ! — non de descendre, mais de t'élever de façon surhumaine, haut, très haut au-dessus de toi-même, de façon si violente que tu te briserais (et moi aussi, bien sûr, du même coup). Et tout

2. toutes les radicelles et de les détruire. Une fois qu'on tenait la racine principale, le travail

Page 118

1. un geste si insensé. Mais je voulais malgré tout lui donner quelque chose ; j'allai donc faire de la monnaie, je donnai un kreutzer à la mendiante, je fis en courant le tour du bloc formé par l'hôtel de ville et les arcades du petit Ring, et j'arrivai par la gauche

Page 119

1. sont les plus aimables de toutes, surtout pendant la chaleur de l'été. Comment je me débrouillerai plus tard avec l'automne, est une question qui ne se posera que plus tard. Pour l'instant, mes maux sont minimes ; par exemple

Page 120

1. faut ; une partie de ce que j'ai, par exemple l'argent pour ton congé, me pèse littéralement, tant qu'il reste là à traîner. / Troisièmement

2. toi, dont la vie réelle se déroule à de telles profondeurs. Le souvenir

3. le projet d'aller à Paris et d'abandonner la banque ; le premier me montre que je fais malgré tout un peu partie des « sauveurs » et des « activistes ». Et pourtant, je n'appartiens vraiment pas à ces gens-là. Le second plan me montre que, là-bas aussi, il y a un avenir, des projets, des possibilités, des perspectives, par conséquent pour toi aussi. / Cinquièmement

a. Marie Donadieu, de Charles Louis Philippe.

Page 121

1. ou d'autre, te renvoyer les livres ?) Je ne pourrai sans doute pas le lire pour l'instant, ce qui constitue un deuxième petit chagrin ; je n'arrive pas à lire, mais cela ne m'afflige pas particulièrement ; ce n'est une impossibilité que pour moi. Un gros

a. Il s'agit apparemment d'un certain Hans Klaus.

b. Faute de frappe, pour *gramatikálni* (grammatical)

Page 122

1. concerne : je t'attendrai au dernier jour comme au premier

a. Il ne m'a jamais parlé de vous, ne m'a jamais écrit à votre sujet.

Page 123

1. amabilité m'a mis passablement mal à l'aise . que pouvait-il bien y avoir dans cette lettre, dont j'étais partiellement responsable ? Mais

2. heureuse et elle a rendu ses yeux à lui un peu plus brillants encore que d'habitude. Ce sont finalement, si on s'efforce

3. insolite : avec gravité et en gardant le silence. Peut-être

a. nécessaire et afin que je

1. résultats, pour peu qu'on montre le courage nécessaire. / D'abord

2. que, vu la répartition de mes forces intérieures, je ne devrais plus vivre. / Ensuite,

1. que, non seulement toi, mais moi aussi, nous combattons en vain contre notre mariage, car vois-tu

2. Vienne, si nous avions été d'accord au point que tu franchisses le pas, dont tu n'étais pas convaincue, tu ne

a. Il s'agit de Gustav Janouch.

b. Que tu es vraiment l'homme qui n'a aucune idée de cela.

a. l'imbécile

1. aucune (à aucune de ces lettres, cela va de soi, mais aussi à aucune de ces journées. Et les lettres

1. chose]. Et je ne suis pas jaloux, crois-moi, mais qu'il soit inutile d'être jaloux est vraiment difficile à comprendre. Je parviens presque toujours à n'être pas jaloux, mais je ne parviens que de temps à autre à comprendre qu'il soit inutile d'être jaloux. Ah ! et les sauveurs

2. moindre autrefois et je ne lui aurais certainement pas serré la main avec une vigueur aussi vulgaire. Je savais pourtant que le résultat ne serait pas considérable ; mais peu m'importe, pensais-je. La conversation se porta aussitôt sur Vienne et sur les milieux

1. une voix flûtée désagréable. Sinon, je n'ai entendu dire d'elle que du bien, c'est-à-dire que, quand sa famille disait du mal d'elle, c'était derrière son dos. / Il y a deux mois

2. pouvoir aucunement l'aider, cela va de soi. Bismarck se débarrassait déjà de ce genre de lettres en faisant remarquer que la vie est un banquet mal organisé, où on attend impatiemment les hors-d'œuvre, alors que le plat principal est déjà passé sans qu'on s'en aperçoive et qu'on a donc à se comporter en conséquence.

a. Les femmes n'ont pas besoin de grand-chose.

1. heureux que moi? Il rentre chez lui et les 3 lettres l'y attendent et il n'a pas autre chose à faire que de les ouvrir — oh! la lenteur des doigts! —, de se renverser sur son siège et de ne pouvoir croire que ce bonheur lui échoit. / Non,
   a. Secrétaire
   b. secrètes

1. que tu seras passée comme une ombre devant mes yeux, comme

1. raison. Et je ne pourrai malheureusement plus rien t'envoyer, à midi
2. cuisine. / Nous voilà par conséquent complètement séparés l'un de l'autre et le seul désir que nous semblions de toutes nos forces avoir en commun, c'est que tu sois
3. naturellement, nous avons aussi tous les deux le désir de mourir « à notre aise », mais c'est là un désir comme en ont, à vrai dire, déjà les petits enfants, comme j'en avais, par exemple, pendant
   a. Nourrisson
   b. En soi

1. du réel, je souhaitais, dans un demi-rêve angoissé, de pouvoir surgir comme un fantôme, me frayer un chemin entre les bancs comme un fantôme, aussi léger que mes connaissances en mathématiques, traverser
2. porte et me récupérer dehors à l'air libre où, à ma connaissance, ne régnaient plus les mêmes tensions que dans la salle de classe. Oui, je me serais senti « à mon aise ». Mais
3. ignorance. Ainsi, dans l'ensemble, on restait « à son aise » ; on pouvait
4. Une seule chose est impossible — voilà qui est plus clair que tous les bavardages — c'est que tu entres

1. belle! Mais peut-être n'était-ce pas toi. Il aurait d'ailleurs été bien étonnant que tu te sois levée si tôt.

a vraiment, à proprement parler.

1. J'aime jusqu'à en perdre le sens presque tout

2. perfide, bien qu'elle en ait l'air. Quand on n'a pas dormi, on pose

3. Ta proclamation d'irresponsabilité est tout de même un peu forte. Au bout.

4. forces. Vois-tu, voilà à quoi ressemblent les histoires que tu me racontes dans ta lettre. Effrayantes

Page 140

1. bagage, sinon il tomberait à la renverse; récemment

2. il me passait précisément des choses par la tête, auxquelles ces propos du commissaire auraient pu (très insuffisamment) répondre, mais, pour dire les choses clairement, je ne trouvais pas cette réponse) — je ne me compare donc pas

Page 141

a. Le manuscrit comporte ici un petit dessin, après la légende suivante : « Le dessin est à peu près celui-ci : un rébus difficile. » Il s'agit manifestement du dessin de Jílovský, dont il est question dans le post-scriptum.

b. clair, sans complication

c. Trotzdem : pourtant, en dépit de cela

Page 142

1. (et le fait d'en être conscient joue son rôle et contribue à la fière beauté de l'ensemble) il a été

2. curieux. Ce n'est pas parce qu'elles sont juives que je les trouve oppressantes et parce que, une fois le plat arrivé sur la table, tout Juif doit prendre sa part de cette commune nourriture, de cet aliment empoisonné, certes abominable, mais bien ancien aussi et au fond éternel; ce n'est pas pour cela que je les trouve oppressantes. Ne voudrais-tu pas, par-delà ces histoires, me tendre la main et la laisser longtemps, longtemps dans ma main? / Hier

Page 143

1. que distinction et éducation religieuse) et l'autre n'est qu'une excessive image de propagande : « voilà comment on vit à Vienne aujourd'hui ». D'ailleurs

2. ou en utilisant deux jours fériés successifs. Et encore, ce ne sont là que les obstacles extérieurs, mon pauvre garçon (je me parle à moi-même). Staša

Page 144

1. Milena, qu'aucun doute ne subsiste : peut-être ne suis-je pas dans le meilleur état imaginable, peut-être pourrais-je supporter encore plus de bonheur, encore plus de sécurité et de plénitude, bien que

2. je me sens bien au point d'en être inquie, e, »

3. cela suffira probablement à me guérir à peu près. Et maintenant

a. balance du monde

Page 145

1. c'est déjà un petit bûcher et il ne s'éteint pas

Page 146

1. où es-tu donc? A Vienne? Et où cela se trouve-t-il? / Non, je ne parviens pas à me détacher de ces fleurs. La Kärntnerstrasse, eh bien! c'est une histoire de fantômes ou quelque rêve, rêvé un jour nocturne, mais les fleurs

2. quand on l'a bien lu, qu'on a bien sucé son contenu, le papier

a. (une) brassée.

Page 147

1. en poche qu'il se remplit à nouveau au plus vite). On regarde

2. décidés à ne pas laisser passer comme cela ce télégramme. Au lieu

3. tranquille et qu'on ne se cache même pas. Mais non, cela ne les irrite pas

Page 148

1. bien ce que je supposais, vieux carabin que je suis. Mais

2. valises. Et est-il d'accord pour que tu continues à m'aimer? Ou n'a-t-il

Page 149

1. écervelé. Je tiens donc en réserve cette possibilité de mensonge, c'est elle qui me fait vivre en même temps que ta promesse

2. t'en prie, c'est pour moi presque une torture, je n'en éprouve pas encore le besoin absolu, mais un désir sans bornes — au lieu de l'incertitude, je garde cette possibilité permanente. / Et les fleurs

3. Je reste à l'écart, je donne à chacun ce qui lui appartient et je ne risque rien. Tu as

4. tu as un pays natal et tu peux renoncer à lui et c'est peut-être en effet ce qu'on peut faire de mieux avec le pays natal, étant donné surtout qu'on n'aliène jamais ce qu'il y a en lui d'inaliénable. Mais lui n'a pas de pays natal, il ne

Page 150

1. Et il est curieux de voir qu'alors que, dans l'ensemble, tu te défends comme il faut contre lui, il te bat dans le détail. Il a certainement dû te parler dans ses lettres de la cohabitation avec mes parents et de Davos. Il a tort dans les deux cas. Sans doute

2. d'y habiter, de vivre, de s'enfoncer dans ce milieu de bonté, d'affection
— il est vrai que tu ne connais pas la lettre à mon père — de s'agiter comme
la mouche sur le papier collant ; cela

Page 151

1. après coup, d'autres moyens, infiniment plus anodins. Sauver quelqu'un de la noyade, c'est assurément un grand exploit, mais offrir ensuite à
celui qu'on a sauvé un abonnement pour des leçons de natation, qu'est-ce
que cela peut bien vouloir dire ? Pourquoi

Page 152

1. étonnement — on ne peut pas y croire, et pourtant c'est marqué, et
malgré tout, on n'y croit pas, mais on finit par s'effondrer sur le texte et c'est
bien une façon d'y croire — enfin avec désespoir, avec un désespoir qui fait
battre le cœur à tout rompre. « Je ne peux
2. raisons : par peur (c'est alors une affaire de bureau, je la traite comme
telle, je mens à l'improviste, par cœur, en obéissant à mon inspiration) ou
bien par raison majeure
3. pas malade, sinon ce serait l'extrême détresse, je n'en parle même pas),
je pourrais donc mentir tout de suite ; en cas de nécessité, il n'y aurait même
pas besoin de télégramme, la nécessité est une raison qu'on peut invoquer en
face du bureau, dans ce cas

Page 153

1. Mais, dans tous les cas où, parmi les raisons que j'aurais de mentir, la
principale serait le bonheur, la nécessité du bonheur, il m'est impossible de
mentir ; je ne peux pas plus mentir que je ne puis soulever des haltères
2. question ; il relève d'ailleurs plutôt de l'imaginaire que de l'absurde),
mais il est toute la vie que j'ai menée jusqu'à présent ; je peux certes
m'arracher à lui et ce ne serait peut-être pas si mal, mais il est jusqu'à
présent ma vie même ; je peux le traiter misérablement, travailler moins que
quiconque (c'est ce que je fais), malmener ma besogne (c'est ce que je fais),
me rendre malgré cela important (c'est ce que je fais), accepter tranquillement comme un dû le traitement le plus prévenant qui soit imaginable dans
un bureau —, mais mentir, pour m'en aller soudain, comme si j'étais un
homme libre, alors que je ne suis qu'un employé ou un fonctionnaire, là ou
« rien d'autre » ne m'appelle que l'évidence du cœur — non, je ne peux pas
mentir de la sorte. Je voulais

Page 154

1. ceci, je peux peut-être moins bien mentir qu'un autre, qui a le
sentiment (comme la plupart des employés) d'être toujours injustement
traité, de travailler au-delà de ses forces — si j'avais cette opinion, ce serait

déjà presque un express pour Vienne —, qui considère le bureau comme une machinerie bêtement dirigée — lui ferait beaucoup mieux —, une machinerie où précisément à cause de la bêtise de la direction il n'est pas employé là où il faudrait — vu ses capacités, il devrait être un rouage tout à fait supérieur et on l'emploie ici comme rouage de dernière zone

2. je ne cache pas du tout que je lui suis étranger, mais quand une innocence telle que la sienne pourrait-elle s'en rendre compte — et je ne peux donc pas mentir, non je ne suis pas fort

3. lettre! C'est une exclamation, non une prière. Ne le fais que si tu peux le faire spontanément. Seulement dans ce cas-là, tu vois,

Page 155

1. sombre, tantôt on dirait qu'il va pleuvoir, tantôt la lumière me gêne pour écrire

2. que m'importe ce jour? que m'importe cette nuit? Je l'ai en profondeur, ce goût de vivre, je l'ai « malgré tout » (reviens de temps en temps, belle expression), mais en surface, je ne l'ai guère. Je suis

Page 156

1. obsédante — vilainement, maladroitement poudrée et de manière ostentatoire et comme

Page 158

1. nous n'aurions en commun que quatre heures lasses de la nuit (et puis

Page 161

1. encore qu'il y ait aussi des détails de ce genre, par exemple que tes lettres soient pleines de souvenirs, que tu répondes à tout comme d'habitude, mais cependant pas entièrement à tout, que tu sois triste

Page 162

1. Klara? (Il y a là, c'est vrai, une certaine connaissance des hommes, car, chez les Juifs, tout le monde a une tante

2. besoin. Même si elle meurt, elle n'est pas seule, Oscar est avec elle. A vrai dire, qui est Oscar?

3. supprimer. Il est vraiment grand temps que nous nous voyions. Peut-être

Page 163

1. le billet pour l'express du dimanche). Tu me répondras par télégramme si tu peux venir, toi aussi. Passe donc toujours le soir à la poste pour avoir le télégramme en temps voulu. Voici donc comment les choses vont se passer : si je

1. à temps.) / Je ne comprends ton désespoir au sujet de la lettre de ton père que dans la mesure où toute confirmation des relations si douloureuses que vous entretenez depuis si longtemps te désespère à nouveau. Il n'est pas possible que tu lises dans la lettre quoi que ce soit de nouveau. Même moi, qui n'ai encore jamais lu de lettre de ton père, je n'y lis rien de nouveau. Il est cordial et tyrannique

2. satisfaire à l'exigence de son cœur. La signature ne signifie vraiment rien, ce n'est que l'image du tyran ; il est écrit au-dessus « *líto* » et « *strašně smutně* », cela compense tout. / Mais ce qui t'effraie, c'est peut-être la disparité entre

a. Tu attends d'en avoir besoin, toi.

b. « peine » et « terriblement triste »

1. pour un Européen, nous avons tous les deux le même visage négroïde, mais

2. quelqu'un qui aurait les yeux fixés sur ta vie, anxieusement et le cœur battant, sans plus rien voir d'autre dans le monde : toutes les « propositions », tous les « engagements fermes et précis » sont dénués de sens, Milena vit sa vie et ne pourra en vivre une autre.

1. C'est une des consolations que le télégramme se donne à lui-même : que nous sommes

1. encore si je dois, pour cette minime possibilité, me faire donner un visa, qui n'est valable que trente jours (le temps de ton voyage de vacances) et me faire réserver un billet d'express.

2. précis, tu dois avoir, en tout cas, des objections irréfutables contre ce voyage. Mais cela ne fait rien, Milena, je n'aurais

3. jamais eu l'audace (je ne l'ai eue, je l'avoue, que parce que je ne soupçonnais pas à quel point une rencontre était facile) de prendre l'initiative de te revoir « déjà » au bout de quatre semaines ; si nous

4. en parler, c'est seulement que j'avais exploré avec tant de joie l'étroit chemin qui mène de mon sombre logis jusqu'à toi et que, petit à petit, j'avais jeté tout ce que je suis dans ce couloir, qui devait peut-être (certainement ! certainement ! disais-je dans ma folie) me conduire jusqu'à toi, et que soudain ce couloir se heurte au roc infranchissable : « S'il te plaît, ne viens pas », si bien qu'il faut maintenant parcourir lentement à l'envers et combler ce fossé qu'on avait soi-même si vite creusé. Cela fait

1. *prijel*) a quelque justification, mais la deuxième *[Mej se [...] pekni Franku]* n'en a aucune. Voilà

a. Et si tu ne viens pas, c'est que tu attends le moment où il te sera nécessaire, à toi, de venir

b. Adieu, Frank, porte-toi bien

c. Il serait donc absurde de t'envoyer le faux télégramme, je ne l'envoie donc pas

1. Voilà que tu te portes mal, plus mal que jamais depuis que je te connais. Et l'infranchissable distance, jointe à la maladie, me donne l'impression de me trouver dans ta chambre

2. ciel qui, après tous les masques de carnaval qu'il a portés toutes ces années, se montrerait enfin pour la première fois dans toute sa désolation, aussi désemparé que moi. Tu es

1. sommes-nous pas, jusqu'au bord du comique, de misérables créatures? Je connais

1. on n'osait pas s'aventurer jusqu'à la clarté. D'ailleurs

1. peut-être se produira-t-il le miracle, au moins le miracle physique que tu attends, mais j'ai d'ailleurs de ce point de vue une telle confiance en toi que je ne demande aucun miracle et que, n'était tout le reste, je te livrerais le cœur tranquille (merveilleuse nature que tu es, blessée et invulnérable) à la forêt

2. dire — en voyant les choses tout à fait à vol d'oiseau — que la signification sentimentale que j'ai pour toi, c'est — entre autres choses, bien sûr — le fait que je te permets de rester

3. et que, sous la pression beaucoup plus forte qui s'exerce aujourd'hui sur toi, tu pourrais le quitter à nouveau, mais que tu ne le ferais naturellement que dans la seule intention de le quitter, et non à cause d'un autre. Toutes ces

1. faudrait-il avant que nous n'ayons mis de l'ordre dans nos affaires? D'où tout cela a-t-il pu fondre sur nous? On n'y voit pas à un pas. Et que tu as dû

2. c'est indubitablement une erreur qu'il te sera facile de contrôler : quand tu dis

Page 176

1. et que c'est pourquoi tu ne peux pas le quitter (tu en fais même la raison principale), ou bien

   a. « peur » — « désir » (*Sehnsucht*).

Page 177

1. Karlsbrücke, je me sentais certes heureux, mais ce bonheur venait surtout du fait que j'étais enfin débarrassé de ce corps qui ne cessait pas de gémir et plus encore du fait que tout cela n'avait pas été *encore plus* abominable, *encore plus* sordide. Je rencontrai

Page 178

1. et elle ne cessait de me suivre des yeux sans comprendre. Je ne veux
2. abomination (qui ne mérite pas qu'on en parle) et qu'elle avait dit une petite saleté (qui ne le mérite pas davantage), mais le souvenir est resté, j'avais su à l'instant même que je ne l'oublierais jamais et, en même temps, je savais ou croyais savoir que cette horreur et cette saleté faisaient nécessairement partie de l'ensemble, non certes extérieurement, mais intérieurement et que c'étaient précisément cette horreur et cette saleté (dont son geste insignifiant, sa parole insignifiante avaient été les insignifiants symboles) qui m'avaient attiré avec une si folle violence dans cet hôtel que j'aurais évité
3. chose un peu répugnante, pénible, sordide; jusque dans les meilleurs moments, il en restait
4. enfer. C'était un attrait un peu semblable à celui qu'éprouve le Juif errant, absurdement entraîné, cheminant absurdement à travers un monde sordide et absurde. / Mais il y eut aussi des époques où le corps n'était pas paisible, où rien du tout n'était paisible, mais où je n'étais soumis cependant à aucune obsession, je menais une bonne vie calme, que seule l'espérance rendait inquiète (connais-tu

Page 179

1. C'est pourquoi je suis à la fois apaisé et inquiété, non seulement par ta présence physique, mais par toi-même. C'est pourquoi je n'ai aucune nostalgie du stupre (pendant
2. je ne vois littéralement plus rien d'ordurier, aucune excitation extérieure n'intervient plus, mais seulement tout ce qui de l'intérieur apporte la vie, bref je respire
3. reçoives et qu'elle ne risque pas de se perdre. / L'évanouissement

Page 180

1. « escrocs » ou de « femmes qui sautent par la fenêtre », alors que tu étais Milena tout court et une très respectable Milena. Cela m'aurait fait

plaisir et c'est pourquoi je t'en ai parlé, non pour ta réhabilitation, mais pour la sienne. D'ailleurs

Page 181

1. à mon côté comme toi, comme toi par la pensée et par le vouloir, en dépit de tout, en dépit de tout (Fais bien la différence entre ce grand « En dépit de tout » et le grand « Pourtant »). / Les plus belles

Page 182

a. évident

Page 184

1. Naturellement, j'accostai dans un style excellent sur l'île des Juifs, il descendit
a. Voudriez-vous faire une promenade?
b. Oui.

Page 186

a. Je ne comprends pas comment un homme

Page 187.

1. Sérieusement, tu envies la voyageuse d'Amsterdam? Bien sûr, ce qu'elle fait est très beau, si elle le fait par conviction, mais tu commets une erreur de logique. Celui qui agit ainsi obéit à la nécessité de sa vie; c'est pour celui qui ne peut pas vivre de la sorte que ce serait de la liberté. Une « envie » comme la tienne n'est tout compte fait que le désir de mourir. / D'où proviennent
a. Fardeau, malaise, indisposition.

Page 188

1. horreur! pour un employé de chez nous, cela a été la dernière station avant la mort; j'aime

Page 190

a. « Le Café », un article de Milena dans la *Tribuna* du 10 août.

Page 191

1. t'en prie. Te connaître consume déjà tant de forces, combien de forces faudrait-il pour ne pas te connaître? / Je suis
2. Ces timbres oblitérés, sache-le, sont exactement ce qu'il désire (il n'a que des désirs « exacts »). *To je krasa*
a. « une brassée ». Voir la lettre du 30 juillet, p. 145.
b. C'est merveilleux, c'est merveilleux!

1. par conséquent qu'il n'y ait plus rien à dire à ce sujet, constitue malgré tout ou renforce
2. j'avoue qu'à l'intérieur de moi (rien qu'à l'intérieur de moi, mais la vérité demeure, elle reste inébranlable). Sais-tu que, quand je m'apprête
3. questions me donnent à l'intérieur de moi la même impression (l'impression seulement, je le dis bien, pour mon propre salut) que si je vivais
a. Cela ne se produira jamais.

1. à côté des liens qui m'attachent à jamais. / Je ne t'ai
2. cesses de ramener tout le mystère, le riche et inépuisable mystère de votre indissoluble union au souci que tu te fais pour ses chaussures. Il y a là-dedans

1. Ils ont fait, à coup sûr ou peut-être, quelque chose de mal et la souillure de cette scène provient, comme tu le dis bien, essentiellement du fait qu'ils sont étrangers l'un pour l'autre, et c'est une souillure terrestre comme la souillure d'une maison
2. belle. C'est mordre dans la pomme qui était décisif, jouer avec elle n'était
3. réparer ce que j'ai mal fait à Gmünd, non pour récupérer une chose engloutie, mais pour te faire comprendre assez profondément où j'en suis, pour que tu ne laisses pas rebuter par moi comme il

1. prolixité qui semblait pour une part indépendante de la locutrice et qui était encore plus frappante cette fois-ci

1. une femme que, ce jour-là, je regardai à peine. C'était
2. souvenait bien d'elle, car cette Juive qui fréquentait l'École de natation en un temps où celle-ci était très chrétienne, lui avait paru une curiosité ; car

1. quand je lui racontai quelle joie tu avais eue lorsqu'après avoir reçu une lettre de Berlin, tu avais entrevu que tu aurais peut-être de la visite, elle me dit qu'elle ne comprenait plus qu'à peine comment il était possible d'être joyeux et surtout comment elle-même pourrait donner de la joie. Cela était dit simplement et sonnait vrai. Je lui ai dit

2. et que le passé ne s'effaçait pas si aisément et pouvait toujours se ranimer. Elle me dit qu'en effet

3. arriver, à condition qu'on se rencontre, et qu'elle s'était beaucoup réjouie ces derniers temps à l'idée de te revoir ; elle trouvait évident et indispensable que tu sois là, là devant elle (et elle montrait le sol du doigt, ses mains d'ailleurs ne cessent pas de s'agiter). De ce point de vue

Page 198

1. en général : dans la mesure où une telle chose est possible dans ce monde inconsistant (dans lequel, quand on est emporté, on est emporté sans recours), ne te laisse pas détourner de moi, même si, une fois ou mille fois ou en cet instant même ou toujours à tous les instants, je te déçois. Ce n'est d'ailleurs pas une demande et cela ne s'adresse pas à toi et je ne sais pas moi-même où cela s'adresse.

2. le moment où s'était déjà un peu dissipé le bienfait du voyage (en dehors de tout le reste, tout voyage est déjà en lui-même une récréation, on est comme pris au collet et secoué comme un prunier), depuis ce moment

a. Tu es mien

Page 200

1. Mais cela ne suffisait pas, j'ai rendu la chose encore plus impossible. Je t'ai dit, oui, je t'ai dit que je t'avais

Page 201

1. tiendra encore un petit moment jusqu'au milieu de l'automne. Il faudra que nous nous écrivions encore au sujet de Gmünd ou que nous en parlions — c'est

2. que j'ai peur et quel malheur de ne pas

Page 202

1. Je sentais bien que ton texte était en rapport avec moi, je veux dire par là que je le pressais contre mon cœur, depuis que

Page 203

1. J'ai repris depuis quelques jours mon « service armé » ou mieux vaudrait dire ma « vie de manœuvres », celle que j'avais découverte il y a de nombreuses années comme celle qui par moments me convient le mieux. L'après-midi, dormir au lit aussi longtemps que c'est faisable, puis marcher deux heures, puis rester éveillé aussi longtemps que c'est également faisable. Mais c'est dans ce « tant que c'est faisable » qu'est le hic. Ce n'est pas

2. pourtant le matin, je suis littéralement éteint quand j'arrive au bureau. Et le véritable bénéfice ne peut être atteint qu'au plus profond de la nuit, au cours de la deuxième, de la troisième, de la quatrième heure, mais

a. Je ne veux pas que tu me répondes à ce sujet.

1. lire ici ou là et surtout ne rien faire ou écouter une très légère douleur, qui me travaillait
2. de tes lettres, pris entre le tourment, l'amour, le souci et la crainte

1. Pourquoi vouloir relâcher cette tension, s'en évader comme un animal dépourvu de raison (et qui aime par surcroît cette absence de raison) et détourner sur son propre corps l'électricité ainsi libérée et rendue folle au risque d'être brûlé vif?/ Je ne sais pas exactement
2. Que nous devrons nous retrouver aussi unis dans les ténèbres, est bien la chose la plus étrange et je ne puis
3. Mais tout est devenu maintenant si sérieux, maintenant on se mord les lèvres en lisant la lettre et il n'est plus rien de sûr, sinon la petite douleur

1. question, comment pourrait-il suffire de jours pour en venir à bout? mais il ne faut pas
2. à toi, l'image la plus claire est toujours de te voir au lit, un peu comme tu étais étendue à Gmünd

1. finalement, pour ce qui est de recevoir des lettres, tout est devenu maintenant différent; pour ce qui est d'en écrire, en revanche, presque rien n'est changé; devoir écrire des lettres est à la fois pour moi un besoin et un bonheur
2. inextricables, qui ne peuvent être dénouées que dans la conversation entre la mère et l'enfant et qui ne peuvent y être dénouées que parce qu'elles ne risquent pas de s'y produire. Je ne m'engagerai

1. parce que la douleur est à l'affût du côté de mes tempes. Serait-ce qu'on a dirigé la flèche de l'amour sur mes tempes au lieu de la tirer du côté de mon cœur?

1. tempête sur une mer qui, par pure méchanceté, ne l'engloutit pas

1. raison (un homme vient d'entrer et il a eu peur, car mon visage essayait dans le vide de mimer cette opinion); seul mon corps se refuse d'une certaine manière à croire que, quand ce sera nécessaire, ils seront

vraiment bons ; mon corps a peur et, au lieu d'attendre cette épreuve qui serait vraiment rédemptrice, il préfère gravir lentement le mur en rampant. / Je recommence

2. Après qu'il eut reconnu, après les explications que je lui ai données, que la Suisse méridionale est impossible, il a

3. urgent. Cela ne veut pas dire d'ailleurs que je vais y aller. Ce sont

Page 214

1. de beau, mais c'est à 50 000 lieues d'ici et refuse de revenir et si toutes les cloches de Salzbourg se mettaient à sonner, cela reculerait encore par prudence de quelques milliers de lieues.

Page 216

1. puisqu'il est fonctionnaire à titre permanent, à cause de ses maladies il faut aussi qu'il organise sa vie autrement, cela simplifie pourtant la situation et la rend, au moins extérieurement, plus facile, si triste

a. La tête me fait atrocement souffrir

Page 218

1. à Baum des cartes mélancoliques et graves (c'est son tempérament), mais pas vraiment malheureuses (cela aussi fait partie de son tempérament). Avant son départ

Page 225

1. limite. L'alternative est trop grande. Ou bien tu es à moi, et tout va bien, ou bien je te perds et alors on ne peut pas dire que tout va mal, mais qu'il ne reste rien du tout, ni jalousie

Page 226

1. un être humain et c'est pourquoi la peur rôde autour des fondations du bâtiment, mais ce n'est pas une peur qui te concerne, c'est la peur d'avoir osé bâtir de la sorte. Et c'est pourquoi, pour m'aider à me défendre de cette peur, il y a dans ton cher visage terrestre tant d'éléments divins (mais il en était sans doute ainsi dès l'origine). / Voilà

2. les cheveux, dans lesquels, à titre de préparation, elle a déjà si souvent passé les mains ; à sa guise ! Si elle n'a pas, elle aussi, un secret semblable, qu'importe tout le reste ? / Depuis

3. sans que je sache pourquoi. Tu ne serais pas malade, au moins ? / La réponse est venue vite, si c'est une réponse, le télégramme arrive à l'instant. Il arrive de manière si inattendue, et ouvert de surcroît, que je n'ai

1. Tu te méprends du tout au tout, Milena — non, c'est pire qu'une simple méprise — même si naturellement tu comprends bien ce qui est dit en surface, mais il n'y a rien ici à comprendre ou à ne pas

1. à l'intérieur de la salle des fêtes de l'hôtel de ville juif, où l'on a hébergé beaucoup plus d'une centaine d'émigrants juifs venus de Russie, qui attendent

1. sa mère, enveloppée dans de grosses couvertures, fouille dans son baluchon en lambeaux, et que sa sœur

1. Non, nous sommes tous les deux fautifs et aucun de nous ne l'est. / Peut-être
   a. Escalier.

1. elle m'a encore mieux plu que la dernière fois, elle est intelligente

1. patrie; alors commencèrent les discussions sur la « peur », ces discussions inévitables et inévitablement répétées qui me torturaient

1. à nu; et cela ne cessait de grandir en moi, je sentais quel sordide fléau, quel obstacle permanent je représentais pour toi; le malentendu avec Max l'a fait apparaître, à Gmünd, c'est devenu plus clair encore, puis vinrent ma compréhension ou mon incompréhension de Jarmila et enfin mon attitude stupide, grossière, indifférente envers Vlasta et mille autres détails
2. l'emporter avec moi » et par l'idée opposée : « Peut-il y avoir des ténèbres, là où elle est ? » / Tu me demandes

a. Ils n'ont pas la force d'aimer

1. poste. Toi, tu dois toujours m'écrire, dès qu'il y a la moindre nécessité, mais cela est bien évident. / Tu ne

Page 239

1. non, elle n'est pas hyperlucide, il s'en faut de beaucoup qu'elle soit même suffisamment lucide. Mais

2. regard (ce qui ne voulait pas encore dire que je divinisais ta personne, n'importe qui, sous ce regard, se sent divin); il n'y avait, à proprement parler, aucun sol sous mes pieds et cela me faisait grand-peur, sans que je m'en rendisse vraiment compte, je ne savais pas à quelle hauteur je planais

3. descendre d'un étage, puis vint un autre mot et une nouvelle chute et finalement rien n'arrête plus la chute, on tombe, avec le sentiment que la chute est encore trop lente. Je ne cite à dessein aucun exemple de ces « mots de vérité » : cela ne fait que compliquer et n'est jamais

4. t'écrire. Il est trop bête d'envoyer de fausses cartes et je ne sais plus toujours quels livres je dois t'envoyer; enfin

Page 240

a. Voir la lettre du 14 septembre, p. 235

Page 241

1. ce serait une faute envers toi : ce ne serait qu'accessoire; je ne crois pas qu'une faute envers un autre, dans la mesure où elle n'affecterait que cet autre, troublerait mon sommeil. Il ne s'agit donc pas de cela. Le terrible est plutôt qu'auprès de toi, je prends mieux conscience de ma crasse et surtout que cela me rendrait le salut beaucoup plus difficile, non, disons plutôt : beaucoup plus impossible (il est impossible dans tous les cas, mais il s'agirait ici d'une impossibilité renforcée. Une sueur

Page 242

1. Mais, dans la mesure du possible, je ne te parlerai plus jamais de tierces personnes, c'est leur intrusion dans notre correspondance qui est cause de tout le mal. Ce n'est

2. fait qu'ouvrir la route à la vérité et à tout ce qui a pu s'ensuivre), je n'entends pas

Page 243

1. tendre, qu'elle ne perdît pas son calme et restât close, comme si c'eût été évident, continuât à rester

Page 245

1. de ne pas me lever demain matin (il faut me soulever tout seul. Je m'aperçois ensuite au-dessous de moi, écrasé à plat ventre comme

2. pouvoir me recroqueviller et soulever un peu le cadavre qui est au-dessus de moi), aussi sûr que de ne pas aller ensuite au bureau

342

3. pas; c'est pourtant un geste qui ne dépasse qu'un peu la force humaine, je peux encore y parvenir, c'est tout juste à ce niveau au-dessus de la force humaine que je peux encore me soulever. / Ne prends pas

Page 246

1. on peut risquer la mort. On a été envoyé comme la colombe de la Bible, on n'a trouvé aucun lieu vert et on revient se glisser dans l'Arche
2. bien que ce soit à nouveau magnifique. Je t'enverrai

Page 247

1. le moins; combien est-il plus étonnant, par exemple, qu'on se lève chaque matin. Mais ce n'est pas là une surprise propre à vous donner du courage, c'est plutôt une curiosité qui peut éventuellement vous donner la nausée. / Si tu mérites
   a. Oh, elle ne sait pas ce que c'est que le cinéma? Le cinoche.

Page 248

a. Le récit de Kafka *Le Commerçant*

Page 249

1. moi; mais moi qui le regarde, je suis, à vrai dire, dépourvu de toute réalité. / D'ailleurs
2. naturel — j'ai du mal à parler quand je suis dans la rue, ce qui a des conséquences désagréables.
   a. Traduction d'une phrase dans le premier paragraphe du récit : « qui pressent douloureusement sur mon front et sur mes tempes ».
   b. Dans le 5ᵉ paragraphe du récit à partir de la fin : « s'enchevêtrent l'une dans l'autre ».
   c. Dans le même paragraphe : « ne libèrent la place ». Le mot utilisé par Milena signifiait « un lieu »; Kafka propose *namesti*, qui désigne la place d'une ville.
   d. Dans le 3ᵉ paragraphe à partir de la fin : « Traquez donc ».
   e. « Lettres de revenants » : de même qu'il sera question dans la lettre suivante d'un livre chinois de « contes de revenants », *bubácká kniha*.

Page 250

1. avec l'indépendance que lui donne l'approche de la mort : « j'ai passé ma vie à me défendre du désir d'y mettre un terme », et un élève
2. du héros, qui est couché sur la scène blessé à mort tout en chantant un air. Nous tous sommes couchés et chantons, des années durant. / Oui, j'ai lu
   a. « Livre de fantômes ».

343

Page 251

a. Même le petit Illový.

Page 252

1. empressement, est soudain resté silencieux, lorsque je l'eus interrogé sur le régime végétarien ; d'autre part, je me prépare au voyage littéralement comme un peuple se prépare à un soulèvement ; la résolution fait toujours défaut ici ou là, il faut

2. t'écrit aujourd'hui. En ce temps-là, nous ne faisions qu'un, il n'était plus

a. Mais peut-être as-tu raison, peut-être d'autres traduisent-ils mieux

Page 255

1. pas évident qu'il faut partir d'un pays où on est haï de la sorte (pas besoin pour cela de sionisme ou de sentiment d'appartenance nationale). L'héroïsme

2. mais pas non plus, à vrai dire, comme dans un pays d'élection, c'était le genre de bien-être et de familiarité que j'avais, lorsque j'étais écolier, envers celui qui était assis à côté de moi. Je lui voulais du bien, je ne pouvais pas me passer

3. nous étions alliés en face de toutes les terreurs de l'école, je me déguisais moins devant lui que devant quiconque — mais quels rapports lamentables c'étaient, malgré tout. Il en va de même avec E., je n'ai pas senti passer un véritable courant entre nous. Il est

a. « Race de galeux ». Des manifestations d'antisémitisme s'étaient produites à Prague du 16 au 19 novembre.

Page 256

1. ce genre de secours incapable de secourir ; Tanja meurt certainement de cette consolation, qui est pour elle comme un cauchemar. / En soi

2. gros, massif en tout cas (et presque beau : comment peux-tu discuter cela ?) et, quand les gens sont maigres, il n'est sensible qu'à leur maigreur. Il est vrai qu'avec la plupart, avec moi par exemple, cela suffit.

3. Milena, il n'y a pas de communauté possible entre nous, celle que nous avions cru avoir à Vienne n'existait pas, même à ce moment-là, j'avais regardé « au-dessus de la barrière », je m'y étais tenu par les mains, j'en suis retombé les mains écorchées. Bien sûr, il existe d'autres possibilités, le monde est plein de possibilités, mais je

a. *Tanja* est un drame d'Ernst Weiss.

b. L'adjudant Perkins est un personnage d'un roman d'Upton Sinclair, que Milena avait traduit.

344

Page 257

1. irréfléchi, mécaniquement et pour obéir à la tradition, je veux dire pour apprendre de la maudite bouche la maudite vérité. J'ai exprimé

Page 258

1. surpeuplé et ils auront leurs prétentions. Comment
2. C'est une des nombreuses manifestations morbides que la psychanalyse croit avoir découvertes. Je n'appelle pas cela une maladie et je vois une malheureuse erreur dans

Page 259

1. croyance, l'ancrage de l'homme en détresse dans quelque sol maternel ; de même, la psychanalyse ne trouve rien d'autre à l'origine des religions que ce qui, d'après elle, constitue le fondement des « maladies » de l'individu ; il est vrai que, de nos jours, la communauté
2. ainsi que pour le regard qui se laisse prendre à l'image du présent. / Mais des ancrages de cette sorte, pourvu qu'ils trouvent un sol véritable, ne représentent pas une propriété individuelle et interchangeable ; ils sont préfigurés dans la nature de chacun et ultérieurement continuent à modeler cette nature (et le corps lui-même) dans la même direction. Et c'est cela que l'on prétend guérir ? / Dans mon cas, on peut imaginer trois cercles
3. renoncer (non, ce n'est pas un renoncement, qui serait très difficile, c'est une résignation nécessaire), pourquoi

Page 262

1. vécu que dans la moelle des os. Ce n'est
2. par la peur, la peur que j'ai de moi-même et la peur humaine en général. Cette cruche
a. Brisé à mon contact

Page 263

1. hommes. Ma place est au plus profond du silence, c'est là ce qui me convient
2. le faire, qui n'étaient rien d'autre tous deux que des fragments de moi-même, et probablement aussi gredins l'un que l'autre, se combattaient en moi. Je me suis

Page 266

1. toujours, je veux dire, non pas par celles des autres, mais par les miennes. Cela représente pour moi un malheur personnel, sur lequel

Page 267

1. sujet, non pas pour éviter ou pour provoquer quoi que ce soit par cette publication — il est trop tard pour cela —, mais du moins pour « leur » montrer à eux qu'on les a reconnus. On peut d'ailleurs « les » reconnaître à quelques exceptions ; ils laissent parfois

Page 269

1. aimé, sous bonne garde, gardé par l'intelligence et la force, paisiblement étendu sous des fleurs. Quand il s'agit d'envier, je ne suis jamais loin. / J'ai cru

2. crois pas. Admirable, supérieur, comme chaque fois que vous apparaissez dans les *Národní Listy*, en laissant derrière vous l'école (de modes) juive, votre article sur les étalages. Ensuite,

Page 270

a. A mon vieil ami
b. « Patrouille de police ».

Page 271

1. des choses qu'on ne peut pas comprendre entièrement, qu'on ne peut au mieux que deviner, des choses en face desquelles on est seulement de la « piétaille ». On a de l'influence sur les événements, car il est impossible de mener la guerre sans piétaille, d'où l'on conclut qu'on a le droit de dire aussi son mot, mais les choses

2. Et s'il arrive qu'on influence une fois les événements par ses propos, il ne peut en résulter que du tort, car ces propos sont sans compétence, prononcés sans contrôle comme dans le sommeil et le monde

3. Baum est revenu en toute hâte de l'école de plein air où il était près de Francfort, principalement.

Page 272

1. « C'est la seule chose qui compte, le reste est passablement de la blague ». Il est

2. vides, qui se mettent tout à coup à s'agiter de droite et de gauche, en même temps que beaucoup d'autres parties du visage

Page 274

a. S'il est une chose qui se venge en ce monde, ce sont bien les calculs et les chiffres en matière morale.

b. Deux êtres humains ne peuvent avoir qu'un seul motif raisonnable de se prendre (de se marier) ; c'est qu'il leur est impossible de ne pas se prendre (phrase extraite du *Diable au foyer*).

c. C'est dans ses profondeurs que l'être humain est trompeur, si tu veux le connaître, ce ne peut être qu'à la surface (phrase extraite du *Diable au foyer*).

d. Pourquoi les gens ne se promettent-ils pas de ne pas pousser de cris, s'il arrive que le rôti soit brûlé, etc. (phrase extraite du *Diable au foyer*).

e. Pourquoi ne se promettent-ils pas de s'assurer l'un à l'autre la liberté du silence, la liberté de la solitude, la liberté de l'espace ouvert? (phrase extraite du *Diable au foyer*).

Page 275

a. Ou bien assumer son destin... humblement... ou bien chercher son destin (phrase extraite du *Diable au foyer*).

b. Pour chercher, il faut croire (phrase finale du *Diable au foyer*).

Page 276

1. parlons pas (je ne cesse d'admirer la manière fulgurante dont vous pensez, une poignée de phrases se ramasse et la foudre frappe); en tout cas, il vous faut de la patience, ce bouton de fleur s'ouvre lentement et ce n'est même un bouton de fleur que parce qu'on appelle bouton ce qui est fermé./ J'ai commencé

Page 277

1. seulement ce qui devait suivre et qu'on ne vous proposât ici qu'une ouverture imaginée après coup en fonction de règles musicales et adaptée à la réalité. Et il y a des livres où ce sentiment

2. que sur ses seuls battements de cœur. C'est pourquoi Meyerbeer fut peut-être très raisonnable lorsque, pour appuyer les battements de cœur de ses opéras, il a institué un legs pour chacun, proportionné peut-être à la confiance qu'il avait en eux. Mais il y aurait

a. Littéralement « Sur le grand chemin » : ce récit de Tchékhov avait paru en 1921 dans la maison d'édition de Staša Jilovská.

Page 278

1. viennent du fond, je ne veux pas dire du fond du livre; lorsque

2. lendemain. Elles ont pour lui tous les défauts à la fois, elles sont toutes

3. Et puis, il y a très peu de chose dans ce livre en dehors du désespoir

Page 279

1. au contraire, très fermement et strictement définie parmi les conditions nécessaires : la sûreté qu'on a de soi-même./ Le pire

2. importantes. La maléfique sorcellerie de ces lettres reprend et recommence à ravager toujours davantage mes nuits

3. voyage : je me contente seulement d'agiter un peu mes ailes, très mal faites pour cet exercice

1. Voici d'ailleurs la troisième fois depuis que nous nous connaissons que vous m'envoyez tout à coup quelques lignes à un moment précis d'extrême tension, pour me mettre en garde ou pour me tranquilliser, appelez cela comme vous voudrez.

2. Puis, la possibilité de vivre à Berlin s'est trouvée rattachée à Müritz de façon tout à fait inattendue. Je voulais, au mois d'octobre, partir en Palestine

1. fait à l'un des trois intéressés, j'ignorais auquel des trois. Mais

1. respirer, moi et ma pauvre force. C'est pourquoi

1. si elles s'effondrent déjà avant la porte du jardin ? peut-être votre force, en échange, sera-t-elle plus grande.

INDEX DES NOMS DE PERSONNES

Haas (Willy) : Critique et essayiste pragois (1891-1973). Il devait épouser Jarmila Reinerová. Il fut le premier éditeur des lettres de Kafka à Milena.

Illový (Rudolf) : Poète et écrivain pragois, condisciple de Kafka (1881-1943).

Janouch (Gustav) (1903-1968) : Fils d'un collègue de Kafka à l'Institut d'assurances. Il fut l'auteur des *Conversations avec Franz Kafka,* qu'on considère aujourd'hui comme largement apocryphes.

Janowitz (Hans) : Écrivain pragois (1890-1954).

Jarmila : *voir* Reinerová.

Jesenská (Růzena) : Écrivain et journaliste tchèque, tante de Milena.

Jesenský (Jan) : Père de Milena. Professeur de médecine, spécialiste de l'orthopédie de la mâchoire.

Jílovská (Staša) née Procházková : Condisciple et proche amie de Milena.

Jílovský (Rudolf) : Le mari de Staša.

Kaiser (Georg) : Dramaturge allemand (1878-1945).

Kisch (Paul) : Condisciple et ami de Kafka.

Klaus (Hans) : Un jeune poète, dont le nom est mentionné par Gustav Janouch.

Kohler (madame) : Une amie de Milena, qui tenait à Vienne une petite pension de famille.

Kramer : Le nom convenu sous lequel Kafka expédiait son courrier à Milena en poste restante.

Krasa (Hans) : Compositeur pragois (1899-1944).

Kuh (Anton) : Littérateur viennois (1891-1941), beau-frère d'Otto Gross.

Landauer (Gustav) : Membre du Conseil révolutionnaire de Munich après la guerre (1870-1919). Milena traduisit de lui une conférence sur Hölderlin.

Laurin (Arne) : Rédacteur en chef adjoint de la revue *Tribuna* (1889-1945).

Leviné (Eugen) : Membre du gouvernement révolutionnaire de Munich après la guerre, exécuté le 5 juin 1919.

Löwy (Alfred) : Oncle maternel de Kafka, directeur des chemins de fer à Madrid.

Mareš (Michal) : Écrivain et anarchiste tchèque (1893-1971).

Meissner (Albert) : Homme politique pragois (1871-1950).

Némcová (Božena) : Romancière tchèque (1820-1862), auteur du célèbre roman *Babička* (La Grand-mère).

Pick (Otto) : Écrivain et traducteur pragois (1890-1942).

Pittermann (E. A.) : Acteur et metteur en scène pragois, mieux connu sous son pseudonyme d'Arthur Longen (1885-1936).

Polgar (Alfred) : Journaliste et écrivain autrichien (1873-1955).

Přibram (Karl) : Frère du condisciple et ami de Kafka Ewald Felix Přibram, il avait été un moment interné à l'asile de Weleslawin, là même où Milena avait vécu quelques mois.

Reinerová (Jarmila) : Amie intime de Milena, elle avait épousé Josef Reiner. Après la mort de celui-ci, elle épousa Willy Haas.

Staša : *voir* Jílovská

Topič (F.) : Éditeur pragois.

Vlasta : Assistante du professeur Jan Jesenský. Son nom de famille n'a pas encore été identifié.

Weiss (Ernst) (1882-1940) : Romancier avec lequel Kafka fut longtemps lié d'amitié.

Weltsch (Felix) : Proche ami de Kafka, bibliothécaire à Prague (1884-1964).

Wohzyzek (Julie) : Jeune fille avec laquelle Kafka eut une liaison en 1919-1920 et qu'il songea un moment à épouser.

Wolff (Kurt) : L'éditeur de Kafka.

DU MÊME AUTEUR

Composition Bussière
et impression Bussière Camedan Imprimeries
à Saint-Amand (Cher), le 5 novembre 2001.
Dépôt légal : novembre 2001.
1ᵉʳ dépôt légal : mars 1988.
Numéro d'imprimeur : 015068/1.
ISBN 2-07-071294-X./Imprimé en France.